埃沃·莫拉莱斯·艾玛

我的人生

——从奥利诺卡到克马多宫

[玻]伊万·卡内拉斯·阿卢拉尔达　　执笔

王　萍　　颜　娟　　丁波文　　译

朱京阳　　严新平　　校

南開大學出版社

天　津

我的人生——从奥利诺卡到克马多宫

Mi Vida De Orinoca al Palacio Quemado

Iván Jorge Canelas Alurralde 执笔

天津市版权局著作权合同登记号：图字 02－2018－252 号

图书在版编目(CIP)数据

我的人生 ：从奥利诺卡到克马多宫 /（玻利维亚）伊万·卡内拉斯·阿卢拉尔达执笔 ；王萍，颜娟，丁波文译. —天津：南开大学出版社，2018.6

ISBN 978-7-310-05621-7

Ⅰ. ①我… Ⅱ. ①伊… ②王… ③颜… ④丁… Ⅲ. ①埃沃·莫拉莱斯·艾玛—回忆录 Ⅳ. ①K837.797

中国版本图书馆 CIP 数据核字(2018)第 127686 号

南开大学出版社出版发行

出版人：刘运峰

地址：天津市南开区卫津路 94 号　　邮政编码：300071

营销部电话：(022)23508339　23500755

营销部传真：(022)23508542　　邮购部电话：(022)23502200

*

天津市豪迈印务有限公司印刷

全国各地新华书店经销

*

2018 年 6 月第 1 版　　2018 年 6 月第 1 次印刷

230×170 毫米　16 开本　17.25 印张　26 插页　303 千字

定价：118.00 元

如遇图书印装质量问题，请与本社营销部联系调换，电话：(022)23507125

玻利维亚是我的生命，玻利维亚人民是我的亲人

埃沃·莫拉莱斯·艾玛

前　言

迪奥尼西奥·莫拉莱斯·乔克的梦想是生一个儿子。他要把自己务农、放牧和做买卖的经验都传授给儿子。他还要教儿子音乐，告诉儿子大地是有生命的，是帕察玛玛女神在保护我们，赐予我们食物和生命。

迪奥尼西奥想象着，他那年幼的儿子或是在放羊，或是翻山越岭走在上学路上，去学习那些他没能学到的东西。

但是，迪奥尼西奥无论如何也想象不到，有朝一日他的长子竟能改变国家的命运。

长期以来，我有幸收集了埃沃·莫拉莱斯·艾玛的回忆，见证了他的悲伤和快乐，特别是他对原则和理想的坚持。这些原则和理想源于他的家庭、父母、见证他出生的村民，以及那些收留并推选他做领导人的古柯种植农户。

对我这样一名从业超过 30 年的记者而言，代笔撰写莫拉莱斯总统的回忆录是一次独一无二的机会，因为我不仅能够讲述一位伟人充满激情的一生，还将讲述玻利维亚的一段历史。这是新自由主义党派统治玻利维亚 20 年的历史，是上述党派领导人可耻地屈服于美国迫害与干涉的历史。一直以来，美国不仅对玻利维亚，也对许多拉美国家，特别是南美国家进行了迫害和干涉。

在这本自传的撰写过程中，我的任务是广泛收集关于莫拉莱斯总统生活和经历的信息，关于这位玻利维亚建国以来最重要人物之一，部分信息尚鲜为人知。我还收集了一些在他人生中某个重要阶段陪伴过他的人对他的描述。当然，我不可能采访所有认识他的人，否则这本自传将永远无法完成。同时，自传中也收录了一些他当年投身公众生活、被推选为热带地区古柯种植者联合会执行主席以来，媒体对他的报道。

本书的前几章描绘了他在其卓越的政治、工会、历史和人文生活之外的个人生活，讲述了一个孩子从高原地区边远农村出生到开启工会和政治生涯的成长经历。如今，埃沃·莫拉莱斯·艾玛不仅是玻利维亚的重要人物，在世界范围内也是举足轻重。

因此，他的人生经历必须放在玻利维亚历史、政治、文化、意识形态的大背景下来描述。在那些年里，从一开始的保卫古柯种植到后来为了捍卫国家主权、尊严、自然资源，玻利维亚一直在斗争，从一个深陷不平等、种族歧视、腐败和主权缺失的国家变成了一个平等、独立和有尊严的多民族国家。

埃沃·莫拉莱斯·艾玛于1959年10月26日早上10点左右出生于伊萨亚维镇。当天天气寒冷，但阳光灿烂。就在那一天，当年刚刚成为古巴最高领导人的革命领袖菲德尔·卡斯特罗·鲁斯号召百万古巴人民举行集会游行，反对美帝国主义“对其政府的经济和军事威胁”。

同一天，人们看到了苏联公布的从地球上看不到的月球背面照片，照片是由无人月球探测器拍摄的。那一天还发生了两起地震，一起比较轻微，发生在日本北海道，一起发生在土耳其伊尔祖鲁地区，造成13人丧生。报纸上还刊登了58岁的意大利诗人萨瓦多尔·夸西莫多获得诺贝尔文学奖和69岁的捷克人雅罗斯拉夫·海洛夫斯基因创造极谱分析法获得诺贝尔化学奖的消息。

在那个10月26日，玻利维亚国内报纸刊登了玻利维亚发展公司一架飞机发生事故的报道。这架飞机因为着火迫降在卡拉纳维市。机组人员全部安全逃生，但飞机被彻底烧毁。

如果不简要介绍一下埃沃的家庭，特别是他的父亲迪奥尼西奥，你是无法理解他那充满激情的生活的。据说迪奥尼西奥希望生个儿子，但由于贫困，在长女降生前后，他有3个儿子夭折。

迪奥尼西奥·莫拉莱斯·乔克在同比他年长15岁左右的玛利亚·艾玛·玛玛尼结婚时还十分年轻。尽管没有关于他们婚姻的资料，可以估算出他当时大约有16岁或17岁，玛利亚已经30岁了。在那个年代，女性在婚礼前必须为神父织一块毛毯。玛利亚只用了差不多一个月就完成了这项工作，不是因为她急于出嫁，而是因为她是一个纺织能手。她很小的时候就学会了这门技术。

玛利亚的表兄弟们曾经多次在他们的外甥们，也就是迪奥尼西奥的孩子们面前开玩笑，说当年玛利亚和他们的父亲谈恋爱时，每当有邻居走过，玛利亚就把迪奥尼西奥藏在她宽大的裙摆下。玛利亚当年放羊的地方就在那个被人遗忘的荒凉的南卡兰卡斯地区奥利诺卡市伊萨亚维镇。这个小镇距奥鲁罗市东南约 185 公里，在波波湖附近。

迪奥尼西奥出生在伊萨亚维镇，玛利亚出生在距该镇 3 公里左右的拉吉罗马镇，他俩确切的出生日期和年份已无法考证。这两个小镇都位于奥鲁罗省高原地区，那里的土地是褐色的，只有肥羊草和绿茎菊能够生存，但是这两种植物只能用作柴草。那是一片极度干旱、广袤和贫瘠的高原，20 世纪 40 年代时人烟稀少，人们只能依靠羊毛和羊肉勉强度日，羊驼和绵羊是居民们最好的伙伴。

当地农民以种植土豆、小麦、高原小米、大麦及饲养羊驼和绵羊为生。据说那里的农民还养过牛，牛是在播种季节被引进高原的。奥鲁罗省的村镇，也就是迪奥尼西奥、玛利亚生活和埃斯特尔、埃沃、乌戈姐弟三人出生的地方，是以土著公社的形式存在的。土著公社是安第斯地区社会结构的基础，这一组织形式历经 500 多年殖民统治和 1825 年建国以来的 200 年仍然存在。在土著公社内，土地是集体所有而非私有财产。

埃沃的出生地苏尔卡土著公社分为 6 个镇，分别是玛利亚•艾玛所在的位于西边的拉吉罗马镇、玛玛尼家族的托拉罗马镇、图科家族的米斯库尼镇、玛玛尼家族的卡拉楚波镇、莫拉莱斯和维拉家族的伊萨亚维镇、巴斯克斯和科里亚家族的帕科约镇。

位于哈恰卡兰卡斯地区的奥利诺卡市居民会讲三种语言：阿伊玛拉语、克丘亚语和西班牙语。该市由三个土著公社组成，分别为苏尔卡、印楚拉和古亚纳。奥利诺卡市的东部和北部连接波波湖，西部与阿巴罗阿社区接壤，南部靠近拉卡哈维拉河。

土著公社的历史比印加王国更加悠久，成员拥有共同利益和血缘关系。所有的公社都位于哈恰卡兰卡斯地区，这也是延续千年的印第安人领地。哈恰卡兰卡斯地区北起拉巴斯省边界，穿越玻利维亚和智利边界线，南接波多西省。

根据玻利维亚建国后的行政区划，哈恰卡兰卡斯地区由 8 个省和 18 个市组成。每个公社都有一个公社代表大会，职务由大家义务轮流担任。公社日常工作、祭祀庆典及同其他公社的联系由全体男人推选出的领导小组负责。公社最高领导人被称为希拉卡塔，他同时也是公社的法官。

哈恰卡兰卡斯地区的居民有祭拜山神的习惯。据奈斯托尔·提克亚·乔克所说，祭拜山神的活动是定期举行的，主要集中在10月4日守护神节期间。守护神节也称为圣弗朗西斯科德阿西斯节，为期三天。节日期间，首先进行民族歌舞表演，其次进行黎明宗教游行，最后选举新的公社领导小组成员。在民族歌舞表演阶段，那些最传统的歌舞由团体进行表演，如里奇瓦宇、思古思古里、卡哈斯、胡拉胡拉、乌尔雅尼斯塔、塔尔戈阿达德拉楚塔和格拉阿娜塔等。迪奥尼西奥曾是上述歌舞团体中的一员。

农民们将群山视作一个个有生命的人物，因而通过一种叫"魏兰察"的仪式对山神进行祭祀。帕科约镇、伊萨亚维镇、塔拉楚尔帕镇、米苏卡尼镇、拉吉罗马镇和图拉鲁马镇所在的苏尔卡公社的山神名叫"古奇古奇"，农民们在每年11月30日和12月25日向山神献上祭祀，祈求好收成和赚更多钱。

埃沃的家庭及其所在社区对他的影响至关重要，造就了他的生活方式、奉献精神、工作、思想、原则和他的持之以恒，他那不论工作日、周末还是节假日都会早起的习惯也由此而来。与西蒙·玻利瓦尔一样，埃沃也信奉圣弗朗西斯科德阿西斯，他是穷人的神。

埃沃的语言体现了他的思维方式。他拥有令人嫉妒的记忆力，那些随着时间和生命的流逝会被他人忘掉的细节，他却永远不会忘记。他付出大量努力和牺牲，始终充满活力，很少有工会领导人和政治家能做到这点。

准确日期我不记得了，2012年5月到6月间，埃沃给我打电话，提议我同他一起撰写这本自传。他说他已经准备好回忆并向我讲述他直到2006年1月22日就任玻利维亚总统前的人生经历。

那时候我正处于手术后的恢复期，在此之前，我因病不得不在2012年1月22日辞去通信部长职务。我对自己曾担任通信部长深感自豪，我因此有幸同玻利维亚政治史上最睿智的领导人共事，同时我也自认为是他的朋友。

这个提议让我十分激动，主要是因为他将讲述他的人生经历，我的任务则是对他的讲述进行记录和整理，使之别具一格。如有必要，也要对一些媒体上曾发表过的关于他的历史资料进行修改。在他的建议下，我们商定要采访一些人，比如工会成员和政治人物，这些人都与他如何养成自己的领导能力息息相关。也就是说，他是讲述者，我是撰写者。这本书就是他的自传。

我对他的采访加起来超过 12 小时。一开始我们还能每月进行一次采访，但后来因为埃沃日程太满，采访间隔的时间越来越长。他每天都在工作，甚至连节假日和周末也不例外，要么是交付公共项目，要么是在边远城市或国外出差。我们只能利用他在科恰班巴省有限的休息时间进行采访。所有采访都在他的维克多利亚农庄内进行，在那里，我们能够更安静地对话，不被他繁忙的工作打扰。

本书按时间顺序记录了埃沃的故事，也许在这本书的基础上还会衍生出其他的书。然而，本书的精彩之处在于埃沃本人讲述了他出生以来的人生经历，所涉事例颇多，当然有些故事是由父母、叔伯、老师、兄弟等人告诉他的。我本想以他的讲述为基础写一本小说，但是如实反映他的讲述更吸引人，因为事实远比虚构更加激动人心。

埃沃是玻利维亚历史上最令人激动的工会领导者和政治家，我要重申，对有机会记录和研究他的人生经历我深感荣幸。我敢说，埃沃已经不只是玻利维亚和拉丁美洲的传奇人物，他也是世界级的传奇人物。我有幸多次陪同他访问其他国家，不论是在欧洲、亚洲还是美国，更别说在南美，每次我们在街上行走，人们总能认出他来，并竞相同他合影。

伊万·卡内拉斯·阿卢拉尔达

目　录

1. 从埃瓦利斯托到埃沃

根据教历，10 月 26 日出生的婴儿应该取名为卢西亚诺或埃瓦利斯托，但父亲嫌这两个名字太长，决定给我起名叫埃沃，还因此与牧师争论一番并最终如愿。这事儿早有先例，我姐姐本应叫埃斯黛芬尼亚，但父亲最后选了一个更短的：埃斯特尔。

我出生在奥鲁罗省南卡兰卡斯地区奥利诺卡市伊萨亚维镇的苏尔卡公社。我家是一个长方形土坯茅草小屋，记得屋里有一口瓦锅，屋顶正中有一个十字架，据说可以驱邪避鬼。屋子大约七米长三米宽，地是泥地，全家人就在这里睡觉。旁边还有一间两米长一米宽的小屋，我们把它当作厨房。有时我们在屋里吃饭，有时也会在屋外宽敞的院子里吃饭。离家五米开外，还有一个用土坯砌成的储藏室——乡下建筑都是用土坯砌成的，储藏室的圆顶用茅草搭建，里面存放土豆、玉米、腊肉等食物。储藏室后面还有一个牲口圈，里面养着绵羊和其他几种高原牲畜。几乎每天下午六点后，都会刮起刺骨的寒风。

迪奥尼西奥

我的一切知识和斗争的原则都来源于我的家庭和公社，尤其是来源于恰帕雷地区的工会运动。我出生在伊萨亚维，但觉醒于恰帕雷地区工会运动。我们对家乡的山脉深怀敬畏。11 月 30 日是大地女神的纪念日，我们会在这一天举行仪式。我小时候，人们通过交换水的仪式求雨，人们把雨水从科恰班巴省运到奥利诺卡市。奥利诺卡异常寒冷，常年干旱，通过上述仪式可以求得降雨，这让年幼的我非常吃惊。我崇拜家乡的古奇古奇山，只要有机会我一定会参加求雨仪式，尤其是在 11 月。

乡下的生活就是这样，人与土地、人与自然之间总能条件均等、互利互惠。父亲迪奥尼西奥教给我们这些价值观。父亲是一个勤劳、乐于助人的人，我们姐弟几人都记得，他可以脱下自己的衬衣为他人御寒。我父母曾育有七个孩子，但幸存下来的只有我们姐弟三人。

父亲与母亲玛利亚结婚后，去军营服兵役，好像是在一个叫作可尔科的地方，在托克皮亚第七团当工程兵。不过由于他并不知道自己的出生日期，于是编造了 11 月 18 日作为生日，从而得以办理身份证和其他证明材料。我 12 岁时，曾经有一次想和姐姐埃斯特尔为父亲庆祝生日，我们向他透露打算为他制作一份礼物，他回答说自己没有生日。我们说曾在他的证件上看到 11 月 18 日是他的生日，他告诉我们这个日期是他为了参军编的。

父亲服兵役时，我还没有出生，但姐姐对我说在她四岁时曾和母亲一起去军营探望过他。当时她们还带着一头被劲风刮得半死的驴。姐姐说当时风刮得很凶，沙子吹在脚上，把皮肤都磨疼了，驴子也快受不了了，但还是挺过来了。姐姐告诉我，她们抵达军营时，新兵营正在练习射击。她们就在那里住下，父亲一有空就去看她们。

父亲会吹小号，这是他年轻时向现今埃斯特尔的公公学的。父亲告诉我当他应征入伍时被问到是否会弹奏某种乐器，他回答说是的，军官就命令他吹奏国歌。父亲拿起小号开始吹奏，在那附近走动的士兵们听到这一旋律纷纷立正，令他十分吃惊。我还听说，父亲应征入伍时已经 21 岁，超过了最大年龄限制，但因为会乐器，他还是被留下了。

父亲在军营的伙伴之一，是比他晚几个月，于 4 月入伍的哈辛托·莫拉莱斯·贝莱斯。虽然父亲入伍只有 5 个多月，已经算是一名老兵了，还是军乐队的小号手之一。据哈辛托·莫拉莱斯·贝莱斯回忆，当时军营的名字是艾奇诺第二骑兵团。“周六总是很愉快的，因为乐队会演奏，男兵们还会一起跳舞，迪奥尼西奥会叫我们起床。迪奥尼西奥比我高也比我魁梧。他的儿子也是这样，不像我，一直是中等身材。”

父亲与他的堂弟一起在军营里服役了一年多，他俩被指派到了第三中队。父亲军营里的战友哈辛托·莫拉莱斯·贝莱斯告诉我，没有人知道我父亲已经结婚并育有一女。不过退伍时，他们三人扛着木头行李箱同路回家，走了 40 多公里。父亲和堂弟回到奥利诺卡市，哈辛托则回到安塔马尔卡，他在那里有一个农庄。

哈辛托描述道：

> 一天早晨我们从军营出发，我隐约记得有个人卖掉了自己的行李，但记不太清楚了。走了许久后，我们到了一个叫作罗萨帕塔的地方，此处距安塔马尔卡 5 公里远。我们发现了一间小屋，是一个厨房，我们在里面坐着睡了一晚。第二天天亮后，我们什么也没吃就继续赶路，抵达安塔马尔卡后，我在路口与兄弟俩道别。他俩邀请我参加奥利诺卡每年 10 月举办的节日庆典，我邀请他们 7 月 25 日到安塔马尔卡过节。我们相互拥抱并道别，此后我再没有见过他们。许多年后，我得知迪奥尼西奥已经去世了。我的父母当时问我与谁一同回来，我告诉他们是与我的两位战友，但他们俩继续往奥利诺卡去了。父母责备我怎么就这样让两位战友继续赶路了，应该邀请他们到家里来吃饭，他们一定累坏了。父亲骂我愚笨无知，让我出门追赶他们，但我没能找到他俩。

我不十分清楚父亲迪奥尼西奥究竟有多少个兄弟姐妹，但是据说其中的几位参加了查科战役。姐姐有一次跟我讲，父亲有三个兄弟姐妹，一个叫马努艾拉，一个叫路易斯，还有一个没人记得他的名字，他们都已经去世了。父亲还有两位堂兄妹，马克斯·玛玛尼·莫拉莱斯和宝拉·莫拉莱斯。姐姐还告诉我，母亲玛利亚有两个姐妹，分别是克里斯蒂娜和瓦伦蒂娜，还有一位已故的兄弟，叫西蒙。西蒙有 7 个子女，分别是潘塔莱昂、塞维里诺、胡斯托、菲德尔、古斯塔沃，还有两位名字我没记住。他们现在都居住在科恰班巴。

父母曾告诉过我，父亲的兄弟路易斯·莫拉莱斯在服兵役期间牺牲了，遗体没能找到。路易斯有一对儿女，佩德罗和胡斯蒂娜。还有一位名叫多纳托·莫拉莱斯的堂兄参加过查科战役，他常讲起那三年间的悲惨遭遇。我不认识他，但据母亲讲，多纳托·莫拉莱斯曾经说过，那些死人这儿一堆，那儿一堆，当时他心里只想着古奇古奇山，那是属于整个苏尔卡公社的大山。每个公社都有各自信仰的山。我那从战场上回来的堂叔曾说，“多亏山神庇佑，我才能活着回来”。由此可见社区居民对大山的深深敬仰。

我不知道他是否真是父亲的堂兄，因为乡下孩子习惯把所有大人都叫作叔叔、婶婶，彼此之间则以兄弟姐妹相称，尤其大家还是同一个姓。从文化上讲，我们是一个大家庭。出于亲近和尊敬，我们将本该称为先生的长辈称为叔叔、婶婶，而长辈们也叫我们儿子、闺女，尽管我们并不是他们的子女。我当时便常被叫作埃维托（小埃沃）。

我的出生多亏了一块面包

在我出生以前，我父母还有过两个男孩，分别叫作丹尼尔和艾杜维，两个孩子都莫名其妙地夭折了。后来出生的是我姐姐埃斯特尔，再后来又有过一个男孩，刚出生就夭折了，连名字都没来得及起。在乡下什么都没有：没有医生，没有护士，甚至没有医疗站，更别提医院了，只有一些赤脚医生，所以一切也更加艰难。父母的第三个男孩夭折的时候，他们一定非常伤心。据说我出生时，母亲感觉到阵痛，就叫来当接生婆和赤脚医生的玛利亚姨妈，姨妈的婆婆路易莎也来了。母亲当时状况非常糟，早上 8 点左右开始大出血。父亲连忙出门，去一个叫作约克的小镇请大夫，小镇距离我家大约 1 公里，在去往卡拉维尔卡的路上。据说路易莎婆婆问正在大出血的母亲，是否有什么特别想吃的东西，因为没吃上所以生不下来。母亲告诉她，一个月前在奥利诺卡遇到一个卖面包的女人，是那种专门卖给教师的面包，母亲当时仿佛闻到了烧烤的味道，所以特别想吃。她走上前想买一些，但那女人不同意，坚持说面包是为教师准备的。母亲只好到另一个地方买了面包，边走边吃到了伊萨亚维。母亲当时应该已经有八个多月身孕了，在路上走了整整两个小时。

埃斯特尔记得她六七岁时母亲临盆的那个 10 月 26 日：

> “肯定是因为她有想吃的东西没吃上。”路易莎婆婆说。她让我取瓦锅来，我们就在屋里烧柴生火，取来面粉和酒精。婆婆亲自和面，并在柴火上浇上酒精。当时母亲躺坐在羊皮毯上，快要昏迷，血从她的身下涌出。婆婆让人将面包烤好了拿到母亲身边，并在她鼻子前掰碎了面包。“这就是你想吃的面包，快吃吧”，而后将面包喂进了她的嘴里。就在此时，婴儿降生

了。哭声很响亮。真是太神奇了，如果不是因为婆婆，我母亲和埃沃不可能活下来，肯定已经死了。后来我母亲告诉我说，她闻到了面包的香味，之后就感觉到婴儿降生了。其实面包基本没有入母亲的口，她只是闻了闻，还没使劲儿我弟弟就出世了。

母亲和姐姐曾对我讲起，我大约是在早上 10 点出生的，出生后哭声特别响亮。父亲在我出生后才带着医生回到了家，我猜那位医生就是我的教父。父亲认为，请医生当我的教父，一定能保佑我健健康康的，因为在我之前三个哥哥的夭折让他十分担心我的健康。我的教父来自约克公社的柯亚娜社区，父亲通过观察古柯叶得知他是位很幸运的人，由他来为我作洗礼，我会活下来。

我生下来很健康，母亲也拣回了一条命。如果不是因为那位婆婆，我们俩可能已经死了。我出生后，他们将我裹在毯子里，包上绒布，放在剃过毛的羊皮上。我是我们家第五个出生的孩子，之后降生的是乌戈，再之后出生的雷伊娜在大约一两岁时就夭折了。当时我父亲、埃斯特尔和我正在阿根廷胡胡伊省的卡利莱瓜收割甘蔗。

埃沃的弟弟乌戈回忆说：

妹妹死的时候刚刚会爬，虽然我记得不多，但还记得当时母亲一直在哭，我问她为什么哭，她说因为你妹妹死了。

祖父祖母

父亲告诉我，我的祖父祖母叫作马里亚诺·莫拉莱斯和芭芭拉·乔克。埃斯特尔、乌戈和我曾经见过祖父，而祖母我们只是听说过。至于我们的外祖父母，我们没有见过，也没有听说过。我祖父马里亚诺中等身材，不如我父亲那样身材高大，和我差不多。我记得他死于脑血栓，因为他曾经在我们家躺了一个星期。当时他老得只剩下几颗大牙了，据说已经 100 多岁了。我见到他时他只能躺着，而我们家又没有床，只好让他躺在地上，有时我和弟弟一起扶他坐起来，给他喂一点汤水吃。

祖父去世的时候，我很难过。那一天是 8 月 2 日，那年我还没上学，祖父也在家里呆着。那天有庆祝活动，我父亲的乐队在卡拉维尔卡的学校有演出，这也是我第一次上学的地方，父亲是那里的小号手。当时父亲正在节日庆典上吹号，母亲在做油煎饼，而祖父正躺着。奥利诺卡的一位姑妈过来了，询问母亲祖父的状况，母亲回答说“他在等着你”，听起来好像在说让姑妈快些进去，祖父剩下的时间不多了。姑妈走进房间，而母亲仍在做油煎饼。姑妈进去问候了祖父，而后祖父就咽气了，好像真的是在等候她一样。姑妈走出房间，告诉我们祖父已经过世，我进去看到死去的祖父，母亲对我说“小埃沃快去告诉你父亲”，他当时正在离家 4 公里的地方演奏。我跑着出去，一步没停地跨过几条小溪，我看到父亲的时候他正在吹奏小号，我告诉他祖父去世的消息，他让我等一等，而后继续演奏。场地旁边有类似更衣室的地方，我走进去开始哭，哭得一发不可收拾，直到父亲停止吹奏，过来让我不要哭，但我还是继续哭。当时我 5 岁，还很矮小。祖父就这样去世了。

迪奥尼西奥的母亲叫作芭芭拉。据说她中等身材，是个很有个性的人，至少人们对埃沃的姐姐埃斯特尔是这么说的。祖母并不十分关心迪奥尼西奥，因为他是家里最小的孩子。她时常任凭迪奥尼西奥哭泣而不去管他，还有人曾听到她叫他“小虫子”，但是到了最后，“小虫子”是她的孩子中唯一活下来的人。

我的父母每天早上大约 4 点起床，那时候太阳还没出来。那个年代没人看得懂钟表，我父亲说，日出而作日落而息的人是懒鬼，太阳快要出来的时候人们理应已经在田里干活儿了。我们家的田离家有 1 个小时的路程。母亲负责准备早餐，一般是一碗混合了土豆、腌肉、淀粉和烤面包片的汤。我们从没喝过茶或咖啡。我们家的午餐也是一样的东西，而且也只有这么一道汤，没有第二道菜。做好两顿饭后，父母和我们一道走出家门，我们姐弟几个负责把家里的羊驼和羊赶出去吃草。家里每个人都很清楚自己的职责，父母在田间劳作时，我们姐弟几个就负责放牧。

每天出门之前，父亲都会向大地母亲帕察玛玛女神祈福。母亲会准备好酒和古柯叶，祈祷一天劳作顺利而有收获。我们每天下午 6 点左右回家，那时太阳已快落山了。我们把牲畜聚拢在一起，走 1 个多小时的路才到家。母亲到家后便开始做饭，而父亲则趁机打个盹儿。我母亲非常勤劳，经常会用艾玛拉语给予我们生活忠告，尤其是告诉埃斯特尔，以便她将来应付结婚、生子等事。“要让别人说不出闲话来”，她说，“如果想去玩就得先做完了所有该做的事儿，比如放牧、砍柴、挑水、削土豆，做完事儿再去玩，就没有人会说闲话”。母亲从来没有对我们发过火。

文盲

我母亲用柴火做饭，我们则用小油炉做饭，我们只能这样，因为没有电。在高原地区，夜晚寒冷刺骨，漆黑一片，尤其在没有月亮的夜晚。

父亲迪奥尼西奥很少读书，因为他自有消遣之法，而我母亲则是文盲。母亲虽不识字，但在实践中自学了加减法，可以熟练地管账。她很清楚我们每次出门需要带上多少钱，有时她还会和父亲玩牌，尽管她连牌上的数字都不认识。

母亲会用西班牙语祈祷，知道圣父、教义、原罪以及圣母玛利亚，能准确地背诵四五段祷告词。要知道她是个文盲，完全不懂西班牙语，但还是把祷告词背了下来。她年轻时学过西班牙语。我小时候曾在夜里听过她祈祷。周日她偶尔还会去奥利诺卡市的教堂做弥撒。教堂离我家有 15 公里远，大门上的镌刻显示教堂建于 1732 年。母亲还会爬上教堂边的高塔去敲钟。

第一台收音机

父亲是卡拉维尔卡公社第一个带收音机回家的人。这件事情后来甚至被写进了《传奇城市奥利诺卡》一书里。据说这台收音机引起了全公社人的注意。记得当时人们都聚到我家参观这台使用电池的收音机。

内斯托尔·狄克拉·乔克、伊格纳西亚·乔克·巴斯克斯和大卫·祖娜·科帕孔多在《传奇城市奥利诺卡》中提到，迪奥尼西奥·莫拉莱斯·乔克是卡拉维尔卡第一个拥有调频收音机的人。

父亲还曾瞒着母亲把家里的羊驼卖了，为奥利诺卡学校乐团购买乐器，或是为我们自发组建的“兄弟会”足球队购买球衣。在这些事情上，我是父亲的“同谋”。父亲还经常在干旱或寒流来袭时，把母亲存放在储藏室里的食物赠给更需要的邻居们。

2. 小埃沃值一群羊驼

我小时候，也记不清几岁时，母亲常说：“小埃沃值一群羊驼啊，在死了三个男孩以后，终于活下来了一个。”记得当时人们用火苗为我治病，让我在驴子身下走路，围着驴子转圈，再把驴子埋掉，就像是一种让我活命的仪式。在农村，通常大部分孩子都会死掉，活下来的只有极少数，我们家就是这样，我们生活在一个完全被遗忘的地区。

我第一次出门是被带到奇亚卡斯参加一个健康弥撒，因为已经死了三个男孩，父母肯定害怕我也活不下来。我们经过潘帕亚加斯，在路上走了两天。父亲像往常一样起个大早，推着他的自行车，备好跟我们一起出门的牲口，我和母亲步行从伊萨亚维到奇亚卡斯去，我很小，但父母还是为了我的生命和健康带我一起去。

奇亚卡斯是奥鲁罗地区阿巴罗阿省的第二大城市，人口超过 1200 人。那里有殖民时期的建筑，是个旅游景点，尤其是 9 月 24 日奇亚卡斯神灵节。玻利维亚各地信众从四面八方涌来，还有不少人来自秘鲁和阿根廷，到此拜谒那座建于 17 世纪的教堂。

我记得小时候的很多事情。有一次——我已经会走路了，应该有一岁多了，我举着一把小刀，想要够到墙上一个蜂巢里的蜂蜜。幸亏母亲及时发现，阻止了蜜蜂对我的伤害。当我稍大些时，发现墙上的蜂巢只有不到一米高，我当时肯定特别矮，因为我是踮着脚够蜂蜜的。母亲还常说，我从开始会爬就喜欢玩球，母亲给我小布球玩。她把球扔得远远的，我爬过去把球捡回来。母亲说父亲特意买了一只小球给我玩。我爬过去，抓住球，看看母亲，然后把球弄到另一个地方。就这样，记得我玩坏了三个球。

妹妹雷伊娜

我清晰地记得我们七个孩子中最小的妹妹雷伊娜出生时的情景。她是星期日下午出生的，当时父亲要出门，出门前杀了只羊，割好肉，好带到奥鲁罗去。我当时五六岁，并不知道母亲要生孩子了。当时母亲在家里，父亲很反常地不让我们进家门，他自己却进进出出，跑去找邻居帮忙，叫来一位阿姨，阿姨随他进了屋。过了一阵儿，我们可以进屋了，屋里有个小宝宝在哭，我大吃一惊，11 岁的姐姐放羊回来看见宝宝，既兴奋又激动。父亲说我们有了一个妹妹，我们觉得难以置信。

埃斯特尔对这一场景的记忆与我相仿，但她记得妹妹是中午 12 点左右出生的。

> 母亲进屋生宝宝。我们呆在外边，应该是 12 点吧，她麻利地梳好头，给我们开饭，然后进屋，关上门，我们吃惊地问她在做什么，很快宝宝就哭起来了。母亲从不啰嗦，也从不抱怨，还经常对我说，你别冲我嚷嚷，你应该安安静静的，我就从来不嚷嚷。

我们三个活了下来，埃斯特尔、我和乌戈。我姐姐埃斯特尔和弟弟乌戈半大不小的时候都生过病，但是都治好活了下来。我出生时差点死掉。

埃斯特尔也说道：

> 我们都差点儿死掉，我们三个奄奄一息，父母勉强把我们救活，首先是我，然后是埃沃。乌戈也差点儿死掉，他经常病得很厉害，不知怎么就治好了。

我也是在雷伊娜出生的那间屋子里出生的。这间屋子有时也被当作储藏室，父亲在一侧堆放粮食。我们三个很小的时候，家里所有人都睡在这间屋里同一张“床”上。我们把兽皮、羊皮或驼羊皮摊在地上，大家一起睡在上面。记得我们把脚从一边放到另一边，有时我们也交叉着睡，我们盖着母亲编好的毛毯，有时也盖五颜六色的布头，我们称之为

"玉米饼"。母亲是编织高手，我们姐弟几个还存有她做的一些织物，比如毛毯、披肩、毯子等。这些东西织得很好，不透水，即使浑身淋透，这些东西也不会湿。我们之前没见过帆布床，第一张床是我们去收割甘蔗回来后父亲买的，姐姐结婚时，父亲把床送给了她。我也没见过床单、枕头和床罩，我头一次见到这些东西是 1978 年在军营里，当时给我们每个当兵的发了这些东西，我起初很意外，不明白这些东西是干什么用的。

伊萨亚维镇

在伊萨亚维镇，我们有两块地，一块用于畜牧，另一块用于放牧。土地属集体所有，并非私人财产。农业生产用地五年轮换一次，耕作、播种、收割地块各有不同。牧区内禁止耕种，在波波湖边的沙地上，每家都有块空地，我家也不例外。我们就在那里放牧羊驼。6 月 24 日亚马逊印第安新年开始的时候，我们在绵羊和羊驼耳朵上做记号。在狂欢节期间，这一仪式被称为"奇尔帕"，是个盛大的节日。我们有产毛的家畜，包括羊驼和小羊驼，小羊驼数量不多。我们社区没电、没饮用水，也没有燃气，我们根本不知道有这些东西。制作食品都要烧柴。我小时候，从刚刚会走就开始干活，帮母亲搬运柴火，把柴火递给母亲做饭用。当我长大些后，就要到一公里外的地方运水，那里的水清透极了。我母亲背着圆形的罐子运水，这样后背会很疼。我帮她从储藏室拿东西，搬盛水的罐子，母亲会说"小埃沃把什么什么拿来"，我就递给她。

因为没电没水，我们没法洗澡。最近，也就是几年前，社区才开始与外界连通。我小时候从没洗过澡。我们小孩子把脸蛋、头发、手湿一下就算搞了卫生了。我十六七岁去奥鲁罗省的马科斯·贝尔特兰·阿维拉学校读书的时候才见识了淋浴、牙刷和年轻人用的牙膏。

我从很小的时候就开始干活。上学前放过绵羊和羊驼。最初是跟着父母去田里，我坐在地上，看着他们在田里干活。我的小狗陪着我。我也玩泥巴，玩石头，想玩什么就玩什么。

事故

母亲告诉我，我大约 4 岁时出了第一次事故。收获的土豆总是埋着或是成堆放着。先是收土豆，堆在一起，用稻草或土盖住，土豆收完，先把最好的挑出来吃掉，其他的做淀粉、留种、喂猪和出售。我母亲和姨妈挑土豆，也做烤土豆。在地上挖个坑搭个灶，点起火，把土豆放进去，烤熟。我走着走着，仰面摔倒，掉进火坑里，我大哭起来，母亲听见了。她看见我的脚在火堆里乱踢，就跑过来拉我起来。火烧到了我的肘部，还烧到点耳朵，当然还有我的毛衣。

这个事故成了全家的大事。父亲给我买了一顶帽子，我非常喜欢这顶帽子。这事过后，有一次父母让我跟姨妈们在一起，我对他们说："幸亏烧坏的是我的耳朵而不是帽子。"这成了一个大笑话，谁让我担心帽子而不是自己耳朵呢。

放牧

当你照看动物时，它们会很在乎你，跟你亲近。记得我还是个小孩子时，放牧羊驼时吃惊地看到了小羊驼的诞生，小羊驼刚从母亲肚子里生出来落到地上，母羊驼就奔向羊驼群，小羊驼就感到孤立无援了。我把它抱到怀里，感觉小羊驼在找奶吃，就把口水喂给它吃。从那以后，不论我在哪儿，小羊驼一看到我就飞奔到我跟前。牲畜一般都是成群活动，总是由一头牲畜带领，然后紧跟我们的指令。

我从很小的时候就开始放牧羊驼了，最初是作为母亲的帮手。姐姐有回开玩笑提到，有次我离家 50 米左右，用艾玛拉语冲父母大喊，把羊驼群带走，我再也不喜欢它们了。我那时还很小，领着羊驼群走不了多远。我那时还不会讲西班牙语，我对他们说，羊驼在这儿，把它们带走，我不喜欢它们。据说父母听后就笑了，我经常很搞笑。

在农村，孩子们自打会走路起就开始干活了。我们在很小的时候就把牲畜带到离家很远的牧场去，比如我家的羊驼就在离家五公里左右的波波湖附近放牧，我家的牛群也在那儿。我家还有几头驮东西的驴、几头猪和几只母鸡。在我家，羊驼是父亲的，羊是母亲的，羊大概有 120 多只。我们自己就会放羊。根据季节，羊驼会被带到更近的波波湖附近。我放 200 多只羊驼，姐姐放得稍微少些。我们会带上干粮，有时放牧的地方离家不太远，母亲就会给我们送饭。

天不亮我们就离家去干活，每人都清楚自己要干些什么。当我和姐姐放羊和羊驼的时候，父母在田里收获或播种，我们四散分开，有的跟着羊群，有的跟着羊驼，有的忙着侍弄土豆。驴是非常有用的，我家有五头驴，用来驮土豆或其他必需品。

记得我有一条小狗名叫特雷波尔，它体形巨大，黑白相间。姐姐也有一条狗叫钻石，也是黑白相间的。乌戈放羊时也有条小狗叫佩佩，那条狗缺只耳朵，还没有尾巴，是白色的，眼睛上有块斑，成天懒洋洋的。只要羊群训练有素，放羊并非难事，但也需要付出和努力，尤其是有小牲畜降生的时候。

我家主要种土豆。小孩主要放牧，我弟弟乌戈也学着放牧，从很小时候就开始了。

乌戈说：

> 只要没有要逃跑的被带坏的羊驼，你就可以安安静静地呆着，甚至能打瞌睡，吃吃干粮，坐在高处，指挥羊群。但是有些羊驼很狡猾，会逃跑，只有靠小狗帮助才能始终掌控局面。

父亲很严厉，对工作很尽责，从不打骂孩子。但是如果你弄丢了小羊，他会叫你去找，直到找到为止。我们带上小狗出去找，找着它们并不难，因为它们会叫喊它父母或是羊群。最危险的是狐狸，随时威胁着羊群。

狐狸

我还是个孩子的时候，父亲就教我猎狐，这是我干过的最危险的事情之一。狐狸极其聪明，善于捕杀绵羊和羊驼。如果狐狸掉进陷阱，通知其他居民的唯一方式是通过烟火，别无他法，因为距离很远，到处都是小山，没有灌木。记得有一次我与母亲跟踪一只踩上捕兽夹的母狐狸，公狐狸走在母狐狸边上，撕扯着咬住了爪子的捕兽夹。我们带着小狗特雷波尔走在沙地上，狐狸的目光很吓人，让你不敢抓它，让你动弹不得。我跟母亲说，公狐狸在那儿，我们去打它。我们做准备的时候，公狐狸吼叫着猛地扑上来，于是我们放开狗，狗冲了上去，吓跑了公狐狸。我和母亲吓坏了。狐狸善于隐藏行踪。当母狐狸有宝宝的时候，为了不让小狐狸和自己处于危险之中，它们会来来回回地走。我父亲是追踪狐狸的高手，如果不猎狐狸，它们就会吃掉小羊驼。它们会在白天进入空羊圈，搞得一片狼藉。

我们公社所在的苏尔卡社区，各家各户每个工作日都至少要猎一次狐狸，以防狐狸吃掉绵羊和羊驼。人们在山上找狐狸，或是带着狗在空羊圈里等狐狸。这是经常要做的事情，通常得在晚上做。我们往往能干掉一两只元气大伤的狐狸。在高原，狐狸被认为是羊驼最大的天敌。

羊驼不仅受到狐狸的威胁，有时还受疥疮之苦。但干旱是最致命的。缺少饮用水可造成牲畜死亡，还造成农作物绝收。因此，很多农民移居到其他地区，主要是去永加斯和恰帕雷。

3. 上学

伊萨亚维所有的孩子都去卡拉维尔卡上学，学校很小，也叫卡拉维尔卡，离我家约 1.5 公里。父母告诉我，我祖父母说过在 40 年代，念书在农村是被禁止的。所以学校是在波波湖边秘密建造的，父亲在那里学会了读书识字，舅舅卡西亚诺·艾玛当年也在那所学校念书而且从不缺课，老是考第一，是最会念书的一个。

卡拉维尔卡的学校是在 1955 年 7 月 9 日由当地居民建造的，墙壁是土坯的，屋顶是稻草的，座椅也是土坯的。

学校建在波波湖边，因为在那儿没人能发现它。在奥里诺科，拥有一所小学几乎是有罪的。我的小学开始只有最基础的一年级和二年级，我 6 岁到 7 岁时在那儿念书。我得走将近一个小时去上学，我总是一个人走，不记得跟姐姐一起走过，很可能当时埃斯特尔已经不在这所学校上学了。那时我懵懂无知。老师就住在教室旁边小屋里，由社区负担工资，他只讲西班牙语，而我则讲艾马拉语。印象中我是 10 岁左右时才学会西班牙语。在这所学校里，我第一次见到彩色铅笔等学习用品。

学校里被谈论最多的轶事之一，是有一次老师让我们自由绘画，想画什么就画什么。那些天，我家的母驴刚生了头可爱的小驴，我就画了小驴。然后老师让我们涂颜色，我就涂上了红色、黄色和绿色，不知道是因为我太笨还是颜色太有玻利维亚特色，这成了个大笑话，大家把它叫作“埃沃的驴子”。

后来，一位老师叫蒂布尔希奥·玻尼法西奥·孔多利，他记得埃沃是个很有教养、爱交际、受欢迎、易打交道的男孩。这位埃沃在七八年级时被社会学老师认为是其最出色的学生之一，他说，“埃沃爱好广泛，尤其是体育，特别是足球”。

卡利莱瓜

我的首次求学始于5岁左右，随父亲和姐姐埃斯特尔去阿根廷胡胡伊省的卡利莱瓜市打工。当时父亲去那儿收割甘蔗。当地实行义务教育，因此我被送进学校。有时候我坐拖拉机上学。在学校里我什么都听不懂，因为授课老师也只讲西班牙语。老师讲啊讲，我却什么也听不懂，只能看着她。她抚摸着我，亲切地称我为“小埃沃”。我开始害怕上学，因为我完全不懂她教的东西。我在那所学校一直待到父亲被调派到另一片甘蔗地。

位于卡拉维尔卡的学校只教一、二年级课程，小学其余课程在奥利诺卡教学中心（也称作农牧学院）教授。那所学校离伊萨亚维大约15公里。我去那里上学时8岁左右。每周六我跑步回家看望父母。一日三餐由我来做。父母用驴驮上柴火和足够维持三周的食物。周日中午吃过午饭之后，我再走15公里回到奥利诺卡。早上我做好烤面包和腊肉，准备带去奥利诺卡吃。可是好几次在路上休息时我就把它们都吃光了。有几次我和弟弟乌戈一起去上学，也发生了同样的事情。

我们走了大约3个小时。到达奥利诺卡之前，我通常在汉卡帕基塔、阿科维亚、基斯帕塔的小村镇歇脚。那时候，我边走边休息、玩耍，有时候还和弟弟吵架。

据乌戈回忆，有好几次埃沃要他留下来或者自己走，但是他不愿意，因为他害怕。

> 每周日我们都会吵架，哥哥让我走，我就跑着离开，他从后面追我，我逃到镇里，他最终也没追上我。有时候我们都想躺在铺在地上的斗篷上，但斗篷只有一个，我们就会为此吵起来。那一瞬间我们都生气了，但是过后就好了。埃沃嘲笑我，十分气恼。我们有两头猪。埃沃把麦秆放在猪身上，一边唱着、跳着，一边说小乌戈，小乌戈，就好像我就是其中的一头猪一样。这让我很反感。那次吵架后，母亲又缝了一个斗篷给我们。

我们从伊萨亚维带到奥利诺卡的干粮够我们吃三天左右。有时我们甚至在路上就会把它吃完，有时也会邀请朋友一起吃。有时候我会在头一天晚上把干粮做好，有时候第二天早上现做。我通常做些腊肉、木薯和一些面食。午饭有时在早上做，有时在上午放学之后快速做完，因为下午还要回学校上课。我烧饭都是用柴火，因为在奥利诺卡没有电，也没有天然气或者轻便炉。

我们也没有水，离我住的地方二三百米处有两口井，我必须从井里打水，不仅用于洗漱，还要用来洗衣服，尤其是清洗长外套校服。长外套特别脏，到处都是灰。老师有时候会检查我们的手干不干净，如果谁没有洗干净手，就会被踢上一脚以示惩罚。

我们的手脚常因冻伤而流血，因为我们没有鞋，只有系带凉鞋，所以脚后跟裂了好多口子，在乡下被称作“卡卡伊”。我们走路时疼得一瘸一拐。老师经常检查我们的个人卫生，我们没有洗手液，即便用热水洗手，冬天手还是会裂口子。有时我们正在洗漱，学校的铃声就响了，我们只好听着铃声跑回学校。

那个时候大家都没有手表，只能通过阳光估算时间。我记得我们在地上放一块石头，看影子的移动来计算时间。不管是上午还是下午，这招同样管用。

我们年龄大些后，父母经常带我们在伊萨亚维洗澡。真正困难的是洗长外套，因为老师总是要求它要十分干净，因为没有肥皂，我们只能用水洗，结果它总是脏兮兮的，老师也经常惩罚我们。

记得小时候我只穿一件衬衫、一条裤子、一件母亲用羊毛或者羊驼毛织的毛背心，还有一双系带凉鞋。14 岁前我没见过内衣，有段时间我们穿一种裙子改的衣服当做内裤。我睡觉时就穿着衣服，衣服只在过国庆节时才简单洗洗。冬天我们从不换衣服，热了就脱下斗篷、摘下帽子。

斗篷和帽子也是母亲缝制的。它们好像尼龙的一样，不吸水，尤其是冬天的时候可以御寒。要是母亲给我脱衣服，那只有两个目的：找虱子或者缝补丁。我的膝盖和肘部总磨破。

天热时，母亲让我们脱下衣服，放到太阳底下晒，虱子就会爬出来，这个时候一定要掐死它们。我从母亲那学会了如何掐虱子。有一次，我和弟弟从家里去镇上，途中我看到弟弟不断地挠头，于是开始在他头上找虱子。算上虱卵，一共找到了大约 40 个。

8 岁时我已经什么都会做了。学习和玩耍都自己管理，自己做饭，此外还要照顾弟弟乌戈。11 岁时我第一次有了几件衬衫，这样我就可以换衣服了。那时候我已经会用西班牙语读写了。小学三、四、五年级的时候我成了尖子生。为了成为好学生我天不亮就起床，爬上屋子附近的小山，在那里等待第一缕阳光（阳光总是先照到那边），然后开始学习，看笔记，不仅是为了应付考试，还为了学到更多知识。学校铃声一响，全镇都能听到，我就跑去上课。

在奥利诺卡教学中心，我们所有学生集体种了一棵树，并负责照顾好它，给它浇水、剪枝。

象棋

在学校里我自学了象棋。我记得父亲有一次去奥鲁罗买回来一本拉鲁斯字典。我阅读和学习时，字典被小油灯略微烤焦了一块。在那本拉鲁斯小字典里，我找到了“象棋”这个单词。虽然叫作小字典，但它却又厚又大。词条下的所有解释我都读了：有一个棋盘，64 个格子，32 颗棋子。我对象棋产生了浓厚兴趣，于是求父亲再去奥鲁罗时给我买一副象棋。但父亲并没给我买回来，我就不断地求他。有一次母亲跟父亲说：“你要是不给他买，他就会念叨个没完。”终于有一次父亲去奥鲁罗卖肉和土豆，回来给我买了副象棋。那副象棋是中国产的，纸板棋盘，塑料棋子，棋盘和棋子都是红黑相间。

从那时开始，我更加专注地读字典。我把棋子摆好，学习每个棋子怎么走，如何吃子。之后就开始独自下棋。有时用右手挪黑子，左手挪红子，有时也会变换。就这样我学会了下象棋。

有几次我和表兄弟们下棋，我教他们每个棋子的走法。我还把象棋带到奥利诺卡教学中心去和朋友们下，同样我也教他们怎么下棋。过了一段时间，学校里来了一位新老师。我们每天主要是在课间休息时下棋。他问我会不会下，我说会。他说想跟我下棋，我同意了。于是我们摆好棋子开始下棋。老师告诉我步兵不能直线吃，而应该走对角线。我是在相同的方向吃，没走对角线。象和车如果在一条线上，我就用他们一次吃掉两三个子。老师告诉我棋子这样走不对。在他的指导下我不但学会了正确的下棋方法，而且下得更好了。

小油灯

我所在公社的每个村镇里，大家都用带捻儿的小油灯照明。我去奥利诺卡上学的时候也是一样。一块盛有柴油的小铁皮罐上放着一块用碎布做的灯捻儿。我们每天晚上就这样照明，学习也用它。我每周日下午去奥利诺卡，周六下午回父母家。有一段时间，我和姐姐、弟弟在房间里学习，三个人共用一盏小油灯。我记得有一回光线很模糊，我们三个把脑袋凑近书本，弄得鼻子上沾满了油烟，一会儿就全变黑了。姐姐因为靠得太近把帽子都烧到了。母亲责怪她，但父亲跟她说别太放在心上，因为是为了学习弄坏的。

埃斯特尔也回想起了那天。

> 那时候我有一顶父亲做的羊毛帽子，是一顶白色的小帽子，晚上我们戴着帽子睡觉。我们只有小油灯，没有电灯，我在做作业，头低得太低，都没注意。第二天起床后，我们的鼻子都变黑了。我去梳头，发现全都烧坏了，帽子上漏了一个洞，头发都露出来了，我什么都没感觉到，毕竟还没有烧焦，我也没闻到任何味道，没感到热。那个洞很大，像是一扇窗子，可能是亲爱的上帝把我拯救了吧。

我和弟弟乌戈也在晚上做作业时烧过帽子。因为我们只有一盏小油灯，看不清，所以必须靠得很近，老师经常在第二天上课时检查笔记。

我们住的屋子不是很大，大约 8 米长，4 米宽。房顶和所有房子一样，是稻草搭的，地面就是土地。盆盆罐罐等厨具也都放在屋里。

游戏

长大后，我玩掷球游戏的水平近乎达到专业水准。有一个我记得叫作“切尔卡”的掷球游戏，必须要用一根棍击打一个球，把球击出最远者胜。除了足球、篮球和排球，我们还玩其他游戏。我们造小车，装上土，用绳子牵着走。在掷球游戏上，我战无不胜，其他人都不愿意和我玩了，因为每次都是我赢。我成了一个玩球能手，攒了一盒又一盒的球，连大人也不想和我玩了。我于是先故意输两三局，然后接下来每局都赢。

可是玩的同时，我的成绩下降了，几乎一整个学年我都落下了。那时候大约是 1970 年，我应该是上小学六年级，我记不太清了。为了完成这一学年，我还交了补偿金。因为这个父亲跟我说："埃沃，你不是块学习的料，何必浪费时间。"于是，第二年就没再给我报名上学。

4. 辍学

大概是 1971 年，我辍学了，帮助父亲播种、收割、放羊。那段日子，一场霜冻彻底摧毁了我家和其他人家的收成，我们连吃的东西都没有。没有土豆、淀粉、小麦、藜谷，什么都没有。父亲在一个麻袋里储存了少量从山谷带回的白玉米，几个月来我们就吃这个，其他的什么都没有。早餐母亲做烤玉米，她把玉米切碎，放到锅里煮，再加上羊驼或者羔羊肉做的腊肉，熬成汤喝。

中午我们还是吃烤玉米或煮玉米，晚上再吃肉汤或者骨头汤。我们就这样吃了好久。那段时间姐姐埃斯特尔去了圣克鲁斯，有几个叔叔在那里工作。几个月后她回来了，捎回来两担大米。父亲很惊讶。许多人家都没饭吃，父亲十分同情他们，就分给他们一些玉米、大米、羊腿和其他吃的东西。那个时候许多人靠吃灌木充饥。这些树的树茎在狂欢节时期很多产。各家各户就收集树茎，然后把它们熬成汤，不加糖，也不加肉，只配上一点盐和骨头。那次是最严重、最糟糕的霜冻之一。

去独立市

那段时间，父亲为庄稼绝收和食物短缺忧心忡忡，最终决定去科恰班巴省的独立市采购玉米和其他食品。当时因为我已辍学，所以他就把我也带上了。记得出发前，父亲备好了 200 多头羊驼，每一头都驮着一点腊肉、辣椒和盐。姐姐和弟弟留下来帮母亲在地里干活。我和父亲从伊萨亚维出发，路过卡拉维尔卡，也就是我上学的地方。之后用一周左右的时间走到奥鲁罗。我们简单吃点儿早饭，然后 7 点左右启程，走到下午两点，让羊驼吃点东西并且休息一会儿。之后，我们到了内格罗·帕维永，那是哈勃、摩洛科卡拉和圣菲的一个矿区。我们本该在那里休息一周，但是实际上每天都要出去放牧羊驼，喂饱它们。那之后我们又出发前往独立市。我们绕过小道，跨过山脉，走了大约一周时间。我们走路没有问题，羊驼可不行，它们走不惯山路，而是更善于走高原沙地，所以不得不用力攀爬，直到蹄子流血。

于是父亲给羊驼们做了一些皮革垫子。每当有羊驼开始一瘸一拐，父亲就给它的蹄子包上皮垫子，好像穿上鞋子一样。有一回为了让羊驼养伤，我们不得不停下来多休息一天。每天晚上，我们走到哪里，就露宿在哪里，要么是高地，要么是山谷。无论是刮风下雨还是严寒酷暑，都阻挡不了我们前行。那年我们去了两次独立市，其中一次我们必须经过德萨瓜德罗河才能到达恰卡克洛。在到达奥鲁罗之前，有些当地人不让羊驼吃草，羊驼受了惊吓，成群结队地跑掉了。父亲在羊驼后面追赶，我又在他身后追他，那时大概是傍晚 6 点。我没能追上他，一个人落在后面，哭了起来，开始四处游荡寻找父亲和羊驼，但是一直没找到，那时候大约半夜 11 点或凌晨 1 点。

记得那天晚上，我看到开往智利小镇皮斯加的卡车和巴士一趟趟经过，从一边驶向另一边。只要看到有车靠近，我就害怕不已，躲藏起来。他们准备停车的时候，我就逃开。我哭累了，唱起了奥利诺卡民歌，因为无事可做，就边哭边走，突然眼前出现一辆从奥鲁罗开来的汽车，车停下来，一个人从车上下来，我又想逃开，但下来的人是父亲，他终于找到了我。

父亲十分伤心，因为他一头羊驼都没找到。他说羊驼朝奥鲁罗跑去了。父亲问警察看没看到羊驼路过，警察告诉他晚上的时候过去了 20 来只。父亲请求他们收留我们一晚上，他们最初不愿意，但最终还是同意了，说是因为我才让借宿的，还给了我们一条毛毯。记得那天晚上很冷，父亲用双腿夹住我，这样能暖和些，就这样挨过了一晚。太阳出来后，我们出去寻找羊驼，父亲跟着羊驼的脚印走，最终我们找到了一口锅，一些食物，又找到了我们之前休息的小山坡。羊驼就聚集在那里，有的还驮着东西，有的驮的东西没有了，不知道掉在了哪里。父亲数了数，少了一只，那头羊驼着玉米，也就是我们的粮食。

记得那几天，我的双脚开始疼。当时我们在康飞塔尔和哈勃卡萨之间的路上。我的脚疼得不能落地，仿佛要断了似的。于是父亲就用一块白布把我的脚包扎起来。他做完早饭，等羊驼休息、吃草，然后就去找那只走丢的羊驼了。他在一片草地上找到了它，它背的东西已经不见了，也许是被谁偷走了或者是掉了。他回来就给我治伤。我的脚依然很疼，他把尿抹在上面，再涂上盐，然后我们就开始休息。那天他这样给我治了三四次，第二天伤就好了。

那天我在屋子里养伤，父亲去奥鲁罗看望姐姐埃斯特尔，那段时间她好像是在一个裁缝学院学习。他回来后我们开始休息睡觉，早上我们赶去内格罗·帕维永。我呆在那里，那里有一片草地，草地上有许多灌木和野草，走路时很扎脚，之后还会有灼烧感。

还有一个叫作艾斯特雷亚尼的小湖，当地人说这个湖是有脾气的。有一次他们打算修建一个灌溉系统，但建造者喝了湖水便开始胃疼，差点死掉。我四处放牧羊驼，已经很熟悉那片区域了。我去哈勃卡萨矿区买沙丁鱼，就着面包吃，然后就在那里睡了。

第二次去独立市，我们也在科恰班巴的康飞塔尔休息。我对那个地方很熟悉。现在那里建起了栅栏，之前什么都没有。那片地区叫哈勃卡萨，有一条简易公路，可以看到科恰班巴到奥鲁罗之间的巴士来往穿梭。这些车是达努维奥和诺雷萨商队。司机们剥掉橘子皮，把它们扔掉，我就在后面边跑边捡，然后吃掉，但是香蕉皮我不喜欢，我只吃白色肉的部分。 在奥利诺卡我们也是这样，每当父亲带回来水果，我和埃斯特尔还有乌戈就分着吃一个橘子，但母亲不让我们吃橘皮，她要把橘皮晒干泡茶喝。每当我捡橘皮时，最大的愿望就是能坐上那样的巴士。

记得在康飞塔尔附近的时候，有一天雨下得很大。我们没法做饭，因为麦秆、牛羊的粪便都被雨水淋湿了，我们就只吃了糖拌辣椒。父亲叫我把石头摞起，然后他把湿透了的麦秆放在上面，再铺上一层尼龙布，我们就这样搭建了一个小帐篷，睡在了石头上。整晚上雨水都在石头缝隙间流，但却没把我们淋湿。

还有一次，我们路过科恰班巴的卡密，那里有一个矿场，我们和叔叔伊德尔方索·维拉在一起。叔叔突然牙疼得不行。他来回踱步，不停踩地，并用针扎、用石头敲牙，还是很疼。父亲在附近找了一种草让他嚼，疼痛感竟然消失了，之后就再也没疼过。我试图回想那是种什么草，应该是类似麻醉药的东西。之后我们继续前行，到了卡拉特兰卡，在那里我们看到一个克丘亚人正在剪头发，父亲就上前跟他说可以帮他剪，于是就帮他剪了头发，最后他们两个人互相剪了头发。父亲的克丘亚语讲得很好，因为爷爷曾带他去过独立市，有一回爷爷把他放在萨米帕亚呆了一年，那里的人都称他为“小模范”。

父亲经常带腊肉、肉、盐去那边。他通常会让我留在某些村镇里，如塞拉帕塔，照看羊驼。他早上出门，下午回来。但有一次他没回来，我整夜都一个人呆着，只有我的狗特雷波尔陪我，它还帮我照看羊驼。

在塞拉帕塔，我们用石头和麦秆建了一间小屋，我们在那里栖身。羊驼群就在小屋旁边休息。一次，几只美洲豹崽靠了过来，羊驼们都吓跑了。我的狗想要逃到后面，我哭着抓住它，十分害怕，整晚没合眼。清晨我起床后就出去寻找羊驼。他们散落四处，我把它们聚拢在一起，数了数，发现少了一只。我最终在一个悬崖下找到了它，可是它已经死了。美洲豹崽虽然个头不大，但它们通常会把羊驼逼下悬崖，羊驼掉下去后摔断了腿，它们就可以把羊驼吃掉。但当时有一只狐狸在那，一副吃得很饱的样子。我朝狐狸扔石子，想要报仇。我希望特雷波尔帮我，可特雷波尔却奔向了那只死去的羊驼，想吃了它，于是狐狸就逃跑了。

5. 政治，卡利莱瓜和回归

每次出行，父亲都会带上用电池的晶体管收音机，我们总是会收听。有一次在山区，应该是1971年的8月，我听到收音机里说班塞尔上校在胡安·何塞·托雷斯将军面前没有退让半步。我当时已经懂得了军衔，我对自己说：这个上校真爷们，并且很敬佩他。当然在那个年代，我还不懂政治和意识形态这些东西，但有了参军报国的想法。

在维克多·帕斯·埃斯登索罗领导的“民族主义革命运动”和马里奥·古铁雷斯领导的“玻利维亚社会主义长枪”的支持下，乌戈·班塞尔·苏亚雷斯上校于1971年8月19日发动政变，21日获得胜利。这是玻利维亚历史上最血腥的政变之一，造成约77人失踪，85人死亡，3500多人被逮捕、遭到拷打或流亡。

我不记得听到这个消息后有没有告诉父亲。那时我们正在将玉米运输到塞拉帕塔和拉里马卡的路上，这是奥鲁罗省和科恰班巴省内独立镇附近的社区。我们到达独立镇后，就在足球场附近露宿。我无数次在那里跟羊驼一起睡觉，就着玉米吃沙丁鱼。父亲去镇里换商品，有时去喝玉米酒。

真难以置信，我现在作为总统多次乘直升机降落在同一个地方。我们还曾经在这里丢过几只羊驼，当时我们正把商品运往这个地区的各个地方，有几只羊驼掉进了河里。

有一次，父亲说，我有一位名叫阿森西奥·莫拉莱斯的叔叔也是在这个地区走丢了。当时他还很小，跟在羊驼群后面走，没有跟紧这些羊驼和他的父母，他们走在前面而且走得更快，他们跟他走散了。

我想应该是在玻利瓦尔省的山区里。自从那天起，他们就一直在找他，特别是最初的几天乃至几周，直到最终被迫放弃。每次父亲去独立市，不管是走山区还是走更近更平坦的公路，都会去市场里打听我叔叔。“你认识阿森西奥·莫拉莱斯吗”，他跟所有人都打听。有一次，父亲外出归来很高兴，告诉我们说碰到几个认识阿森西奥的人，据说他已经娶妻生子，这是自幼走失多年以后的事了。父亲还说，他还请这几个人把阿森西奥约到奥鲁罗的玻利维亚市场来。

他们见面的那一天，虽然已经互不认识了，但还是热烈拥抱了一下。后来，他们谈到了当时是怎么走失的，他的父母是谁。他们两人都到了奥利诺卡，因为阿森西奥叔叔在那儿有地、有家庭。现在，我的阿森西奥叔叔仍住在奥利诺卡，我们其他人都离开了那里，他是唯一住在那里的人，也是拥有羊驼最多的人，正如我那睿智的父亲所预见那样，他各方面都把自己照顾得很好。我所有的叔叔中只有阿森西奥还健在，其子女也都生活在科恰班巴并已结婚。

重返学校

有一年多时间，我一直跟着父亲到处跑，没有交通工具只能走路，跟羊驼一起走会更好一些。第二年，父亲对我说：“小埃沃，我要替你注册上学。”但我已经不想去了，同学们都要上八年级了，而我还是七年级，我说“我不要”，并且哭了起来。父亲求我，母亲也求我。但父亲每天早上都从伊萨亚维去奥利诺卡，我不知道他去干什么事儿了，直到有一天，我看见他带了一只羊到镇上去，回来的时候已经是下午了，他说：“小埃沃，你可以跟同学们一起上八年级了。”说着就给我看了在学校注册的结果。记得那时校主任是阿方索·丘基米亚，看来父亲为了感谢或说服他，送给了他一只羊。

收割甘蔗

我儿时记忆最深的旅行是去阿根廷的卡利莱瓜。父亲去一家蔗糖公司打工收割甘蔗。一大批农民都去了那座城市，很多都拖儿带女。我们这些小孩儿必须上学。

卡利莱瓜是阿根廷胡胡伊省东南部雷德斯马地区的一个城市，位于省会东北约 170 公里。

我们离开伊萨亚维时，姐姐埃斯特尔大约 13 岁的样子。我们一路走到基亚卡斯，从那又去了塞瓦鲁约，一直走了两天半才到达了那里的火车站，等了好一会儿才终于上了火车，我印象非常深刻。我们从那里到了玻利维亚与阿根廷交界处的比利亚松，在比利亚松呆了三天，父亲去办了一些手续，后来才知道是去了移民办公室。因为呆了好几天，我们带的干粮基本都吃完了。后来我们到了阿根廷一侧，在基亚卡又待了两天，因为没有火车。由于没有食物了，我们就跟父亲一起去打这个地方的山鹑。等了两天以后，我们来到了收割甘蔗的营地。

记得到了以后，工作并没有立即开始，工人们就抗议了，因为已经没吃的了，所有赶路过来的人都一样。我们只剩下咖啡和糖。记得埃斯特尔把我们的面条给烤了，我们就拿它当早饭，有时候我们还弄得到橙子。但是有一天，几乎是一夜之间，工人们就被召集去收割甘蔗了。父亲是个了不起的工人，他干活从不停歇，周六、周日、节假日也不例外，他总是说随时都有可能闹罢工，到时再休息。

父亲努力工作得到了回报，他赚了不少钱。我不记得具体的数字是多少，但他说挺多的。后来我们回到了伊萨亚维。父亲和他在奥利诺卡时一样每天凌晨四点起床，姐姐也是，起来准备吃的，因为他们要把干粮带到甘蔗地去。

埃斯特尔回忆：

> 我是父亲的削皮工，得把辫子系起来免得碍事，我削甘蔗皮速度很快，并把它们堆好。每天下午六点左右把它们交给承包人。

我们在卡利莱瓜呆了大约三个月。营地很热，房子都是用大木板建的。那里盛产水果，我尝到了最好吃的橙子。记得姐姐病倒了，是父亲把她治好的。

埃斯特尔回忆道：

> 我腿上长了疥疮，灼痛异常，我抓得很厉害。去看医生但没治好。所以父亲决定要为我举行“卡奥阿”仪式（与大地之母“帕察玛玛女神”交流的一种仪式），“你得抓住帕察玛玛女

神”，他对我说，后来我就梦到他向山里扔猪。通过“卡奥阿”仪式，我的病就好了。

我必须上学，虽然我那时还很小。上学是强制性的，但后来父亲换了营地以后，我也开始跟他一起工作，当他的帮手。我卖“皮克雷”冰激凌。我就呆在镇里，镇外没有学校，而且父亲也无法带我去甘蔗地，因为来回得走几公里的路。姐姐负责带干粮，我就留了下来。我很快学会了游泳，因为那里有条河，有时水还很浑浊，我们就像小猪一样洗澡。“皮克雷”有点像冰棍，他们给我一盒“皮克雷”，我绕着营地在街上走，很快就卖完了。有一天父亲对我说，你怎么能卖这个呢？这活儿很危险，但我把挣的钱交给了他。有一次，我想我可以自己留点儿，用来买球或者运动衣，但我不能放在口袋里，所以我把一部分交给父亲，另一部分埋了起来。父亲很高兴有了新的收入。然而，第二天命令我们搬到另一个营地去，我们开始收拾东西准备出发，我没能当着父亲的面挖出藏好的钱，那些阿根廷比索至今应该还在那里。

在甘蔗收割地干了几个月后，我们回到伊萨亚维，父亲在将阿根廷比索兑换成玻利维亚币时遇到点儿麻烦，我们为了换钱等了很久，后来父亲十分高兴，因为他赚了不少钱。我们再次穿过边境回到玻利维亚，登上了火车并到了塞瓦鲁约。当时我们有钱了，就坐车到了镇里。我们抵达的时候就像是过节，家里所有人都来迎接我们，包括母亲和弟弟乌戈。我们这时听到妹妹雷伊娜已于几周前去世的消息。埃斯特尔大哭起来。雷伊娜得了病，没治好，那时她已是大孩子了。

悲伤过后，父亲用在甘蔗地赚的钱买了一张帆布床（行军床）。此前我们所有人都睡在铺有羊皮或羊驼皮的地上，身上盖的是母亲织的毛毯。后来姐姐结婚时，父亲把床送给了她。

记得从卡利莱瓜回来以后，我组织了一支足球队，在我家房子后面跟其他社区的小孩儿比赛。刚开始，我是守门员。父亲给我买了一个球，我很高兴。

屋里的太阳

第一次到奥鲁罗市的那天晚上，我准备睡觉了，却总觉得房子里有个太阳。当然，那是我对电灯的第一印象。我不记得卡利莱瓜有没有电。那时我只认识烛台，不明白这种光是怎么回事，觉得非常奇怪。我住的那个房间里有很多人，整晚都乱哄哄的，吵得我根本睡不着觉。我们离梅塔博尔很近，整天都有电。

我在卡拉维尔卡小学读了一年级和二年级，但在卡利莱瓜上学的时间很短，后来就去了奥利诺卡中心学校。我和父亲第一次一起去奥鲁罗，在那呆了几个月。每周四和周日都有巴士去奥利诺卡，周一和周五这些车又满载着乘客和货物回来。人们也搭车运些货物去城里。到奥鲁罗头一晚，我们借宿在巴士司机家里，他和父亲交情不错。他到处跑，镇上人都认识他。

我第一次上街沿着奥鲁罗河岸闲逛的时候迷了路，不知去哪儿，也不知怎样回到住处。当时我大概十一二岁，最后我哭了起来。父亲到处找我，最后找到我时我孤单一人，边走边哭。这是我人生中最害怕的一次经历。

那天，父亲找人给我在市中心广场拍了张照片。他们让我站在一个小箱子前面，箱子上挂着一小黑包。我紧靠在一丛灌木跟前，头戴一顶玻利维亚科罗拉多帽子，身上穿着父亲买给我的外套。照片上的我表情严肃，嘴巴紧闭。他们说“别动”，然后就拍了，几分钟后照片就出来了。这是我当时唯一的照片。那天父亲还给我买了一双橡胶鞋，味道很重。我不习惯穿鞋，只是用它裹脚而已，一回到奥利诺卡，就把它扔一边了。

小小升旗手

上八年级的时候，我决心成为最好的学生。班里大概 20 个同学，大部分年长于我，有人甚至已经结了婚。那时我已经不玩掷球和其他游戏了，只想好好学习。我每天天不亮就上山去学习。我记得大概是在 5 月 27 日，老师跟我说：“你将成为学校的升旗手。”我不知道升旗是怎么回事，他们说我是最棒的学生，这让我感到很惊喜。在后来的升旗仪式上，我当升旗手，护旗手是班上其他同学。我没把这事告诉父亲。不过后来我发现，我的同学，尤其是那些比我年长或已经结婚的同学，不能接受比他们小得多的我成为中心学校升旗手的事实。于是他们开始发奋学习，当然，我比以往更加努力，保证自己还是班里第一。放学回家后，我经常点蜡烛完成作业，我也喜欢这样做。第二天一大早，我便穿着斗篷，拿着书包，伴随早晨的第一缕阳光，爬到山上一边受冻一边学习大约一个半小时。阳光总是先照到山上，然后才是山下的村子里。我估摸好时间往家走，路上也翻书。回家后生火，烧炉子，吃完玉米面粥后才去上学。

我喜欢当最好的学生，所以每周大概到山上学习三次。我要在数学、代数、物理和化学几门课上都拿 70 分。有时我甚至能指出老师的错误。虽然他有个计算器而我没有，但我还是能经常帮他算算术题，尤其是小数计算。为了不让我帮其他同学，每次考试答完题，老师总要把我轰出教室。我成绩好的秘诀就在于早起学习。我总是早起，这个习惯不是现在才养成的。同样，在一年级和二年级的前半年，我都是班上的升旗手。父亲为了奖励我，突然有一天把村里的裁缝带回家给我量尺寸，为我定做了一套参加学校升旗仪式的套装。穿着这身衣服，我在由班上好学生和伙伴们担任的护旗手的护卫下，参加学校的升旗仪式。

爱在一年后

由于成绩名列前茅，我深受同学们的喜爱。记得大概 15 岁时，班上一个女同学向我借课堂笔记，还对我说，“我要从你的笔记里学习，这样我也能考高分”。课间我把笔记借给她后就出去踢足球了，当然，如果有时间的话，我也会打篮球。当她还我笔记时，我发现她在本子扉页上写了“小埃沃，我爱你”。我很生气，从那以后再也不借给她笔记了，也不和她说话。后来她向我道歉。一年后，我又把笔记本借给她了，而且在扉页上写道：“我也爱你。”

当时我很害羞，不大同班里的女生们交往，更不要说别的班的女生了。相比之下，我更喜欢运动。成为一名优秀运动员是我一直以来的愿望，我每天都踢足球、打篮球和玩棒球。我也练习田径，利用课间参加各种运动。一般上课是在上午和下午，如有时间，我会从中午玩到下午两点。

“埃沃”变成了“马里亚诺”

上学期间，我还参加了戏剧社。我的老师蒂布尔西奥•波尼法西奥安排我排练一部喜剧。我扮演一个叫马里亚诺的角色，是个喝得烂醉的司机。我表妹比亚加·玛玛妮扮演司机老婆。演出那天是8月6日，我演的醉鬼活灵活现，还真的动手打了玛玛妮几下。这次演出堪称精彩。由于演出大获成功，老师把这场戏演到了村里、中心广场和人群中。我清楚地记得，为了使演出效果更加逼真，我故意晃晃悠悠地跌倒在舞台上。观众们看了先是一惊，然后哄堂大笑起来，不停地为我鼓掌。从那时起，我有了一个新的绰号——马里亚诺，大家都不再叫我的本名“埃沃”了。从那以后，我在班里、在足球队里，甚至在公开场合，大家在给我助威时总会半认真半开玩笑地喊：“加油，马里亚诺！”

少年号手

也是在那些年，或者更早一些，我在奥利诺卡中心学校学会了吹小号。我父亲是一名出色的小号手，同时也是社区乐队的组织者。他买了不少吹管乐器，甚至聘请了镇上最好的乐师胡安·德迪奥斯·比尔卡，这样伊萨亚维就有了自己的乐队。为此，父亲瞒着母亲挪用了家里的钱（应该算不上“偷”吧）。父亲一向乐于助人、正直、富有正义感和远见。

父亲还召集了来自苏尔卡社区密斯库尼区的不少年轻人让他们学习吹小号。我是第一个报名的，其他一些同龄朋友也报了名，我们就一起成立了乐队。每天早上，我从伊萨亚维走上8公里，和其他的伙伴一起去接受圣地亚哥·图戈老师的指导。由于路途遥远，没法回家吃午饭，母亲和姐姐埃斯特尔总是把饭给我送到排练的地方。

放完寒假回到学校，学校正好组织乐队，我就成了小号手。在假期快结束的时候，我已经能吹奏得很好了。有时候我临时加入社区乐队或参加当地节日演出，我总是年纪最小的乐队成员之一。

在学校里我一直练习小号，几年后，奥利诺卡乐队正式成立，我仍是乐队成员。乐队领队是音乐老师贝尼托·比亚卡拉尼。乐队名为“9·21”（取自9月21日），由教师、学生和社区的一些年轻人组成，擅长演奏莫雷那达乐曲。在参加乐队之前，我经常观看科亚纳公社的伊奇科约乐队的表演，尤其对他们小号的演奏印象深刻，那是低音、第二和第三声部的组合，是库亚维洛式的。

在听说我们社区乐队要签合同去镇上演出后，父亲反对我去。他略带愠色地跟我说："你学习吹小号不是为了成为签约乐手，而是参加学校乐队。"我当时很伤心，但还是继续排练。初学小号时，我用牛角模仿，直到父亲给我买了一把真正的小号。我每天晚上都拿着父亲给我买的新乐器练习。一般是他外出联系活动，我留在奥利诺卡。记得一天晚上，父亲的干儿子沃尔特•图戈来我家借小号。想到他和父亲的关系，加上他答应第二天还给我，我就把小号借给了他。父亲回来之后问小号哪去了，我就告诉他借出去了。他有些生气："我千辛万苦为你买的小号，怎么能未经我允许随便借给别人呢？"这是他第一次，也是唯一一次冲我发脾气。

6. 梦里有故事

父亲冲我发脾气的前一天晚上，我做了个梦，梦里父亲弹着五弦琴，微有醉意。我不知道这是为什么，也不知道这意味着什么，是不是和冲我发脾气有关。父亲从未打过我，虽然我有点叛逆，也爱打闹，但感觉相对于兄弟姐妹们而言，他还是最疼我。

对于我来讲，梦很重要，因为梦总会透露或预示些什么。记得我大概八九岁时曾经做过一个梦，梦中我在奥利诺卡看见小山上的一座教堂，教堂旁边的广场上分布着民宅，更低处是斜坡和湿地。我沿着湿地走着走着，面前突然出现一条蟒蛇，我继续向前走，冒出越来越多的蟒蛇，大的、小的、粗的、细的，什么样的都有。我停住脚步，发现脚下到处是蛇，到处乱爬，简直无处下脚，我害怕极了，一下就哭醒了，之后就再没睡着。那时我孤零零一人在奥利诺卡，而不是在苏鲁卡社区的伊萨亚维。后来有一天，我把这个梦告诉了父亲，父亲安慰我说："小埃沃，这说明你这辈子会过得挺好，不缺钱。"事实上，我后来在恰帕雷生活拮据，倒也不是特别糟糕。

我少年时做过另一个梦，梦里我从奥利诺卡坐飞机去古奇古奇山，那里每年 11 月 30 日人们都演奏传统音乐祭拜山神。我想象坐飞机就是这样，可以欣赏下面美丽的风景，突然前面出现一片云，飞机飞进了云层。我害怕了，不知飞机会飞到哪儿，会不会摔下去，感觉飞机要撞毁了，又被吓醒了，醒来时眼角都是眼泪。我也把这个梦告诉了父亲，父亲说："小埃沃，你以后会有好的发展。但是为了得到他人的尊重，你必须先尊重他人，无论长幼。"

我认为我们要会解释梦。有一次，当我在恰帕雷的时候，也就是我成为工会领导人的前几天，我梦见自己穿着军装，在圣弗朗西斯科工会散步。我梦想成为领导人和组织者，我穿着有军衔的制服，不知道是不是军装，但肯定是件很特别的制服。这个梦预示着我后来当选了工会领导人。

还有一次，记得是 2002 年，在我成为总统候选人之前，我在科恰班巴省独立市郊区的拉里马尔卡，也就是我年幼放牧羊驼的地方，我正向山顶走去。突然面前出现一块岩石挡住去路。我向身后看了看，说："如果我松开手，就会摔下去。"于是，我继续往前走，手脚并用，就在快到山顶的时候我醒了。后来我当选总统候选人并且差点赢得了大选。我至今认为我们 2002 年就赢得了选举，但遗憾的是有人从我们手中把胜利的果实偷走了。

还有一个很重要的梦，在 2006 年 1 月 22 日我就任共和国总统之前，那时我还住在拉巴斯的布斯迟大街。大概是早晨 4 点半到 5 点钟，我梦到一边看着日出，一边对自己说"这真是太美了"。这时，天空出现一片乌云，遮住了太阳，不一会太阳又出现了。后来我就醒了。在那之前，我从不相信命运。经过了这些梦，我逐渐相信确实有命运，由上天安排。为什么会有命运？相信每个人都有自己的看法。我梦到蟒蛇、梦到坐飞机、梦到穿着军装、梦到攀登、梦到太阳出来了，还有其他的梦，这让我相信确实存在命中注定的东西。

讲笑话

我从小就爱讲笑话。姐姐埃斯特尔和弟弟乌戈也这么说。有一个我后来经常向叔叔、阿姨、兄弟和家人讲的笑话，是在我家厨房吃饭时发生的。我们 5 个人正在厨房，母亲站在灶台前面，父亲在另一边吃早饭。我看到弟弟乌戈在我之前长出了胡子，于是我用阿伊马拉语对母亲说："妈，乌戈不是我弟弟，只有你知道他的父亲是谁。"母亲比画了一下要打我，说道："这孩子，你想让我跟你爸打架吗？"父亲继续吃早饭，一脸严肃，有点生气，没说话，也没抱怨，姐姐则捂着嘴笑。

去奥鲁罗学习

后来，我去了奥鲁罗的马科斯·贝尔特兰·阿维拉学校学习，在那里我继续吹小号。我在奥利诺卡中心学校当了两年半的升旗手，作为对好成绩的奖励，父亲同意我去城里上学。于是，我去了奥鲁罗市。我住在一间小屋里，屋子小得仅能放下一张单人床。那是贝拉斯科·加尔瓦罗街一间很普通的出租房，房主是富尔亨西奥·昌比先生，他和父亲是战友。我每天从住处走着去学校，差不多1.5公里到2公里。我从不坐小巴或面包车，更没坐过出租车，我可没钱那么讲究，我都是步行，很早就出发。学校在城市的另一端，为了上学，父亲给我买了一些衣服和鞋。因为我走得太多，我的这双鞋破了洞，让我很难堪。如果有人在我后面走，我抬起脚的时候，后面的人就能看到我鞋底上的破洞。所以我会把脚拖在地上走，这样其他人就看不到鞋底上的洞了。有时我会放一块布，或者纸板、报纸什么的，但也无济于事，反而更糟糕。记得昌比太太待我像亲生孩子一样。她的孩子都比我小，有时我会帮她照看孩子。在那里，我过得像在自己家里一样。

后来，父亲在城南买了一间小房子，我们一家人就搬到了那里。父亲常来奥鲁罗市，需要有个住的地方。为了凑钱买房子，父亲不得不卖了20多只羊驼。我们会把羊驼宰了卖肉，大概每天宰5只至10只，因为卖肉比卖整只要划算。记得有一次我到奥鲁罗附近的维博拉放羊驼，正好赶上那里的狂欢节，我希望能去看看舞蹈，特别是乐团演出，这是最吸引我的。谁能想到几年后我能在“帝王乐队”里吹小号，甚至在就任总统后作为贵宾被请到观礼台上观看奥鲁罗狂欢节呢。

母亲得知父亲为了在奥鲁罗买房卖掉了20头羊驼后，哭得很伤心。父亲安慰她说都是为了孩子们有个家，不能让他们总是租房。母亲还是哭，父亲就继续安慰她。父亲总是一大早就宰杀羊驼，因为这样能多卖些钱。他在空地上或草地上屠宰。在父亲宰杀羊驼的地方，也就是开往宾托的汽车始发站，我们建了个市场。这个地方之前一座房子都没有，现在弟弟乌戈住在父亲买的这栋房子里。姐姐已经在另外的地方买了自己的房子，但之前也曾住过父亲的这栋房子。

因为不像之前在昌比家时有人帮我做饭或请我喝点汤什么的，在新房子里只有我一个人，我不得不自己下厨。我经常自己做饭，但有时在奥鲁罗我没钱做饭。为了生活，我只能在业余时间打些零工，比如当瓦工或做面包。

我会像往常一样早晨4点起床，然后到面包店干活。做完面包，我就收拾一下去上学。在面包店打工的那段时间，我都是下午去上学。为了去打工，我有时夜里1点就起床，有时甚至更早。面包店就在我家对面，如果没记错的话，是父亲的朋友卡普拉塔家开的面包店。我一直工作到早晨6点，店主人会送给我一些破损了的、烤煳的或是掉到地上的面包。所以我从来都不缺面包吃，反而还有不少剩余。忙完一宿，我会回家稍事休息，有时做做晚上没做完的作业。休息好了我就去学校，下午2点前赶到那里。我已经不太记得这样的生活持续了多久，大概几个月吧。那段日子很苦，有时家里给我寄些烤面包、面饼和钱，但有时包裹没寄到，我就只能努力打工养活自己。

离开面包店后，我又到城市北部的一家砖厂工作，同时继续上学。砖厂主人来自奥利诺卡，谈妥条件后我就开始在砖厂工作了。因为白天要上学，所以我只能晚上工作。记得在砖厂的第一个晚上，我负责控制烧砖的火，一直到清晨。有一次，奥鲁罗非常冷，我整个晚上都在烧火，到了早晨6点就晕倒了。我醒来时，浑身上下都湿透了，就像刚从水里拎出来一样。我看到四周都是受惊和担心的人。大家让我休息了一会儿，砖厂主人还给了我一些吃的和一点钱，就让我走了。他说："别告诉你家里人。"我回到家，满身疲惫，一点力气都没有，直接躺下休息了。母亲知道了这件事，因为有人和她说过。于是母亲向父亲抱怨。我听到她用奥利诺卡话抱怨道，"小埃沃学习很好，你让他去奥鲁罗，又不给他钱，他过得很苦，只能去砖厂干活。你看看现在都发生什么了"。那时我差不多已经17岁了，这件事引起了家里的注意。在那之后，父亲会经常到奥鲁罗看我，还给我带些吃的。

当我念到四年级半的时候，我受邀到乐队吹小号。于是我的时间分成了学习和吹号两部分。因为可以挣到不少的钱，生活好多了，而且我还能在足球之外参加田径运动。我每周差不多两次从城南跑到卡帕乔斯，至少也有一次，有时三次。我喜欢慢跑，我们有个很好的团队。弟弟乌戈也会陪我跑。我是领跑的，总会第一个到卡帕乔斯。在那里，管理员会让我们这些从奥鲁罗跑去的孩子们免费洗个澡。

乌戈也记得那段时光。他说：

那时我们俩，还有其他很多朋友都喜欢慢跑，并幻想成为马拉松运动员。埃沃希望成为马拉松运动员，我跟他一样。我当时是奥鲁罗马拉松第二名。第一名是玻利维亚中学的弗雷迪·巴埃萨。老师看了我的条件后，希望帮我买一双跑鞋，但我还是喜欢穿我的 15 比索买的网球鞋。虽然我们只能喝上点汤，就着咖啡吃点面包，但我们的耐力都很好。

桑托斯·蒂托曾经担任参议员，现在是争取社会主义运动奥鲁罗省省长。他是埃沃的好朋友，当时也和他一起跑步。他搬到奥鲁罗之后就认识了埃沃，有一次还住在了埃沃家。记得大家一起跑步去卡帕乔斯时，埃沃总是第一个到，甚至有时大家到了，埃沃都已经洗过澡正往出走呢。蒂托的父亲是运输工人，经常到省的西部去，并会带回些奥利诺卡的土豆和肉，然后在奥鲁罗卖。有一次他到了埃沃家，埃斯特尔、埃沃、乌戈姐弟三人都在。那时我大概 8 岁，他们都比我大一些，我请他们喝了咖啡。几年后，他们在奥鲁罗住了下来，我们之间关系很好，因为我喜欢运动，特别是足球、篮球和游泳。

足球梦

在奥鲁罗，我尝试了踢职业足球。那时，有一些足球协会，但没有联赛。记得有一次我去赫苏斯·贝尔穆德斯体育场观看圣何塞队同哈波矿工队的德比。那时体育场弯角的地方还没有看台，只有侧面的普通区和正面的优先区。莫罗科卡拉的哈波矿工队球迷都是矿工，他们坐着卡车早早来到体育场，带着防护镜坐在看台上，还带着一大家子人。我对球迷的热情印象深刻。从那时起，我决定做个哈波矿工队的球迷，当然这也是为了混口饭吃。食物都盛在锅里用小卡车运过来，领取食物的人们也非常有秩序。

后来，我开始参加社区足球赛。比赛 11 月开始，第二年 1 月至 2 月结束。全市所有社区大约共有 60 至 80 支队伍参赛。那时我还在面包店工作。我问老板能不能给我们买些队服好让我们组队参赛，他同意了。我们决定给球队起名为“运动 2000”，不过我记不得到底是谁给起的名，也不记得队名为什么非要用英文。桑托斯·蒂托和米尔顿·昌比那时也在队里。我兼任球队领队，代表球队参加各种会议。在第一阶段，我们以 8∶0、11∶0、6∶0 战胜对手晋级，我成了球队射手。

到了第二阶段，比赛竞争更激烈，想赢球比原先困难了，我们开始时赢时输，最终我们球队被淘汰了。但因为我拿到了第一阶段最多的进球数，我成为联赛最佳射手。不光这样，圣何塞队还吸收我参加训练。教练问我擅长踢什么位置，我回答说是右边锋。那时候我感觉自己能踢职业比赛。有一次我拿球成功突破对方防线，而且是从远处过的。我负责中场，从那时起我就不停地受到威胁，“过来试试，死黑鬼”，就是这么说的。我踢球的时候，在带球过人之前总会先倒下，我想应该小心着点，又有一回我想过人的时候，虽然自己觉得没问题，但还是倒下了，被人从球场边的排水沟里拉起来，因为 2 月份的时候雨水实在太多。我站起来，浑身都是泥。周围的人都在笑，但我还是继续踢。后来有人拉我去参加体能训练，接受圣地亚哥·莫德斯托的指导，当时他是很有名的巴西球星。准备活动做完以后，我人都快晕了。我从泥里爬起来，回家休息，然后又去了，又要晕倒。我没有咖啡喝，没有面包和肉吃，我的汤里面只有土豆，连洋葱都没有，就是土豆加上一点羊驼的脂肪。此后，我参加了社区球赛。10 月 31 日，我加入了贝多亚队。

桑托斯·蒂托说：

> 球队早上 4:30 到 6:30 训练，每周二、四、六下午和周日上午比赛，地点在奥鲁罗省南部的帕佩尔·潘帕球场。我们从小运动量就挺大。我对这些都有着美好的回忆，毫无疑问是运动让我们团聚在一起，这种友情仅次于与父母的亲情。在我看来，埃沃是个了不起的体育运动推动者和天生的领导者，特别是他带领球队参加各种比赛的时候。他喜欢工作，决不依赖他人，他是个天生的领袖，总是指导我们努力向前。有一次他对我说：生活就是这样，除非我们进了天堂，否则我们就必须面对现实，找到出路。

我一有机会就和朋友们一起玩。有一次，我们去看了一场奥鲁罗环形赛的赛车比赛。车手勒内·罗恰给我们留下了深刻印象，他是最有名的赛车手之一。我是和奥鲁罗人巴勃罗·比利亚卡拉尼一起去的。我们没钱，人们在那里买三明治还有其他食品时，我们只能吃点面包和风干的羊驼肉，那是家里几天前从奥利诺卡捎来的。

放寒假也就是年底的时候，我回到了伊萨亚维。在有电的地方住过一阵子以后，我又得重新适应黑暗和油灯。村子里条件只能如此。一天晚上，母亲在放羊驼回来的路上，在波波湖附近迷了路。我出门去找她，尽管那时我已经 17 岁了，但还是觉得很害怕而放声大哭。后来母亲回来了。回家这段路大概有一个半小时。

有音乐的生活更精彩

我受邀加入“9·21”乐队。记得那是在 12 月，恰逢乐手们准备参加奥鲁罗省在安达马尔卡举行的贝伦音乐节之际。我们骑着自行车穿过山区，在有些路段我们只能扛着乐器推着自行车步行。那是我的第一份合同。我们在音乐节上演出，岁数大的人能喝酒，我们年龄不够，就只能看着。那段时期，我很想做个音乐家。我挣了点钱。我们在另外几个地方演出以后，又签了新合同。我觉得这比在面包店和砖厂干活强多了。我喜欢这种生活。后来我们又去了乌古尤里社区演出，那是 8 月 5 日，在参加学校游行演出之后。那时候，我留着过肩长发外加左分头，不像现在留中分。我有一张那时候的照片。在乌古尤里，乐队指挥对我们说，“小伙子们，喝点儿酒吧，然后好吹曲子”，不过我不喝酒，只负责吹奏，但我的伙伴们都喝了酒，说这样能吹得更好。他们只喝啤酒，因为据说喝了玉米酒，肺里就没气了。其实那是骗人的。在乌古尤里演出以后，我们乐队还参加了其他音乐节。那时我开始挣到了钱，除了维持生活外还给自己买了第一块黑色的石英表，很漂亮。

第一次旅行之后，乐队指挥经常叫我去参加演出。我们去了科恰班巴的拉乌罗录制了第一张唱片。那是我第一次和乐队一起去山谷旅行，虽然不挣钱，但食宿全包。能去录音棚录制唱片是很令人骄傲的。我还记得，那次我们录制的是当时流行的“昆巴，昆巴，昆巴切罗”等舞曲。

那时我还去过其他地方，比如和智利交界的艾斯卡拉、萨瓦亚、契帕亚、瓦查卡亚。那里的人很有钱，爱给我们每个人送啤酒，但我从来不喝。我们还是一群孩子，不知道该把送的酒卖掉，只能跟我的朋友弗拉比奥·比利亚卡拉尼比赛，把酒倒在沙地上写自己的全名。我每次都能赢，因为我的名字比他的短。

我记得另一些人站在后面，每次把酒拿来时，他们就抓起来喝光，因为我们这些年轻乐手不喝酒。有一次，弗拉比奥的父亲阿里埃尔喝醉了，眼睛盯着酒瓶子，看到哪个瓶子里还有酒，拿起来就喝。他儿子觉得他老这么醉醺醺太丢人，就往一个瓶子里撒尿，而且放在他身边。这事我知道，因为我也参与了。他父亲抓起瓶子就喝，觉得味道不对劲儿，还接着喝，喝了好几口，最后才说这啤酒怎么有点儿温乎。

我们也去过蒂华纳库，那里有一场很重要的乐队比赛，“富豪”“皇家”这些乐队也参加了。记得我们乐队指挥从科恰班巴签下了一个挺不错的小号手，也是奥利诺卡人，但却是个酒鬼，他只有在喝高了的时候才演奏得好，而且在人前丑态百出。有一天，我们所有人商量好要把他关起来，让他睡上一觉，等酒劲过去了再参加乐队。我们当中有些人没喝酒，每人留了两三瓶。小号手虽然被关起来了，但还是发现了很多人存的酒，并在一天之内喝光了所有的酒，结果醉得更厉害了。每半小时他们就给我们上酒，我们好多人都不喝。节日聚会上有很多女人卖啤酒，而我把酒半价卖给她们，挣了些钱。

我参加乐队的时候，自己独自住在奥鲁罗，而且挣到了钱。我最后一次参加乐队演出时，乐队的名字已经从“9·21”改成了“皇家”。那次演出是在我去当兵之前，在一个星期五的狂欢节上，就在著名的生产饼干和通心粉的厂家费拉里。乐队增加了很多新人，都很年轻，几乎是新的一代。

那是我第一次见到各种饼干和巧克力。老板对我们说，“随便吃，但不准带走”。我觉得很好吃，跟伙伴们大吃饼干。最后还给我们上了一点烤乳猪。吃完以后，我甚至有点胃痉挛，感觉胃都要涨开了。从那之后好多年，我都不喜欢饼干，那次盛宴让我吃伤了。

1978 年 1 月我去当兵直到 1979 年 1 月，这段时间我不再吹小号了，但退役后我又回到“皇家”乐队。我也开始喝酒，品评各种女人，穿长裙的，穿短裙的，穿裤装的，这没什么。

我和弗拉比奥、昆丁、瓦尔多、本图拉曾经为追求一个女孩子展开竞争。其中，本图拉这哥们儿是最帅的。我们从来没有为女孩子打过架，恰恰相反，如果我们当中有谁追到手了，其他人都会帮他。为了追她，我们乐队参加婚礼和各种节目。这招在现场很管用。当乐手很有意思，他们跟你签约，你就有免费的食物、饮料。这很有趣，你不会缺舞伴，而且他们会付给你钱。但问题在于如果不会自己控制，就会伤害自己。我有一次就几乎这样。乐队里参加狂欢的人都跟我年纪差不多，都是很正常的人，我们去追女孩子就是为了喝酒不要钱。甚至有一次因为没人付得起酒钱，我把父亲给我买的小号都抵押出去了。几天以后我用自己在奥鲁罗攒的钱把小号赎回来了，但父亲还是知道了这事。“浑小子，为了喝酒把小号都抵押出去啦”，他把小号收回以示不满。就这样，我结束了乐队小号手的生涯。我曾是奥鲁罗最受欢迎的乐队中的一员。

在失去小号之前，我作为乐手最后的满足感来自在拉巴斯埃里瓦唱片公司参加乐队灌制唱片。那时正赶上 1979 年 11 月 1 日政变，发动政变的阿尔韦托·纳图什·布什上校只在台上呆了 16 天。之后利迪亚·盖莱尔·特哈达上台执政。那些天，上街成了一件可怕的事情，特别是晚上。外面简直像个爆米花机，四处枪声不绝于耳。

这次政变迫使瓦尔特·格瓦拉·阿尔塞下台，造成了约 100 人死亡，104 人失踪，数十人被捕。玻利维亚工人中心宣布无限期大罢工并在全国范围内组织封路，以维护民主体制。

我记得所有乐队成员都呆在录音室里，因为外面一切都瘫痪了。我们在那里吃了中饭和晚饭，最后不得不雇了一辆巴士把我们从阿隆索·门多萨广场的住所送回奥鲁罗。后来我听说，最为严重的冲突发生在佩雷斯·贝拉斯科广场，距离我们当时的住所仅两个街区。这是我录制的第二张唱片，是一张黑胶唱片。随后，我们乐队分散成数个小组，分别成为“超级帝国”“皇家帝国”和“帝国联盟”乐队。

那是我一生中最惬意的时光。我经常旅行，结识了许多地方的人。我非常享受那段快乐的日子，就在那时我在科恰班巴的帕罗达尼市签下了生平第一份合同。记得因为年纪小，我不得不替那些只顾玩闹的伙伴们收拾烂摊子，帮他们保管乐器，管理收入，还要听科恰班巴人讲令人生厌的克丘亚语，那时我还一个字也听不懂。我记得，一次连续四天的演出收入是 50 美元，我用这些钱买了裤子、毛衣，甚至还存了些钱。

16 岁那年，我跟随父亲一起去科恰班巴独立市附近的赛义拉巴达村。陪我们的还有一位名叫圣地亚哥·莫拉莱斯的会打鼓的堂兄。所有人都喝得醉醺醺的，我被安排演奏雅美拉达舞曲的小号部分，跟着舞者队伍一起往前走。人们给我们送来吃的，有煮玉米、奶酪、鸡蛋、肉，还为我们鼓掌。我是跟贝尼托·比亚卡拉尼老师学的吹号，我们还在一起录制过唱片。他是父亲的朋友，喜欢并且尊敬父亲，因为父亲总是乐于助人，受人爱戴，还给大家买了乐器。

埃沃所在乐队的老师和指挥，贝尼托·比亚卡拉尼·比亚卡说：

> 我当了6年埃沃的老师。我创建了奥利诺卡的第一支乐队，叫“9·21”乐队，后来更名为“皇家乐队”。埃沃是小号手，他总是站在我身边演奏。他是奥利诺卡农学院一个勤奋上进的小伙子，音乐课得过70分。他在表演时总对我们说：兄弟们不要喝酒了，但我们喜欢逼他喝一点。我跟他说想吹得好，先得喝好，这让他后来学会了喝酒。人生中所有事都要尝试一下，只要有所节制就行。

7. 军营

放下小号之后我报名参军，穿上了军靴，这是一段很棒的经历。作为农民，学习如何保卫国家，为国效力是件神圣的事。当兵回来的小伙子，村里甚至还为他们举行庆祝会。

在农村，男人们渴望当兵，所以人们认为那些没服过兵役的人也不配为村里干活，甚至不配结婚。他们会被看成不负责任的人，有些村庄还会把未服满兵役、未对国家和家庭尽到义务的人赶出村子。所以，当有些年轻人贪恋派对并酗酒时，就会被送去当兵，以便学习如何变成男人。

我参军的时候 19 岁。我和堂兄圣地亚哥·莫拉莱斯一起离开家乡到科恰班巴去，因为我想加入特种兵训练营。父亲想让我参加奥鲁罗第一炮兵团——卡马乔炮兵团，因为那里有亲戚可以帮我参军，但是我一直想当一名伞兵。

因为没钱，我们去找劳尔·拉米雷斯，他是一名卡车司机，每周都要往返于奥利诺卡和奥鲁罗之间。我们很久以前就认识。我离开家时，只在床上给父母留了一封信，上面没有任何解释只写了一行字："我们去参军了。"这样做是为了让父母没法找到我们，没法把我们送到卡马乔去。我想去看看其他城市，我已经去过奥鲁罗了。

1978 年 1 月 1 日，我们出发了。听说马尔西亚·莫拉莱斯叔叔家就住在科恰班巴南部的绿色山谷。我们在阿罗马街下了车，来自奥鲁罗、拉巴斯、圣克鲁斯和其他城市的巴士都会在这里停，附近还有一个火车站。我们一路走一路问，想找到叔叔家。绕了一圈又一圈，最后快要筋疲力竭的时候，终于找到了马尔西亚叔叔家。看到我们的时候，叔叔、婶婶和几个堂兄妹都非常惊讶，告诉他们我们是来参军的，他们就让我们住下了。那是一个星期天，休息过后，我们在叔叔的陪伴下来到维克多·乌斯达里斯上尉路的特种兵训练营门口排队报名。

排队的大概有 50 个人。我们排了一个晚上，周一早上 8 点开始登记。但是，一些军官把没有熬夜排队的人安排在了队伍前面。我们的位置一下后退到了 300 名，一个晚上露宿街头排队的辛苦全白费了。

我们等了一整天，还是没轮到叫我们的名字。他们给我们剃了光头，但这也没用。我们又等了一个晚上，星期二还是没有任何进展。我们想起来还有一个叫潘塔莱翁·艾玛的表哥在特种兵训练营服役，他是母亲的兄弟西蒙舅舅的儿子，以前当过鼓手。我们问了很多人想找到他，但没能如愿。就这样我们一直等到星期四，为了参军整整等了 4 天之后，我们终于被叫到了名字。他们看见我们身体不错，就叫了我们。但一个军官却给了我们坏消息："全都满了，没位置了。"

我们想当伞兵都快想疯了，如果当不上兵，也没脸回家。我们苦苦央求，最后被告知，我们被派到拉巴斯的因加维军营，在圣豪尔赫区，隶属宪兵队或者米拉弗洛参谋部骑兵团。

我们还请求，如果不能去特种兵训练营，能不能被派到玻利维亚的科罗拉多军营，因为他们负责总统的保卫和安全任务。但是得到的回答还是那句："全都满了，没位置了。"然后，我们奉命脱光衣服，在军营院子跑了几圈，然后进行体检。当我们穿上衣服后，我们被告知要等待乘卡车去拉巴斯。

一直等待消息的叔叔婶婶为我们买了木箱。然后我们得知父母已经知道了我们将被派往因加维军营的消息，并已恢复平静。事后姐姐告诉我，母亲准备在古奇古奇山帮我祈福，就像她曾经给父亲和之前参军的弟弟乌戈准备的一样。他们赶着一只白色的羊驼和一只羊羔，到山上去了。

为了儿子乌戈，母亲也上过山，但那时情况不同，因为乌戈 16 岁就参军了。据他说，"父亲、母亲、埃斯特尔、埃沃都骂我，因为我在村子里老是喝酒，所以他们都骂我。对我们来说，参军是个解决办法"。虽然姐姐说骂他不是因为喝酒，而是他老闯祸，但是乌戈坚持说："不是这样的，我参军的时候还很单纯。"音乐也为乌戈顺利参军帮了忙，他会演奏低音乐器。他去奥鲁罗的卡马乔军营报名的时候，勉强达到 50 公斤的最低体重标准。最后，他被派到了圣克鲁兹省卡米里市的奎沃。他们发现他尚未成年，就把他教训了一顿，准备把他送回村子，但他死活不肯，因为剃了短发回去，意味着成了逃兵，这更糟糕。

埃斯特尔讲道：她们经过沙丘和草地，避开路上的荆棘，朝山顶爬去。在山顶上，母亲为埃沃祈求庇护、健康和帮助，并宰杀了羊羔作为祭品。对于我们家和苏尔卡社区的其他家庭来说，向古奇古奇山表达崇敬之情可以带来平安，这是非常神奇的。永远不能忘记山神，它保护着我们，是我们全能的神。

从军第一周，我没有军装，但是后来领到了一套迷彩服和靴子。穿上军装实在是件奢侈的事情。我初到军营时，体重仅有 48 公斤，但因为个子高被留下了。我很快融入了部队，但让大家认识我，主要是因为运动。我加入了足球队，和军官们踢球。因为我非常喜欢玻利维亚球星埃德加·帕乔·贡戈拉，军官们叫我“帕乔”，但其他战友开玩笑管我叫“帕帕乔”。我极力模仿帕乔，甚至发型也学他留起了刘海。我收听所有的体育节目，有条件的时候也看报纸，尤其是体育版，并收集上面刊登的球星和球队的照片。

在军营中，最难忍受的是饮食，中午和晚上吃的都是土豆玉米羊肉汤，散发着煤油似的味道，汤里捞到一块土豆就算是中奖了，而且从来没有肉。后来，我习惯了这种味道。部队发床单、被罩和枕头的时候，我有些惊讶，因为这是我第一次看到这些东西。在奥利诺卡，我们几乎不用这些，只有毯子。我睡在第二、第三层的床上，因为是上下叠放的床。我起床时从来没有遇到过麻烦，因为我总是比其他人都早起。在步枪还没发下来的时候，夜里站岗我们拿着扫帚。

我记得有一次，轮到我们值班夜岗，时间是从晚上 8 点到早上 5 点。为了多睡一会儿，大家把营房的钟表调快了。我们组调快了半个小时，结果其他组也这么干，又调快了半个小时。结果到了早上 5 点钟报时的时候，一名战士通知司号兵吹响了起床号。这时外面还是一片漆黑。士兵们起床，打扫营房，时间一点点过去，大家已经开始洗漱了，仍是一片黑暗，也没有早餐。当班长发现我们其实 3 点就把大家叫起来，而不是 5 点，就让我们所有人都站上三脚凳，然后用棍子打我们，打得木头碎屑乱飞。我们忍耐的办法就只有深呼吸。他随心所欲地殴打我们，实质上是在滥用私刑。这是他的问题，我们没有想到惩罚会如此严厉。

我们团的士兵来自全国各地，圣克鲁斯地区的人最爱讲话，波托西地区的人最团结。部队给大家分发邮包的时候，我收到了父母寄来的烤面包片和糖。我早早起来，用钢盔接了水，把这些东西和在一起，做成了面糊，和战友们分享，虽然他们中很多人收到邮包后并不分给别人。这样一来，我一整天都得饿着肚子训练。

之后，我领到一支毛瑟枪，后来又发了一支西格枪。我射击技术不太好。我们的第一次阅兵式是在拉巴斯南部的乌阿赫奇利亚地区。我们背着行李，头戴钢盔，挎着步枪，一大清早从军营徒步出发，中午抵达。我一点也没感觉到累，因为我已经习惯了数公里的步行，但是有些战友，尤其是其他城市来的，都累得筋疲力尽，大汗淋漓。

阅兵活动持续了大约一周。整个过程中，我们练习使用武器，学习进攻、防守、抢占阵地，偶尔也有精神放松的时候。有一次，我们每人被要求唱歌。轮到我时，我大声、用力地唱起了“上校和将军对我来说就是一杯皮恰加”（当地用鲜葡萄汁和烈性酒调制的一种饮料）。士兵们都笑了，上级们很愤怒。所幸，我们没有挨训。我现在觉得自己当时不成体统，有点要造反。

在乌阿赫奇利亚，士兵们偷各种水果，如仙人掌果、梨等，藏在帐子里，彼此之间也偷，一些人外出执勤时，其他人就去偷他们的东西。有一次，当地居民向部队指挥官告状。据说，别的连队偷了一头牛并把它吃掉了。这个问题反映到了部队最高领导那里。在兵营，配发品也有人偷，尤其是床单和被罩。士兵们每人有两套床上用品。有人偷了我的床单，我不知道怎么整理床铺，唯一的办法就是偷回来。衣服和床上用品都是周末清洗。一个星期天，打完手球后，军士阿尔科赛尔喊我去，我也下象棋，床单晾在一个小的晾晒场。军官们在练习骑马，我开始玩起来。我朝军士走过去的时候，请一位姓昌比利亚的战友帮我取仍在晾晒的床单，因为我可能要和军士玩一会儿。到了晚上，我们仍然在玩，很晚我才回到军营，然后就上床睡觉了。第二天，那位姓昌比利亚的战友对我说：“帕乔，你的床单在你的床下。”我已经忘记了这回事。之后我有些害怕，但我不知道这是聪明还是过分的行为。因为我不可以去偷，但是只有这样我才能拿回我被偷的床单。

政变，滥用职权和运动

我 1978 年 1 月 6 日进入军营时听说，几个星期前一群由多米蒂拉·琼加拉带领的女性矿工参加了绝食大罢工，要求大赦被捕者和流亡者。士兵们尤其是老兵会谈论政治话题。到 1 月中旬，罢工扩大了。时任总统乌戈·班塞尔宣布举行大选，这一决定使所有问题迎刃而解。那时我并不十分清楚政治问题。之后，我逐渐理解了那些女矿工、玻利维亚总工会和所有工人在经历 7 年独裁统治后争取恢复民主权利的历史性斗争。

班塞尔被迫宣布于 1978 年 7 月 9 日举行全国选举。他在位 7 年，这是玻利维亚历史上最长的独裁时期。

我后来听说，因加维团作为当时最重要的武装力量参与了历次政变。该团驻扎在政府核心区域的米拉弗洛雷斯区萨维德拉大街。记得班塞尔视察过因加维团。我见过他，个子小小的，像一名普通士兵路过院子里，和几个军官说着话，他们向他汇报之后，我们就继续自己的活动了。记得我们留在军营待命。老兵们一直在外开着坦克在大街、运动场和附近地区巡逻，爬到拉卡科塔山顶上，我们后来也巡逻了几次。

记得周六、周日的时候，有些人朝我们靠近，向我们索要子弹。有的战友从军需库弄到些子弹交给他们，有时能换到食物。有一次，通过间接的方式，我帮助了人民民主联盟运动。那次，我在萨维德拉大街市政府站岗，我们准备允许人民民主联盟在墙上作画。他们知道我们何时站岗，我们正在巡逻时，让他们快点画，在岗哨上装作没看见。他们画完之后，拍了照片，录了像。等他们完成之后，我们才去报告军士和上校有人画画了。他让我们即刻清除墙上的画，然后质问我们这些站岗的人。虽然知道，但我们回答说不知道，什么也没看见。我注意到，当班的负责人和军事独裁者不同，没有惩罚我们。

记得是在那年 7 月份的大选中，人民民主联盟的埃尔南·西莱斯·苏阿索获胜，但官方却宣布人民民族主义联盟的官方候选人胡安·佩雷达·阿斯本将军获胜。大家都认为选举舞弊，控告和抗议成了家常便饭。我们被禁止收听新闻广播。

选举中心宣布胡安·佩雷达·阿斯本得票率为 50.05%，人民民主联盟得票率为 24.56%，民族革命运动候选人维克多·帕斯·埃斯登索罗得票率为 10.8%。其他参选党派还有图帕克·卡塔里土著运动候选人卢西亚诺·塔皮亚·基斯贝尔特、人民民族主义革命运动党候选人雷内·贝尔纳尔·艾斯卡兰特、左派革命阵线候选人卡西亚诺·阿穆里奥以及社会主义党候选人马塞洛·基罗加·圣克鲁斯。面对大选舞弊，民众抗议持续不断，迫使全国选举法庭于 7 月 19 日即投票 10 天后，宣布投票结果无效。埃尔南·西莱斯·苏阿索宣布绝食抗议，要求尊重民意，但仅持续了不到 2 天。乌戈·班塞尔 8 月 6 日宣布将把权力移交给军队。

那年 7 月，我已经当了半年的兵。佩雷达·阿斯本在一些军人的支持下发动政变，推翻了班塞尔政府。记得当时宣布将于 1980 年重新举行大选，但是民众抗议仍在持续，尤其是玻利维亚总工会和矿工们仍在斗争。我们留在军营待命，进入紧急状态。

镇压

当佩雷达发动政变时，我正在宪兵队。我感觉这是一场自我政变，班塞尔把权力交给了佩雷达。为了不让我们收听新闻，我们不能拥有收音机。但我有一台小收音机，倒不是为了收听政治新闻，而是为了收听体育节目和足球比赛转播，主要是玻利维亚球赛。一天晚上，我收听一场足球比赛。我躺在床上，把收音机攥在手里，声音调小，贴在耳朵上听，听着听着就睡着了。第二天我醒来时，手还挨着耳朵，但是收音机被偷走了。

佩雷达政变后，军团内组织过一场盛大活动。军官们偕夫人抵达，我们则作为保卫随行。军人们寻欢作乐，以庆祝佩雷达高升。大概是凌晨 3 点，许多战友把剩下的酒倒出来，由于他们无法将酒瓶带走，就只能装在钢盔里。有些人还在喝，都喝醉了。我喝了一点，并第一次发现那些军人在喝闻起来像香水的饮料。第二天，部分战友酒后不适，还说在洛矶永加斯有人反抗政府，回来了一些伤兵，说他们被折腾惨了，在科里帕塔发生了严重的封路行为。

《目击者》报报道说，“事件扑朔迷离，血腥异常，在拉巴斯洛矶永加斯省的科里帕塔和科罗伊科都有人死伤。陆军司令部在一份公报中宣称，一股极端分子绑架并杀害了隶属于加西亚·罗曼工兵营的人，另外还在塞科河谷地区杀害了两名国民警卫队队员和两名平民”。其他消息称，在军人和洛矶永加斯农民巡逻队之间发生了冲突。最后，在该事件中有一名国民警察死亡，另有4人被某游击队组织处死。

记得那些日子里有其他大区军人来到军营，有来自圣克鲁斯的曼切格军团，有来自查亚帕塔德奥鲁罗军团，还有洛斯兰赫尔和其他地方的。我们奉命紧急集结，没有参加8月6日、7日的向旗帜宣誓活动。我们漫无目的地展开行进训练，共持续了几个星期。我很想参加阅兵式，但我们不得不随时准备开赴洛矶永加斯，不惜一切代价解除道路封锁。记得比利亚庞多将军和特雷萨将军对我们说："士兵们，一颗子弹也别剩！"我们那时是在军营院内。

我们每人得到三个弹夹和一个装满子弹的袋子。当我们登上凯门鳄卡车时，我们每人又领到一包香烟，但我不抽。还有别的配给，尤其是食物。卡车向科罗伊科进发，从那里经过法蒂玛前往科里帕塔。记得当我们坐着卡车赶路时，在部分街道上有人喊叫军队万岁，也有人因害怕半弓起身子，骂骂咧咧地表示抗议。我们先到了科罗伊科，一路上全是土，接着又到了科里帕塔。直到科罗伊科路都很畅通，据说封路发生在一公里以外。当我们前进时，我们看见路上有树干、树枝、石头，我们奉命将这些清理掉。但是道路很难清理，因为村民们挖了沟，必须用土将其重新填平。

我们清理道路时天已经黑了，有许多树堆成了山。突然听到一声枪响，从我们的头上呼啸而过。我们找到隐蔽之所，开始还击。但带队的一个上校和上尉都不见了。我们不知发生了什么，群龙无首，大家都吓坏了，直到一个类似于副官的司机对我们说，我们应该组织起来，开始警戒。

恢复平静后，我看见上校和其他低级别官员躲在卡车下面，没有人组织队伍。唯一命令我们说应该前进的是那个副官。大约晚上11点，记得是在出发去洛矶永加斯前，我不愿意给母亲写信。但别的战友们都写了。我想，他们真傻，怎么能写信呢？我不愿让家人担心，但那时我对自己说应该给母亲写一封信，枪声四起，不知道接下来会发生什么。

那位自告奋勇指挥我们的副官命令我们继续前进并填平土沟，他还要求我们向山上开枪，因为朝我们开枪的人估计就在山上。我们一些士兵也同村民和矿工结盟，一个来自雅雅瓜矿山的高个子弗瑞迪·巴斯米内雷罗对我说："帕乔，我们该怎么办，我们不能开枪。"我们感到害怕。副官安排了一组人值夜班，我们就在原地睡觉。枪声停了，恢复了宁静，躲起来的军官们这才现身。

记得早上3点钟，一名男子嚼着古柯叶朝军队走来，我们当即拦下他。部分战友将他押上卡车，一个军官打了他。这个农民说在找他的牲畜，但我们都知道在这一带没有牲畜。我们看见在山上有光，就像手电筒的光一样，大家吓坏了，但军官告诉我们那是萤火虫。在惊吓中，那个农民像鸟一样的叫了起来，我肯定那是一种暗号，是一种提醒，从那时起萤火虫就不见了。

那个被扣的农民在天亮时被释放了。在放他之前，一些军官对他拳打脚踢，而我们则填平土沟，把树枝树干都挪走。大约上午9点，我们进入了科里帕塔，有人从科罗伊科进入，有人从丘卢马尼进入，有人从布恩维亚进入。我们在村内的小学校安营扎寨。

> 媒体报道了军方占领科里帕塔的消息。《目击者》报的简讯称"军人占领了科里帕塔"，确认说在该地区发生了冲突。军事公报说，"鉴于在科罗伊科和科里帕塔，一支军队和该地区的骚乱者之间发生冲突，导致一名国民警卫队士兵被杀，三名士兵受伤。在昨日的快速行动中，军队到达骚乱地区并于当日完全控制了该地区，居民生活恢复正常。有关肇事者将受到民事司法部门审判"。

和我们一同前往洛矶永加斯的还有宪警，他们负责抓捕肇事者头目。我们不能同他们交谈。他们混在平民和军人当中，开始逮捕头目，搜查住宅，收缴文件甚至猎枪。我参加了第二天晚上的行动，其间逮捕了一个约17岁的青年。其中一名宪警用枪指着他的胸脯，问他谁有枪，领头的在哪里，这个年轻人紧张地哭了，把什么都说了。接着，他们将这个年轻人扮成士兵，将他塞进卡车驾驶室，挨家挨户地搜查。军官们非常残暴，尤其是对女人。他们发现了一些长枪，记得有一支西格枪，其他的都是毛瑟枪。他们也逮捕了几个平民。

当天晚上，一个男人在卡车边站着，非常紧张，他们让他上车。但他不仅没有上车，反而开始沿之字形跑开。在行动前，军官对我们说，交火时必须开枪，不开枪的士兵将会被打。我对战友弗雷迪·巴斯米内雷罗说："怎么办？如果下令开枪，我们是该朝天还是朝地开枪？"当时那个人就像受过训练一样地跑开，我始终记得是梅纳丘中尉下令开枪。整个科里帕塔都被占领了，一些士兵在前方值班，我们负责巡逻抓人。一些人开枪了，但漫无目标。我记起应该开枪的指令，就对天开枪，弗雷迪对地开枪，中尉紧握卡宾枪击中了那个人，就像打一只鸽子一样。他被击中了，扑倒在地，站起来走了两步，又跌倒，试着蹭了几步就倒地不动了。

我们几个当兵的将那个人抬到卡车上。记得他身体动弹了几下，但随后长长地舒了几口气就死了。那些车上被捕的人非常安静，嚼着古柯叶，但看见他死了都吓坏了。行动持续了大半夜。当我们回到军营时，那个持卡宾枪的军官汇报说："士兵们真是手忙脚乱。"他边洗手边数落我们。第二天，当我们向一起参加行动的战友们讲述发生的情况时，我们发现由于乱开枪，我们差点打死前面值班的战友。

玻利维亚人权常务委员会一份报告是这样记录该事件的："7 月 28 日晚上，在距离科里帕塔 1 公里处的前安娜库里庄园，农民埃德蒙多·莫略被兰赫尔军团的人打死了。"一支巡逻队闯入埃德蒙多·莫略的家，把他抓了起来，并在他家院子里对他进行盘问。他被问及关于外国极端主义者和科里帕塔骚乱头目的事情。由于他一无所知，巡逻队只好放了他。但正当他准备离开时，突然传出三声枪响，整个镇子里的人都听见了，埃德蒙多·莫略就这样死了。他的尸体存放在科里帕塔小学，也就是士兵驻扎的地方。几天后，玻利维亚人权常设委员会又收到了当地居民寄来的几封信函，举报另外两起农民死亡事件以及其他 10 人被关押和失踪事件。然而，那些死者和失踪者的姓名至今无人知晓。

那些日子，多人被逮捕。其中多数是工会和政治领袖。我们轮流站岗，防止他们逃跑。我曾利用值班的机会，把我离开军营去洛矾永加斯之前获得的香烟送给那些被捕者。

军官们不允许我们把被捕者家人送来的食物交给他们。这些食物都被军官们吃掉或者倒掉。但是在其他战友的配合下，我们总能设法把食物送到囚犯那里。很多囚犯问我叫什么名字，并把电话号码给我，让我通知家人。当时我们总在镇子里进行夜间巡逻。很多士兵累了就干脆睡在广场或者花园里。我们几个能抗得住疲劳的，任何风吹草动都让我们十分紧张。那些个日日夜夜真是动荡不安。记得警察们到处搜捕梅内塞斯兄弟，特别是拉米罗·梅内塞斯，说他们俩是游击队员。

我的不少战友因为太紧张，毫无目标地开火。记得一个叫卡瓦的士兵，曾对着一头朝着军营走来的骡子开火，差点杀了它。听到枪响，那头骡子吓得大叫。有时候，我们也走出军营，沿着山间小道执行任务。山上密林丛生，四周只听到动物的叫声，阳光十分毒辣，行走其间，简直让人窒息。

我所在的连队曾去科里帕塔的一个地区执行任务，负责搜寻和抓捕工会领袖，特别是梅内塞斯。有一天，我们在路上遇到一个哑巴男孩，他用手势比画着说他能带我们找到工会领袖，但结果我们整整走了一个下午却一无所获。这个男孩大概 12 岁，军官们抓住他，问他工会领袖在哪里。貌似这个男孩经过当地公社成员和古柯种植者的良好训练，因为他把我们带到一个又一个地方，却连个人影也没找到。最后，军官发怒把男孩赶走了。我们浪费了整整一个下午的时间。

我的连队在洛矶永加斯停留了一个多月。期间，我们一直在执行任务和戒备，防止道路被阻断的情况再次发生。那些被捕者后来被转移到拉巴斯去了，我们永远都无法得知他们最终结局如何。在科里帕塔，居民们对待士兵还是不错的，大家相处和睦。有时候，只要时间允许，我们还和镇子里的孩子们一起踢足球。但大多数情况下，我们得执勤和放哨。我们应该是最后一批离开洛矶永加斯的士兵。我们到达拉巴斯的兵营后，我再次被编入武装警察。在那里，我学习了情报、跟踪、持左轮手枪单膝跪地射击以及小跑射击等技术。我担任过军队更重要的岗位，还带过部队。

我当时是军队司令大卫·帕迪利亚·阿兰西比亚将军的随从。记得有一次，他跟一名年轻女子进入办公室，命令我说："他妈的，别让任何人打扰我。"于是，整个下午我骗那些来找他的军官，没让任何人进去。大家都在揣测那个女人是谁，有人说是他妻子，有人说是他女儿，我不知道到底发生了什么。

总参谋部权力很大甚至能更换总统。我总是和新兵们开玩笑，命令他们给军官敬礼，甚至命令最强者队的球员路易斯·伊利翁多向军官敬礼。我以此为乐。记得有一天晚上，应该是11月23日，我正在执勤，一辆载着农民的小巴出现在军营大门前。我命令他们停车，但是车里有人喊道："我是雷内·贝尔纳尔·艾斯卡兰特将军。"并向我出示了证件。于是我命令抬杆放行。执勤的连长问我："他妈的谁在吼？"我报告道："是贝尔纳尔将军。"这时候，他命令我追上那辆小巴，并立刻把将军从车里带出来。后来我才知道，贝尔纳尔将军在农民的支持下进入军营夺取军队指挥权。

我们命令小巴里的其他人离开军营，把将军羁押起来，然后我被指挥官叫了过去，他问我："为什么放贝尔纳尔进来？"我答道，因为根据规定，将军和军官有权进入军营。我查过了，他是贝尔纳尔将军，所以我就让他进来了。执勤的其他士兵都非常紧张，担心因为我的过错让所有人受到牵连。那天晚上，军营下达了集结令，之所以这样做是因为那些日子为争取恢复民主体制的玻利维亚中心工会采取了一系列行动，给军队带来很大压力。

> 那些日子里，民主与人民团结阵线在圣弗朗西斯科广场召集了一次大型集会，要求在1979年上半年重新举行选举。作为回应，一个名为"公民十字军"的组织召集了另一场旨在支持当局的集会。对此，军队发文警告，决不允许出现社会秩序混乱和无政府主义。

第二天，又发生了一起政变。军队推翻了胡安·佩雷达·阿斯本将军，大卫·帕迪利亚·阿兰西比亚将军被扶上总统宝座。阿兰西比亚承诺举行大选并愿将总统宝座让给胜选者。我们在军营里集结了好几天。

> 1978年11月24日凌晨，军队推翻了胡安·佩雷达·阿斯本将军，成立了以大卫·帕迪利亚·阿兰西比亚将军为首的新政府，承诺举行大选并于1979年8月6日将权力移交给根据宪法选举产生的新总统。在一份陆军司令大卫·帕迪利亚签署并在2:45交由《目击者》报发表的公报中，军队为发动政变进

行了辩护，称此举是为了控制国家“危急局势”，避免引发与民众的冲突。佩雷达·阿斯本在总统位置上呆了4个月零3天，他宣称其辞职也是为了避免玻利维亚人民内部冲突。

我还认识塞尔索·托雷利奥将军，他也当过总统。记得在那时有一位名叫拉蒙·阿泽罗·桑泽特内亚的上校。我想帮他洗车，他不让，一直自己洗，他是当局的忠实追随者。

1979年1月9日，我从军营退役。我们所有士兵整理好行李箱后，所有衣物都被搜查，发现少了床单和勺子。在一个行李箱里居然发现了一只活母鸡。这完全是个笑话，大家都笑了。其实是一个士兵从厨房里把这只母鸡偷出来打算带回家。我们永远忘不了那个名叫雷伊纳加的下级军官，他是惩罚我们最多的家伙。每次他走进营房就对我们说：“士兵们，有新总统啦，你们会有靴子的。”他还经常打我们的肚子。我的很多战友说，等我们退役了，一定要找他报仇。

我经常回忆起在军营里参加的体育活动，每到周六周日，我都会打手球，踢足球，下国际象棋，从不出门。从一位少尉那里，我学会了回力球下注游戏而且总赢，可是军官们从不把赢的钱给我。相比洗衣服，我更喜欢玩儿。我经常付钱给一名战友，让他替我洗衣服。在军营服役期间，我曾外出三到四次，去看最强者队和玻利瓦尔队之间的德比大战。我们士兵进体育场是免费的。最令我印象深刻的是两队球迷，他们被一排警察隔开以免打起来。我关注的是球迷而不是比赛。此前，我从来没有见过这两队的球迷，他们是那么欢乐，不断给自己的球队加油鼓劲，相互谩骂，斗殴，相比球赛本身，这些更加吸引我的注意力。

8. 本想成为记者

1979 年 1 月 9 日星期二，我脱下军装和堂兄圣地亚哥·莫拉莱斯一起走出总参谋部，手里提着叔叔在科恰班巴给我们买的木箱。我们到拉巴斯汽车站坐上一辆前往奥鲁罗的公共汽车。我们本想去奥利诺卡。当我们抵达奥鲁罗的时候，父亲正在那里等我们。他带我们去了波托西以北的莫罗科卡拉、圣塔菲和哈珀矿区。那里的居民讲三种语言，克丘亚语、艾伊玛拉语和西班牙语。我们到那里的时候，正巧遇上瓢泼大雨，天空黑压压的。父亲要去买羊驼。正当我们走在公路上的时候，天突然暗了下来。我们看到一片草地上有一幢石头造的小房子，稻草铺的屋顶，没人住。我们走了进去，发现这是牧民歇脚的地方。外面下着大雨，很冷，我们在那里待了一整夜，几乎没有睡觉。父亲把能御寒的东西都给了我们，让我们能好好休息。他怎么熬到天亮的啊？第二天，我们很早就出发了，最后到达了临近的社区。

我爸买了羊驼，一共十来只，挺便宜的，从那里，我们走了差不多两天时间，到达奥鲁罗。在那里，父亲杀掉了羊驼，把肉卖了，赚了一笔钱。用这笔钱，他给我们俩买了身衣服，我和堂兄圣地亚哥拥有了化纤面料的新裤子、衬衫等。之后，我堂兄去了奥利诺卡，我留在了奥鲁罗。我计划练习乐器并重新加入“皇家乐队”，因为当时已经临近狂欢节了。2 月，我在乐队里吹号，4 月我们就去塔里哈的街道上演出了。这是我第一次到这座城市，查帕克人非常热情友善，十分尊重我们。他们的友善让我感到吃惊。到了晚上，我们出去散步，那些卖酒的女人们对我们说“年轻的迪亚娜”，我们还以为她们想听我们唱歌，就开始吹口哨和哼唱，但其实迪亚娜不过是一种酒的名字，类似于彭切甜酒。

记得有一回，我们还去了圣洛伦索表演。我们到访了抗击西班牙侵略者的游击战士欧斯塔基奥·摩托·门德斯的故居。我们乘了大约 40 个小时的大巴回到奥鲁罗。之后，我慢慢疏远了小号演奏行当，尽管那年 11 月我们还在拉巴斯的艾里巴录制了一张唱片。我计划去读大学或者去高等院校学习通讯专业，我想成为一名记者。

高原地区永远无法发展

1979 年狂欢节后，我回奥利诺卡住了一段时间，帮助母亲务农。父亲总是说要再买些地，因为他觉得高原地区永远没有发展前途，那里只有无尽的寒冷、干旱，有时还发生洪涝。我参军前还在学校念书时，我们曾去拉巴斯的洛矶永加斯地区考察土地。我们去过利科马、托尔库利、西库亚塔，寻找可以帮到我们的亲戚。他们中有一位叫圣地亚哥·玛玛尼。我们还去寻找了我母亲姐妹的孩子。但是土地都非常贵，即便我们卖掉所有羊驼，也买不起土地。我们从一个地方到另一个地方，为了省钱，我们根本不吃沙丁鱼、金枪鱼配木薯和辣椒这些东西。到拉巴斯的洛矶永加斯地区以后，我才第一次吃到了木瓜。

糟糕的天气总是毁掉我们的收成。记得我很小的时候，应该是 1971 年左右，我们损失了所有土豆。那次以后，父亲就想在其他地方买地，比如洛矶永加斯或者圣克鲁斯，那会儿恰帕雷还不在他的考虑范围内。那段时间，我们跟父亲以及兄弟们在一起培土。父亲招待雇工，还负责宰杀羊驼、绵羊和其他送来的牲口。那天，大约是 11、12 月份之间的某一天，当时父母亲都很高兴。可是半夜刮起西风。母亲说可能要结冰了，很害怕，她和父亲一夜没睡。第二天早上，我们发现所有的土豆都结冰了，发黑了，只能扔掉。母亲难过地哭了，父亲不停地发牢骚。那次之后，父亲说："就算干得再辛苦，这里也永远不会变好，我们永远都不可能致富。"

还记得我退役后想去恰帕雷找一位叫菲利克斯·艾玛的表哥。此前我最远只到过距离科恰班巴大约 170 公里的一个叫作劳卡·艾尼耶的小镇。我记不清具体是几月份了，应该是 1979 年的 9 月或 10 月，因为 8 月的时候我还在科洛科洛矿区演奏。那里的人们送给我一个有着漂亮安全帽装饰的钥匙环，我特别喜欢。那是我第一次去恰帕雷，没钱吃饭。走到半路，我进了一家小旅馆，想歇歇脚，吃个饭。但因为身上没钱，所以只点了一碗汤喝。我很饿，胃口又很大。女招待给我加了满满一盆番茄木薯辣椒酱，我一口气吃掉差不多一半，直到感觉整个胃都要烧起来了。我记得这件事是因为我还没吃完，大巴就突然出发了，我赶忙跑出去追，结果把我最心爱的钥匙环落在了饭桌上。

到了恰帕雷以后，我找到了表哥，请他给我安排了工作。那是我第一次在气温超过 30 度的炎热气候里种庄稼。我已经适应了寒冷的气候，干旱、长满杂草的土地，以及能把皮肤晒焦的冬日阳光。来到完全不同的热带环境里，需要一段时间调整。有一天，我们去河里洗澡，那是我第一次泡进河水里，小鱼来回穿梭，我感觉腿痒痒的，所以很快就从水里出来了。那天，我用南瓜瓢洗了澡，还被我表哥嘲笑没有适应热带生活。由于不适应炎热的天气，我在干了 4 天活后得了疥疮，病倒了。表哥很担心，把我送回了奥利诺卡，还给了我盘缠。

这次经历后的第二年，1980 年年初，我又遇到了一次冰冻天。当时，我家土豆喜获丰收，觉得接下来一年都会风调雨顺。我们照常把土豆分成几堆，一些打算卖掉，一些自己吃，其余的用来播种。但是到了晚上，下起鹅毛大雪。天亮后，所有土豆冻坏了，我们又白干了。母亲又气哭了。父亲也哭了，但是这次他终于下定决心要去别处找土地。他考虑在热带的科恰班巴找一块地。

> 《目击者》报 1980 年 2 月 19 日报道，高原地区的农民要求对因为洪水和冰冻造成的损失进行补偿。玻利维亚农业工作者统一工会联合会向政府和私营慈善组织提出了有关申请。工会领袖赫纳罗·弗洛雷斯代表农民们表示："无情的气候给庄稼造成了巨大伤害，部分农民甚至损失了 80%的收成，但貌似没有人注意到或者根本不想注意到情况的严重性。"新闻报道也指出，"1 月 20 日至 25 日发生的最严重的洪水和冰冻主要对奥鲁罗地区西部造成了影响"。

这已经不是头一次土豆被天气毁掉了。有一次，我们甚至连果腹的食物都不剩。到第二年，我们还是种下新的土豆。但当土豆发芽的时候，寒潮和冰冻又把它们全部毁掉，所以有一次姐姐只能去圣克鲁斯找阿古斯丁舅舅，从他那要了几担大米来充饥。

寒冷本身倒是没什么，问题是它会让你颗粒无收，这样一来，你吃什么呢？有时候吃一种叫阿哈拉的野生高原小米，这种食物总是能吃到的，它有一点辣，但没办法，还是得吃啊。母亲习惯储存一些玉米和油脂，她会把玉米煎一下，然后放到热水里，弄碎，加一些面粉，这就是我们的食物。那一年的干旱很可怕。

最后一次冰冻那回，我和堂兄弟们还有父亲照常在一起培土，父亲还是好好地招待雇工们，宰杀羊驼、绵羊。在父亲培土的时候所有人都会过来，整个下午，我们都会分头工作。到了晚上，确切说是午夜，和之前几次一样，又刮起了西风。第二天早上，所有东西都冻坏了。母亲带我去看，所有东西都冻黑了。母亲哭得伤心欲绝，父亲气得直发牢骚。晚上，父亲和叔叔们借酒消愁，喝的是酒精加开水。我听到母亲还在那里哭泣。父亲对叔叔们说："我们去洛矶永加斯，去圣克鲁斯吧。"父亲不停地喝酒，他也哭了。这一次他认真地考虑搬迁到洛矶永加斯或者圣克鲁斯这件事了，但没有多提搬去热带的事情。

我至今认为很多人从高原迁徙到东部是出于经济原因，是为了躲避干旱、冰冻、冰雹等恶劣天气。冰冻是最糟糕的，对农业生产的破坏最大。有那么几年，我们只有玉米，其他什么都没有，这就是我们的食物，我们的早餐。把玉米煎一下，捣碎，和羊驼骨头放在一起煮，可以吃到一点点肉。到了中午，我们的午饭就是煎玉米或盐水煮玉米。到了晚上，还是拿捣糊的玉米配羊驼肉或是羊肉，这就是我们的食物。

在我们的收成完蛋几天后，我们便和父亲一起去了奥鲁罗，之后又前往科恰班巴。我记不清了，好像到了奥肯多大道，在那里我们坐上一辆小点的汽车，到了劳卡艾尼耶。到了以后，我们开始步行，向当地居民询问可以购买的土地。我们碰到的土地都很贵，根本买不起。后来我们到了圣弗朗西斯科，据说那里有合适的土地。我们走到距离赫尔曼罗曼 29 公里的地方，找到了几公顷土地，差点就要买下来了，但一些当地人说这些土地已经过度种植了，质量不好，产量不高，我们只好放弃。几年后我已经成为工会领袖，有人告诉我其实那些土地挺好的，我们被骗了。我们只好继续走，走过了 14 号山谷，到了辛迪卡多 21 公里处，那里有个小广告牌，写着出售种植园，比之前看到的便宜不少。我们又往前走了几公里路，最后还是折回来谈价钱。

我们身上没带钱，所以父亲只能跟所有者协商。那是一对年轻夫妇，最后父亲和他们达成了协议，不用我们当场支付。我记得，双方确定了一个日期，我们承诺到时把钱带来，而对方则承诺在此之前不会将土地出售给其他人。我们往回赶，走到快到图纳里庄园的地方，来了一辆大巴，我们就在那上了车。

没有利息，钱财被盗

离开热带地区以后，我们和父亲去了奥鲁罗。父亲人很好，借钱还钱都很快，大家都很信任他。我有一个舅舅，是我母亲的亲戚，名叫卡西亚诺·艾玛，他儿子叫劳尔，孙子叫强尼。卡西亚诺借给我们 1 万美元，不用利息，让我们去买那个极为昂贵的种植园。他只是随手写了张借条或收据，说明借款的金额。

拿着钱，我们去了奥利诺卡，把在恰帕雷物色到种植园以及向卡西亚诺舅舅借钱的事告诉母亲。欠的债，我们打算通过出售羊驼挣钱来偿还。我不记得又过了多少时间，我们准备返回恰帕雷，因为再过一礼拜，我们就得付钱买下那块地。我们把钱放进一个小箱子里，分成好几包，然后前往热带地区。记得我们在黎明时分到了科恰班巴，从阿罗玛大道走到了拉坎查地区的一个市场，应该是圣安东尼奥市场，它距离火车站很近，大概 4 个街区的样子。父亲要我在一个街角等他，然后他就走开了，我也不知道他去查看什么东西。我就待在那里，把箱子挨着我的脚放在地上。这时候，有个人朝我走过来，对我说："谁翻动了这个？"然后指给我看一个摊位，我回答道："什么？"但等我回过身的时候，发现装钱的箱子已经不在地上了。我惊呆了，等我抬起头，正好看到一个人提着我的箱子飞快地逃跑，我大叫，然后赶紧追上去。转过一个街角之前，小偷丢掉箱子逃跑了。如果小偷转过街角，我估计就找不到他了，因为人太多了。我捡起箱子，回到等父亲的那个街角，整个过程不过几分钟。父亲回来以后问我发生了什么，我回答道："箱子差点被偷走。"如果当时我们丢了这箱子钱，不仅买地会泡汤，我之后也不可能成为工会领袖和总统。

姐姐埃斯特尔记得这段插曲，不是因为她当时在场，而是因为父亲跟她讲：“埃沃冲着那个混蛋大喊，吓得小偷丢下了箱子。箱子里装满了钱，是用来买地的。如果钱被抢了，埃沃和父亲就没法付钱，那么埃沃的命运会变成什么样子？他可能会留在乡下，或是去当乐师，这样一来，会发生什么事情？”

经历这次惊恐事件之后，我们去了奥肯多大道，找了一辆前往恰帕雷的巴士。达到恰帕雷后，我们找到了那对夫妻，买下了那块地。父亲在购买文件上签了字。那块地差不多有 10 公顷，位于下圣弗朗西斯科 21 公里处。我记得我们买下那块地以后，那对夫妻仍然在种植园里逗留了一个礼拜之后才搬走。我留在那里，父亲去了奥利诺卡，把我们买地的事情告诉母亲，并带回瓦斯、灯泡等生活用品，因为那里什么都没有。

热带，最初的日子

我记得那是 3 月份，我呆在新买的地里，一无所有，举目无亲，不过令我开心的是，那里有橙子、香蕉、木瓜、菠萝等水果。对我来说，这简直太奢侈了。因为在高原，我只吃过橙子皮，至于香蕉和木瓜，压根儿没见过。但我习惯高原生活，对于热带地区的炎热、山林以及那么多的虫子和动物，还很不适应。

埃沃来到热带生活最初的日子里，结识了一些人。其中一位叫大卫·埃雷达，埃沃经常和他一起踢球。还有一位叫罗伯托·古斯曼，他是埃沃的第一个东家。埃雷达回忆道：“当我结识埃沃的时候，他非常害羞，但如果你与他交谈，就会发现他的思路很清晰。我至今清楚地记得，他经常穿着一件黑褐色的羊毛衫。我说，这家伙的肤色和毛衣的颜色简直一个样。另外，我觉得当时他还没从高原状态中调整过来。”

那会儿，我从未想过成为工会领袖。我满脑子只想好好干活儿。起初，我很害怕进到山里去，总是半道折返，因为到处是植物、大树和虫子。

新地块里只有一间小茅屋，我就在那里睡觉。房子的上边部分连墙都没有，房顶是用稻草铺成的。房子用几根被称作强卡的柱子支起来，捆上绳子以及一种圣克鲁斯人称为莫塔库的稻草。这就是我们的家。四周什么都没有，是开放的。我们只能住在上面，因为到了晚上，下面会有动物出没，特别是蝰蛇。它们会从屋顶上掉下来，所以我常常自问："为什么蝰蛇要到屋顶上去？"原来是为了捕食往上面爬的老鼠。

每当我要回家时，总是能看到有东西在动，这让我很害怕，不敢往前走。有一次，我看到蜥蜴，只好停下来，往后退，然后绕着走。在高原上看不到这些东西。由于害怕，晚上我经常无法入睡，特别是如果有蝰蛇从屋顶上掉下来，那我就更是害怕得睡不着了。后来，听说放一些大蒜可以驱离蝰蛇和老鼠，我就照做了，还挺管用。我还和另一种动物斗争了很长时间，那就是蝙蝠。它们总是夜间出没，不知道有没有吸过我的血，但它们确实进过我的鸡窝，杀死了我养的母鸡。第二天早上，有些母鸡呆呆的，一动不动，因为蝙蝠吸了它们的血。我要怎么跟蝙蝠斗呢？有人说用带刺的棍子，头冲下挂在高处，蝙蝠会撞上去受伤，这样以后就不会再来了。我浑身上下经常被虫子咬，蚊子数量惊人。有一天晚上，我感到有蚂蚁，我在圣弗朗西斯科种植园和穆里略工会都经历过。满屋子里到处是蚂蚁，它们正在成群结队地迁徙，据说不要打搅它们，让它们过去就好了。于是，我只能出来，到另外一所房子里去睡。这些蚂蚁进屋的时候，把老鼠和蝰蛇都给吓跑了，后来蚂蚁们在屋子的一角停下来睡觉，数量太大了，满屋子都是，我只好撤离，等待蚂蚁离开。这就是我在恰帕雷的生活，是另一种生活。

那段时间，我基本上就靠水果充饥，因为我没法生火，树枝都是潮的，和高原完全不一样。高原气候干燥，树枝也更细密，很容易点着。我几乎每天都只能吃水果，整个一礼拜只吃橙子、香蕉和木瓜，从早吃到晚。后来我就出现晕眩症状了，但是因为只有一个人，不知道能去哪好，也没法做饭吃。我曾经询问过哪里可以让我去当一段时间雇工，哪怕挣个吃饭钱也行，就想吃点水果以外的东西。

丰收和作物夫妻

在搬到恰帕雷最初的日子里，我得干播种、栽培和收割的活儿，但我不熟悉那里的土地，因为和高原太不一样了。那阵子，我吃不好，也没法做饭。我去给别人打工，得知罗伯托·古斯曼家正在收割稻子。他后来当上了14号山谷的副市长。

我从来没收割过稻子，在高原只有土豆。但是我不得不学习收割稻子，因为我很想吃点口感较硬的食物，想喝点汤，吃点肉，毕竟此前我吃了太多水果。我去打工时，所有活儿都是徒手干的。一般人用小刀割，但他们却给了我一把大砍刀。我干得特别慢，别的雇工却进度很快，我实在没办法跟他们比。罗伯托的老婆还给我午饭吃，食物很不一样，此前我已经好几天没好好吃过午饭了。到了下午，我专注脱粒，依然干得很慢，不过我还是得到了自己那份钱。我们的收入分成三份，雇工得一份，东家得两份。

> 关于埃沃在热带地区最初的日子，罗伯托·古斯曼回忆道，埃沃来到我地里申请工作的时候，什么都不懂，根本不知道怎么种古柯、橙子这些作物。有人教他如何快速收割，跟他说用砍刀，结果他把刀给拿反了，大家都嫌他笨。他去种古柯，结果在绑桩子的时候，居然把他自己的脚踝给拴住了。他那时候还很年轻，到我庄园来干活的时候还迟到了，10点多钟才来，那个点儿连狗都饿了。不过，我们是好朋友。他到了以后，我让他去收割稻子。他很讨印第安女孩儿喜欢。那天，他只收了一桶半稻子，按理说，他应该收三桶才对，所以我老婆让他干脆把那一桶半稻子带走算了，结果埃沃还不好意思，没带走。他现在当上了总统，每次见到我的时候还总是开玩笑地说："哥们儿，你还欠我一桶半大米呢。"

在恰帕雷，人们有个习惯，就是种古柯的地方也种橙子，两者相隔差不多5米，长得个头都差不多。我开始收割古柯，因为才到恰帕雷3天，而且是一个人干活，所以他们给了我一架犁。干到一半的时候我手上已经起泡了。记得我在收割古柯时，看到有些植物长得不一样，挺奇怪的，像是长了刺的古柯。我就在那一直琢磨，身旁其他人还在干活，他们全都超过了我。我对他们说，地里有一种长刺儿的古柯，没法把它们跟普通古柯叶一块儿撸下来，只能一片叶子一片叶子地摘。他们中的一个人走过来，笑了，说那不是古柯，是橙子，因为橙子树是长刺的。大家都笑了，原来我一直在跟橙子树较劲。后来我才知道，古柯一般寿命是十年，死了以后就种上橙子树，当地农民把这种种植方法称作“作物夫妻”。

足球

到恰帕雷两个星期以后，我感觉呆在 21 公里那块地里很无聊，因为我不能工作，得学习如何播种和收割，我不知道该干什么好。父亲还没回来。一个星期天，我从箱子里翻出短裤和球鞋，这些东西我总是带在身边，然后我去了足球场。下午 3 点，有几个年轻人正在那踢球。我就坐在球场旁边看，心想：“现在怎么办呢？”这个时候，一只足球恰好滚到我坐的地方，我起身正想把球传给他们，他们问我要不要一起踢。有个人问我会不会踢，我说会一点儿。于是我换上衣服，加入了其中一队，结果我居然是踢得最好的。

从那以后，我有了新朋友。他们问我叫什么名字？从哪来？是干什么的？是跑运输的，是雇工、商人，还是农村医生？我跟他们说我是两周前刚到这里来的，我家买了块地。他们跟我说我应该在工会注册，因为尽管我家的地已经在下圣弗朗西斯科工会登记了，但我还不是工会成员。

那天晚上，我家挤满了朋友，两支球队都来做客了。我问他们从哪里来，有人说来自萨巴亚，有人来自托莱多，还有的来自西佩，以及同属热带地区的科恰班巴。我记得我在那里认识了哈维尔·卡瓦列罗，还有尤拉卡莱人多明戈·诺埃。他们中的大多数人都是从科恰班巴移居到这里来工作的，为了改善各自家庭糟糕的经济状况。

一周后我再次回到球场，和朋友们又踢了一场比赛。那段时间父亲回来了，带了一盏煤气灯和一只玻璃瓶，应该还有一只酒精炉。我已经学会用木柴生火了，也加入了工会。他们告诉我，任何时候召开紧急会议时都必须到场。当听到牛角号吹响时，我们就要出现在会议现场，这是神圣的。不过我很难听懂他们用克丘亚语的谈话，我当时只会说艾伊马拉语和西班牙语。

足球对我帮助很大，它为我开启了很多扇门。记得我就像在奥利诺卡时一样组织了一支球队，如果没记错的话，我把球队命名为玻利瓦尔队。我请父亲帮我们带来了球衣和球，每个周末我们都会去踢好几场球，直到筋疲力尽为止。然后通常我们会回到我的小庄园去做饭和聊天。有一次，我的两个朋友喝醉了酒要打架，我拦在他们中间也差点挨打，于是起身离开。在回家的路上，我想我应该自我惩戒，半年滴酒不沾，并决定就此照做。为了让朋友们觉得我不是自命清高，我拿着一些维生素片表示自己身体不适，医生嘱咐自己不能喝酒，只能喝饮料，他们才相信。所以我认为自省很重要。

此后我开始学习在热带庄园工作，不再像刚开始那样害怕进山。我种的稻米收成很好，所以收入不错。父亲还是时常来看我，他需要照看在伊萨亚维的田地和羊群。我需要去看望住在奥鲁罗的姐姐埃斯特尔。弟弟乌戈完成学业后也过来了。记得姐姐埃斯特尔没有去恰帕雷，她那时已经结婚并在照看她的孩子。

乌戈是这样回忆当时那段时光的："我去恰帕雷时要打听圣弗朗西斯科在哪儿，当我到达时，我看见球场上摆满了兄弟会的球衣，我停下说这就是圣弗朗西斯科，埃沃就在那儿迎接我，我当时是一个人去的。他态度生硬冷淡，换作现在我肯定无法接受。当时我和他在一起时感觉非常不好。我当时也是球员并在哥哥组织的冠军赛中和那些工会的前锋们一起踢球，他被选为体育秘书。"

埃斯特尔回忆说，在奥鲁罗买下那个小庄园之前，她是一位家庭主妇，通过了缝纫培训并在雅雅瓜售卖一些织物。"人们对自己的东西非常看重，并取决于每个人的行为，因为有时他们会取出面包并分一个给我，当我想要更多时，他们就把其他面包锁回玻璃柜。孩子们经常把面包屑撒得满桌都是，我知道这些都可以吃。他们总是盯着玻璃柜数面包。"

露宿街头

当我执掌庄园后，记得有时会因为某些紧急原因短期离开恰帕雷去奥鲁罗。有一次我和弟妹雷伊娜·玛玛尼及其年幼的儿子一起去。凌晨1点到达科恰班巴时，他们把我们扔下车，当时已经没有交通工具可以前往恰帕雷，而在卡拉塔尤德市场的主干道旁有一些弹唱到天明的醉汉。当时我和弟妹都有一条小毯子，但我们没钱去住旅馆，于是我们决定在一家小卖部背后过夜并征得了店主的同意。我把随身的背包当作枕头，裹上毯子。弟妹和她的孩子也靠着箱子照做了。这些事都发生在我刚到恰帕雷，还没当上工会领袖的时候。

活活烧死

当我加入工会还没当上领导的时候，8 月的一天我正在自己的地里干活，工会领袖们吹响了牛角号，召集我们开一次紧急会议。我当时因故未能出席，很担心并问出席了会议的同伴们发生了什么事？他们告诉我在齐皮里里区森达拜尔工会，一名古柯种植农被指控参与贩毒并被活活烧死了。工会负责人说其实是一些后来被称为乡村巡逻队的缉毒警察干的，并嫁祸给无辜农民。

大家都感到愤怒和难过，准备立即采取行动施压，大家都对完全灭绝人性地活活烧死一个人表示难以置信。我记得随后在齐皮里里爆发了一场声势浩大的抗议游行。我当时完全无法理解，为什么被玻利维亚人民视若父亲的一国总统会下令向同胞身上泼洒汽油并点火焚烧。

> 他名叫吉列尔莫·玛玛尼·加西亚，有三男两女五个孩子。他的妻子住在科恰班巴，他和长女、次子和四子住在一起，他的四子年仅 14 岁。那天他的长女去市场买蔬菜准备做午饭，两个儿子则在木薯地干活。四子何塞·豪尔赫·玛玛尼·罗查回忆称："那天是周一或周二的清晨，我和哥哥离家去木薯地时，听到家的方向传来一阵嘈杂声，我从山上看见好多身穿绿色制服的缉毒警察。我当时很害怕，就向山上逃去。等我下午回到家时，才知道父亲被他们活活烧死了，邻居们说他全身有三处被点燃。"根据邻居和现场民众的回忆，玛玛尼首先被捕并被刀胁迫要求其承认贩毒，因他拒不说话，那些人就向他浇汽油并点火。过了一会儿他们把火扑灭，看他仍然保持沉默就

再点上，这样往复了三次后他倒地不省人事。于是他被送往科恰班巴的别德马医院，警察全程监控防止走漏消息，之后他不治身亡并就地埋葬。当时的玻利维亚总统是独裁者路易斯·加西亚·梅萨。

当同伴们告诉我事情经过后，我感到非常痛心。我无法理解光天化日之下怎能犯下如此暴行。他们对他泼洒汽油并点火，那位同胞甚至都没有反抗。从那天起，我立志要为捍卫全体农民兄弟的人权而斗争，我们都参加了在齐皮里里举行的游行活动。

记得工会领袖们租了汽车，交了通行费，游行活动组织得井然有序。当时有一个卫生站，我们在那儿找到了很早以前遗留下来的由美国政府资助的恰帕雷替代发展计划的传单。由于无人分发它们，我们就拿来在上面写上了反政府和地区缉毒组织的口号，当然还有打击帝国主义、古柯万岁和要求尊重人权的内容。我们用那些外国佬留下的传单书写标语，覆盖汽车，形成车队有序前进。我们是“8 月 2 日中央工会”。人们纷纷询问我们属于哪个工会，我们成为了榜样。

记得当时工会领袖是富恩特斯和罗德里格斯，他们用克丘亚语发表演说，我紧张地看着他们，说不出一句话。那时我克丘亚语水平已经有所进步，他们说应该组织集会，让军队前来待命并向国际媒体披露此事。他们激烈讨论，而我当时甚至不知道什么是国际社会和人权卫士。在那场集会上他们决定封锁道路，随后事态急剧扩大。

何塞·豪尔赫·玛玛尼说，人们对于他父亲被杀害一事异常愤怒，焚烧了一辆缉毒用车并扣留两名警察。“在齐皮里里我们打了他们，我也参与了，为了抗议他们对父亲所做的事。他们还抗议那些缉毒警察向他们尤其是妇女勒索达两磅古柯，大家都义愤填膺。我参加了游行活动，当时我年轻气盛，甚至要求对那些凶手以牙还牙地予以焚烧，不过我姐姐阻止了我”。

9. 体育部部长

在热带地区呆了差不多一年之后，我在一次大会上被任命为工会体育部部长。那是我第一次做领导。在此背景下，我组建了足球队，并组织了一系列比赛。一些其他地区的同事都跟随各自球队参与进来。每个周末，比赛把我们一次又一次聚集在小小的皮球周围。

我每次参加工会会议时都会带着球去，因为在协商和争吵过后，同事们摩拳擦掌，总要踢上一场球。踢球的人很多，我们所有人都热爱体育。正因如此，有女同事给我取了个“小球童”的外号。我喜欢踢球，我不仅组织杯赛，还在没有杯赛的时候安排工会间的主客场比赛。

每次比赛后球员们都会聚一聚，而且经常是在我家里。记得有一次，我们回到我家已是半夜12点或1点了。我们很饿，我从鸡窝里弄了几只鸡，拔好毛，放到锅里，端到厨房的天然气上煮着，但是因为我们踢了半天球，从亚松森镇走了2公里才回来，又加上喝了奇恰酒，实在太累了，躺在那儿就睡着了。等到我们醒来时，鸡差点煮糊了。不过我们还是就着木薯和盐在凌晨2点把它们吃掉了。这种事多次发生。对我们而言，那时体育就是一切。正是通过这种方式，大家逐渐认识了我。当时领导们都是经验丰富、上了年纪的老头，年轻人没有说话的份，更不要说那些妇女们了，她们连拥有土地都不配。

罗伯托·古斯曼回忆说，埃沃刚来恰帕雷时，是一个总带着皮球到处跑的年轻人。“埃沃那时候是一个小球童，总带着个皮球。每个周日他总能用皮球调动起大家的积极性。后来因为他交际广泛，自然而然地被任命为工会的体育部部长。作为体育部长，他成为了工会的核心，随后坐上了联合会主席的位置。从那时起，他当了22年领导”。另外，埃沃出任体育部部长时同样在齐皮里里担任领导职务的阿维利诺·埃斯皮诺萨确认说，他获得这一任命是“因为他球踢得好。自那以后他的进步更快了，直至当上了所在工会的领导”。

我认为有必要在每场球赛后聚一下，谈论足球之外的其他话题。在此基础上，我们成立了工会内部的青年文化中心，成员有埃克托尔·旺卡、巴勃罗·贝尔纳尔、哈维尔·卡巴列罗、罗萨里奥·诺艾，还有其他一些我不记得名字的朋友。其中诺艾来自尤拉卡雷村。我们从足球场上给工会带去建议，尤其是在加西亚·梅萨独裁统治期间，目的是为了保障人权。青年文化中心的成立非常重要，因为我们在那里讨论，并将这些讨论的意见和建议提交工会。我们从不强加于人，然而我们计划虽好，领导们却并不理会。

我学会了凡事不能强求，坚持自己肩负的责任，但要通过提交计划和建议的方式去做。随着时间的推移，一些上年纪的领导也开始接受我们的意见了，尽管他们并不承认自己的错误。有时候他们之间也有分歧，有的人支持青年文化中心的提议，而有的人不接受。但是，我们的建议逐渐被采纳，变成了工会条例。我记得莱昂纳多·罗梅罗、德尔芬·阿亚维里，他们是五旬节派牧师。罗梅罗态度摇摆不定且朝令夕改，他是第一个接受我们建议的人。这在工会里给我们辟出了一条路，虽然我们还要耗费很多的时间和精力去说服那些不接纳我们的领导，但最终他们都认可了我们的建议，不必强加于人，而是解释和说服，可以找到更好的办法。

最初的领导

我到恰帕雷之前，联合会有一种右倾趋势。以前，领导们都与雷内·巴里恩托斯·奥尔图尼奥和乌戈·班塞尔·苏亚雷斯的独裁政权有染。当时联合总会叫作“热带农业特别联合会”。其创立者之一是路易斯·罗哈斯，他的庄园在伊布埃洛，也种植古柯。

路易斯·罗哈斯是巴耶格兰迪诺人，1948年来到恰帕雷，当时这个地区还没有公路和桥梁。正如全国其他地区一样，这里的工作也是从当地人之间的互帮互助开始的。那时候，种出来的古柯要运往圣安东尼奥市，也就是现在被称作图纳里镇的地方。作物全靠没有马达驱动的独木舟通过水路运输。罗哈斯回忆说，那些年成立了第一个联合会，名字叫“热带恰帕雷”。联合会是在圣安东尼奥成立的，创始人有丹尼尔·格拉、路易斯·罗哈斯、马特奥·马尔萨等人。那时候，热带地区的种植者们都加入了莫洛·德萨卡瓦总工会，这个总工会反对在恰帕雷建立任何其他组织，因为该总工会的领导坚称这一地区的组织必须设在省会。继格拉之后，罗穆阿尔多·基罗斯当上了领导，但因涉嫌与胡安·莱琴·奥肯多有染而被迫下台。罗哈斯表示，“在菲利克斯·戈麦斯的带领下，联合会得到了巩固，因为我们与雷内·巴里恩托斯一起发动政变，他毫无保留地给予我们支持。戈麦斯甚至成为农村和农业事务部部长。他离开之后，我留下来成了头头，但之后过了很久我才得到正式任命”。

听说那时建成了从科恰班巴到圣克鲁斯的公路，是那些巴拉圭囚犯、查科战争的俘虏们最先开始修建这条道路的。工会领导们不仅支持巴里恩托斯，同样也支持班塞尔·苏亚雷斯，他们指定热带地区的候选人，不征求任何人的意见，在工会里为所欲为。

对于这个话题，路易斯·罗哈斯承认，当他们支持雷内·巴里恩托斯参选总统时，他们还“把埃德加·普鲁登西奥推上了议员的位置。他是我们的议员，我们从这儿提名了他，他一直生活在科恰班巴。他是代表恰帕雷的第一位议员。当时鼓动投票的宣传非常有煽动性，完全是蛊惑人心，凭借这一点我们达到了很多目的。通过各式各样的举措，我们的联合会在圣安东尼奥成长壮大了”。

所有这些领导们都是通过多种手段进入工会高层任职的。他们对独裁政府和右翼有着一系列的承诺，所以他们不愿意离开工会。罗哈斯曾在班塞尔的独裁政府中做过农村和农业事务部副部长，他放弃了工会领导岗位前往拉巴斯，把工会交给了他的哥们马特奥·马尔萨，后者像成千上万为了寻求更好的生活条件而背井离乡的人们那样，在40年代因为经济困难从奥鲁罗迁移过来。现在他老了，但是当时他在齐皮里里买下了一块土地。罗哈斯背叛了他的哥们，马尔萨有一次对我说，在当上副部长后，罗哈斯回来了并对他说："哥们，我回来了，他手里拿着来复枪，我什么也做不了，我只能出去。"马特奥先生哭着走了出去，一个村一个村地走回去。他进到奇恰酒酒馆里，喝了点酒，讲起他的哥们对他所做的一切。

> 马特奥·马尔萨记得很少，但是他说："他抛弃了我们，不管是我的哥们还是什么人，他们看待我就像看一只猫。见鬼去吧，我现在已经跟他们说清楚了，我不要做他的哥们，我也不想知道，什么哥们什么干儿子什么领导，我什么都不干了，让他们自己去搞定吧！"

后来来了其他领导。记得有辛弗里亚诺·马尔多纳多、埃乌多罗·巴里恩托斯、克里斯平·罗德里格斯、卡洛斯·梅内塞斯、阿尔贝托·巴尔加斯等，这些人都反对我们，因为我们是年轻人，他们还反对妇女。但我们一直坚持自己的想法，坚持斗争，这是唯一让他们倾听我们意见的方法。我们必须保持耐心，直到选出为保护古柯、人权、土地、领土以及国家主权和尊严而努力工作的新领导人。时任联合会领导都是些以权谋私的家伙，他们从不维护而是肆意出卖古柯种植者。所以我们一心想着做好准备，壮大自己的工会、总工会。面对政府和警察的打压与迫害，我们别无选择。

我开始作为总工会的书记员参加联合会每月一次在图纳里镇举行的会议，我充满好奇和学习的兴趣。我认真倾听，努力去理解各种问题，不仅仅是关于古柯园被毁，还有缺少市场、受到打压、侵犯人权等情况。我把时间划分出来，一边经营土地，种植水稻、水果和古柯以确保家庭收入；一边经常参加工会会议，不光是参加本工会全会，还去参加"八月二日”总工会和热带农业特别联合会的扩大会议。

我记得自己的农村氏族公社和社区，记得在高原上是如何奋斗的。我一直记得堂兄马尔西亚尔·莫拉莱斯·艾玛，他也做过领导，并成功地把亚帕卡尼地区的农民组织起来。他很小就离开奥利诺卡，当时我还不认识他，后来我听说他很勤奋，为了保障人权而不懈奋斗。我年轻时曾遇到过他，我们聊了很多关于政治和玻利维亚工会斗争的话题。

马尔西亚尔出生于奥利诺卡，但8岁就离开了家乡。他的父母让他在独立镇放牧羊驼。从那里他又搬到了波克纳，在科恰班巴普纳塔的富饶牧场庄园干过活儿，年纪轻轻又参了军，加入了罗博雷的罗查高级军团。离开军营后，他在菲尼克斯工厂做过门卫，还去“20世纪”和卡塔维的矿场干过运水的活儿。他是雷内·巴里恩托斯·奥尔图尼奥政府中被谋杀的高官费德里科·埃斯科巴·萨帕塔的学生之一，参加过玻利维亚共产党。“我和我的兄弟埃沃与这位领导有着同样的精神，他曾说过，我不会为金钱出卖自己。埃沃很像我叔叔迪奥尼西奥，他是个勤奋、传统、广受欢迎的人，总是帮助穷人”。

自己的土地

凭借着勤奋工作，我也逐渐有机会拥有自己的土地了，之前我们买的位于下圣弗朗西斯科21公里处的土地是记在父亲名下的。记得在“四月一日”总工会那个地区，也就是人们所知的加利雷亚地区，政府分给农民土地，主要是分给波多西和科恰班巴河谷的农民。很多人没了收成，失去住所和工作，整个国家都面临经济问题，到处是失业者，工作机会缺乏。这种状况一直持续，右翼分子执政只顾一己私利，漠视穷人的存在。分配土地的时候，我也期望在那儿得到一块地，一伙人就在山上边开路边分地，但是在他们身后，另一伙人不干活也在那儿每100米分一块地。我也分到了一块，我用砍刀在一棵树的树干上刻上“埃沃·莫拉莱斯”，我那时并不知道前面有人在开路。当前面的人听说后面的人在分土地时，拿着砍刀就过来了，双方差点起了冲突，我吓得直接跑了再也没回去，也再没看过那块地，反正即便我在那里也是徒劳。那就是发生在“四月一日”总工会，即圣弗朗西斯科的加利雷亚工会的事情。

我也去过其他地方，想拥有自己的土地，因此四处寻找。有一次我在山上走着走着迷路了，置身千奇百怪的树木中，耳边怪声不断，热得令人窒息，周遭满是蚊虫。就在绝望到快要哭出来时，我发现了一条路。我沿着那条路走了很长时间试图找到一个出口，终于找到了大路，看到了其他的农民，那一刻我才回过神来，我当时吓坏了。那是一种让人永世难忘的感觉，你面对大自然，你能听到一切，看到一切，想象到一切。那时候我独自住在热带地区，父亲时常来看我并住上一段时间，但随后会离开。那一年，弟弟乌戈来到恰帕雷帮我干活。

在热带地区我学会当工会领导，还学会了许多其他东西，比如钓鱼，尽管钓鱼挺无聊。我会去齐皮里里河，端着鱼竿坐上几个小时，一边等待鱼上钩，一边嚼着古柯叶，但经常是无功而返。一天夜里我坐在河边，手里拿着鱼竿，盯着水面的动静，突然一条鲳鱼咬了钩。我们通常在踢完球之后去钓鱼，带着钓上来的鱼回我家或者其他朋友家，做一顿大餐。我们有什么都会共享。

喜欢别人为我鼓掌

1983 年当选书记员后，我有机会去参加各种会议，尤其是联合会会议。我了解到恰帕雷被一分为二，一个叫作“自治区”，即原来的恰帕雷省，允许种植古柯和建立工会、总工会；另一个区域叫作“治理区”，位于卡拉斯科省，不允许种植古柯，也不允许成立工会。第一个区域包括图纳里镇、托多斯桑托斯、圣弗朗西斯科港、埃特拉萨马和其他一些村镇，第二个区域则由蒂拉克、西纳奥塔、奇莫雷、伊维尔加尔萨马和恩特雷里奥斯组成。

很多卡拉斯科和蒂拉克省的农民朋友们会偷偷跑来参加我们的工会会议，他们需要沿着小路翻过大山，还得躲开加西亚·梅萨独裁政权设置的各种管控设施。即便有军事管制，那些开荒拓土的农民们还是秘密组织起了独立工会。仅仅几年不到，奇莫雷总工会就建立起来了，当然是后来改了名字的。这些禁令在 1008 号法案里得到批准，政府设置了三个区域。第一个是传统区域，包括拉巴斯省山区和科恰班巴省范迪奥拉山区；第二个是古柯产量过剩的地区，主要是各个热带联合会所在区域，政府想在这个区域实施取代古柯种植的替代发展计划；第三个区域即全国其他地区，种植古柯是违法的。

1982 年，也就是我当上体育部部长之后，我们踢球聊天时萌生了一个想法，要推进联合会的民主化。我们想赶走那些支持右翼、实施专制的老领导，如路易斯·罗哈斯、菲利克斯·戈麦斯以及弗恩特斯等人。他们总站在政府一边，从不捍卫农民权益，听任农民们饱受热带地区军警的打压和侵害。

当时我作为基层代表，虽不常发言，只是倾听，但非常愿意学习。记得当时“农民工会统一联合会”的领导和创建者胡文纳尔·卡斯特罗来恰帕雷参加过一个会议。他的计划非常好，但是他离开了，据说是没有时间，留下了热带地区的领导和代表们继续讨论。我们讨论未果，但心中的种子已种下，我们要挑战那些支持寡头势力的领导，为我们的组织带来改变。

那些年里，我有幸参加工会会议，与其他领导坐在一起。有一次在科恰班巴召开的五年计划分析会，恰逢路易斯·加西亚·梅萨独裁时期的最后几个月，作为会议代表，我入住市中心的科隆酒店。我从未住过酒店，对一切都感到新鲜。我才刚当上工会领导，迫切想了解政府的计划到底是什么样的。

记得会议讨论了关于五年后在科恰班巴热带地区不应再种植古柯的话题。我没有发言，但是明白了加西亚·梅萨政府的政策是要终结古柯种植，转而种植嫁接柑橘等其他作物，推进替换发展计划。那次研讨会开了约 10 天，当我回到恰帕雷时，我甚至都不知道一些领导人已经被撤换了。那个五年计划是美国强加给我们的，他们还设法打压古柯种植者利益，比如由政府接管古柯贸易、控制运输路线以及强制铲除古柯作物等。驻扎在热带地区的军队多次利用除草剂来摧毁作物。

那种肆意妄为的态度刺激我更加积极地参加联合会会议。在 1982 年到 1985 年埃尔南·西莱斯·苏阿索任总统期间，我已经出席每次会议了。在那些与会人数众多的会议上，我参与讨论时总是表现得腼腆和缺乏自信，害怕说错话，得罪人，我还没有准备好参与讨论，总是表现得比较克制。

讨论中也出现了对领导人的质疑，比如对卡洛斯·梅内塞斯、埃乌多罗·巴里恩托斯等。后者是革命民族主义运动成员，跟美国赞助的那些机构有千丝万缕的联系。一天，我终于鼓起勇气发言，结果还不错。我不记得当时说了些什么，但扩大会议上所有人都给我鼓掌，我很高兴，感觉自己挺重要的。会议结束后，大家问我从哪儿来的，叫什么名字，都要请我吃饭，结果搞得联合会的领导们很生气，很嫉妒。我喜欢别人为我鼓掌，后来我又一次发言，大家也给我鼓了掌，从那以后，我就成为了“埃沃同志”。

1984 年我当选“八月二日”总工会秘书长，那时我还兼任穆里约工会领导人，已经小有名气，在同事中很受欢迎。每次参加热带农业特别联合会会议，我都要想想该说什么，怎么说，要做什么计划，如何表达观点。如果哪天我发言没能获得掌声，我会灰心丧气，不愿再参加讨论。只要大家给我鼓掌，我就像得到莫大的鼓励，我非常喜欢那种感觉；但是如果大家不给我鼓掌，我会沉默几个月，不发言，害怕。就这样，我逐渐开始当工会领导的日子。

随着参加工会会议和去图纳里镇参加联合会会议越来越频繁，我渐渐荒废了土地上的农活。有时候清晨出发，回来已是深夜，有那么多问题需要解决，以至于我清楚记得有一天，父亲半生气半和蔼地对我说：“小埃沃，你跟一条狗差不多了。”我问他为什么，他回答：“你回来只是为了吃饭和睡觉。”

因为父亲提出异议，我想应把工作分为两部分，一部分是农活，另一部分是工会工作，少放点精力在工会活动上，多干点农活，只有这样才能为全家多挣钱，但是同事们找到我，让我回工会、总工会和联合会去工作。有 20 多个工会参加了“八月二日”总工会，它是热带地区最大的总工会，在整个地区影响力也最大。随着时间的推移，它分裂成了四个总工会，即“四月一日”、新恰帕雷、“八月二日 A”和“八月二日”。那段时间恰帕雷成立了许多联合会，工会数量增长不少，越来越多的开荒者们来到了热带地区。比如奇莫雷联合会分裂后，诞生了卡拉斯科联合会。

10. 自由进口毁了我们

当我成为总工会领导人时，最重要也是始终铭记于心的一项工作就是为大家争取土地，从一开始我就知道要为不被剥夺土地并为每位农民兄弟争取一块属于自己的土地而奋斗。有一次，我在穆里约工会发现一块地，恰帕雷河从旁流过并直抵我们工会多个农庄所在地图纳里河谷。我在那里创建了图帕克·卡塔里工会，把地分给来自波多西、奥鲁罗和科恰班巴的农民。那是尚未开垦的处女地，弟弟乌戈也在那里分到了几公顷。

那块地之前属于军队，我们占据之后，忍受着各种蚊虫的叮咬，用斧子和砍刀对整座山进行开垦，所有人的手尤其是手指都起了水泡。我的手由于伐树磨出了血，但这是值得的，因为这是一片好地。

在那块地上我们种植水稻获得了丰收，第一年我们就收获了七八十担。我们把收成用船运到父亲买的一块收成不佳的庄园里，那是块被水淹过的洼地，父亲当时被骗了。那段时间，水稻种植多于古柯种植。我们第一次统计大米收成时，大家都来向我祝贺。

在埃尔南·西莱斯·苏阿索执政时期，还没有放开进口，大米价格比较高，我们赚了不少钱。我用卖米赚的钱买了一辆山地摩托，还雇了约 20 个小工帮我耕作两公顷土地。我每天早上 4 点起床，为工人生火做饭，包括煮面糊和炸香蕉。在另一口锅里，我准备午饭用的木薯、香蕉和鱼干汤。做饭用的水都需要去恰帕雷河里取，河水浑浊，我会煮沸后再用。小工们全天都在地里收割并脱粒，每天半夜我按照工时付他们工钱。那段时间我家里堆满了稻谷。

像在高原地区一样，热带地区工作也很艰苦，恶劣的气候也使工作倍加艰辛。有时气温会达到 40 多度，苍蝇循着食物的味道而来且挥之不去。我们只好轮流吃饭，轮流驱赶蚊虫。睡觉必须进蚊帐，否则就别想睡。我 4 点起床，那些小工 6 点起床，吃完早饭就去干活。有时我们还生火驱虫。最大的问题是上厕所，你一脱下裤子蚊虫就一拥而上，没有人替你去扇，只好边解决边拍屁股。那些蚊虫无处不在，简直糟透了。

那段收成喜人、收入颇丰的日子令人印象深刻，但当 1985 年维克多·帕斯·埃斯登索罗总统同国家民主行动党结成民主协议联盟并上台执政后，颁布了自由进口政策，这深深伤害了农民们，特别是水稻种植者。大米价格下跌，我们的产品失去了竞争力。热带地区的人只好种植古柯，向巴西贩卖古柯并买入大米。与此形成反差的是，在苏阿索执政时期，农民通常种植谷物来获利。那时我还买得起 15 马力的发动机，后来又买了一台 25 马力的，我还买了一辆摩托车。

发誓不再驾驶独木舟

我用外挂发动机的独木舟满载谷物，甚至直达吃水线。有一次我差点半路翻船，所幸人没出事，当时船上载了差不多 20 担大米。我将大米运送到圣弗朗西斯科港，在雨季时要格外小心水上漂来的树干。有一次我看见一个物体逐渐接近，以为是树干，但其实是一条狰狞的巨型蟒蛇。我吓坏了，认为这是凶兆，决定再也不驾船了。

还有一次，我正在穆里约工会的地里干活，对岸就是图帕克·卡塔里工会。由于没有蚊帐睡觉，我决定驾船渡河到对岸去寻找蚊帐。我渡河 100 多米到达对岸，返回时却找不到船了。汹涌的河水冲走了船和一切。我被迫留在对岸，没有吃晚饭，只睡了一小会儿，等待水位回落。在热带地区，不是总能乘船渡河，必须学会游泳，否则就有可能淹死。有一次我差点被淹死，当时我还背着包，只能拼命划动四肢，就这样学会了游泳。

我也曾经尝试在地里种香蕉和木薯，但是没有秧苗。这是一次新的经历。我去别的庄园打工，以期得到木薯和香蕉种子。在劳动 2 天后，我得到了饱满的种子。庄园主让我装船带走，但我当时根本不会驾船，不过我还是上了船。我以为很简单，但船顺流而下，根本无法控制方向。我努力划向一侧时，船在水中打转，我非常害怕。我尝试从侧面靠近船只，但根本做不到。当时天色已晚，我在恐惧中终于回到了自己的庄园。

更严重的问题出现在我试图将种子从船上运到庄园里之时，我尽了全力，但还是在山里迷了路。我没有手电，也不认路，就在我陷入绝望几乎大喊起来时，出现了一位农民把我带到一户居民家里过了夜。山间夜晚一片漆黑，伸手不见五指，昆虫、飞鸟和动物叫声此起彼伏。当你落单甚至迷路时，你不仅仅感到害怕，更会感到绝望。

借来的鞋子

如果你是热带地区的工会领导，就像在其他地区一样，你不仅要参加工会会议、扩大会议、代表大会，以及各种运动会、集会，还得应付各种社交活动，应邀参加洗礼、生日或是婚礼等。工会领导参加这些活动是很重要的。

我最早参加活动是陪朋友孔多罗去的，他是大卫·埃拉达的哥们。他跟我说："埃沃，我们有个婚礼。"我不喜欢这类庆祝活动，本不想去，但还是陪他去了。我总是穿着拖鞋或皮凉鞋，在婚礼上，喝了几小杯啤酒之后，大家都要跟新人跳舞。因为我很出名，所以没办法拒绝。我刚要开始跳舞，却因地面湿滑根本没法跳起来，我头有点晕，结果摔在了地上。我还想靠魅力征服几位女同事呢，但最后所有人都在嘲笑我。孔多罗把我带回他不远的家中，借给我一双皮鞋，我们又返回了婚礼，舞跳得很开心。那会儿我没有皮鞋，只有拖鞋或者踢球的运动鞋。

那不是我第一次在鞋子上闹笑话。有一次我被指定为婚礼的证婚人，大概是在 1996 年我当上议员之前。弥撒下午 5 点在伊维尔加尔萨马举行，需要穿过奇莫雷和塞萨尔萨马，往圣克鲁斯的路上去。我一整天都在参加各种会议，反对"零古柯政策"。大清早我跟同事们在路上汇合，与奉命开始强制铲除古柯作物的警察们进行斗争。在离开齐皮里里的"主权广播站"之前，我告诉秘书带上我的衬衫、西裤和皮鞋。我很信任秘书，况且还有另外两位同事陪着她。然而当我在弥撒开始前到达后，发现秘书忘了带皮鞋。我不知所措，总不好穿拖鞋进去。圣伊西德罗总工会的朋友萨比诺·阿罗约对我说："我借你皮鞋。"我们洗了洗脚，交换了鞋，我穿着借来的皮鞋参加了新人的婚礼。

还有一次是在我当议员之后，我受邀参加苏克雷元帅总工会的集会。那是该总工会会址的揭幕典礼，大楼是会员们集资修建的。那时热带联合会的领导是菲利西亚诺·玛玛尼，即现在的图纳里镇镇长。要前往集会地点必须淌过几条小溪，没有公路，也不通车辆，全得靠脚走。工会会员们以为他们的领导和国会议员，是不会步行趟过小溪前来的。他们想着作为国会议员肯定要穿皮鞋来，所以大家决定用树干在小溪上建几座小桥。然而我穿着凉鞋抵达了，那些苏克雷元帅总工会的同事们白费了力气修建那几座小桥，他们的议员还是穿着凉鞋来了。记得当时大家窃窃私语，我问："什么情况？"大家都有疑问，因为桥虽然建起来了，可议员还是穿着凉鞋就来了。

所谓命运

父亲去世时，我完全放弃了学习新闻的理想，当年在科恰班巴念大学时，我还想过从事这个行业。之所以冒出这个念头，是因为我在奥利诺卡听过一段广播，说厄瓜多尔总统是记者出身。他是当时南美洲最年轻的总统，于是我也不知为何脑子里会蹦出学习新闻专业的想法。当时我从未想过成为共和国总统，像我这样一个生在高原地区、家境贫寒的人怎么可能成为总统呢？我就想能有一份工作，在我的热带农庄埋头劳作，连工会活动都很少参加。

现在回想起来，冥冥之中某些时刻，我与政治还是有着不解之缘。我幼年在卡拉维尔卡上学时，十分贪玩，有一次居然没回位于伊萨亚维的家。父亲差点急死了，徒步三公里来学校找我，担心我出了什么事儿。我当时同一个名叫罗幕洛·伊尼格斯的小伙伴儿玩得正欢。父亲找到我，狠狠斥责了我。当时一位叫乔克蒂赫利亚的先生劝父亲说："别骂埃沃，他这类人可能会当总统呢。"我成为总统时，当年的玩伴罗幕洛·伊尼格斯还向我讲起这件趣事。

后来我又经历了一桩与共和国总统一职有关的趣事。那是在 1972 年至 1973 年之间，我们全班从奥利诺卡到阿查卡奇远足，还参观了贝伦实验基地。记得当时老师带我们坐巴士前往，我们不能单独行动，要始终走在一起并认真听老师的讲解。由于回程路上恰好途经拉巴斯，老师们提出参观位于穆里约广场的政府大楼。我们苦苦等待了两三天才获得官方许可，当时老师们都想打道回府了。时任总统是乌戈·班塞尔·苏亚雷斯将军。我不记得当时跟自己的同学们具体说了些什么，但他们回忆说，当我们进入政府大楼时，我曾说："别担心，伙伴们！有朝一日等我当上总统，随时敞开门欢迎你们！"事实上，我不记得说过这个，只记得那天一个同学晕倒了，大家都上前帮助他。我们参观了政府大楼二层的镜厅，一些政府公务员还在那里接待了我们。

迪奥尼西奥之死

父亲迪奥尼西奥在奥利诺卡去世了。当时我正在农庄劳作，弟弟乌戈和姐姐埃斯特尔在奥鲁罗。母亲在伊萨亚维。我已是"八月二日总工会"总书记兼我所在工会的书记员了。

埃斯特尔没想到父亲去世："他一向好好的，谁能想到他走得如此匆忙呢？说实话，母亲一直病恹恹的，但父亲真的很健康啊。"父亲管理家庭账务，经常去奥鲁罗、查利亚帕塔、波波湖、科恰班巴和恰帕雷出差。在确保子女们工作、身体及各种状况无忧后，他便返回母亲玛丽亚所在的伊萨亚维。

我深感悲痛，决定辞去工会一切职务，当时我可是总工会及工会的头头啊。弟弟不得不返回奥鲁罗清点父亲的遗产。家里的事，劳作的事，都令人头疼，悲伤真能把人掏空了。当时我们家财产还是共同所有，尚无个人财产，尽管弟弟已经成家，但财政还是统一归父亲掌管。

当初，我曾与父亲兴致勃勃地计划种植香蕉、橙子、古柯，然后卖掉赚钱，这一计划随着他的去世烟消云散。我全身心地投入劳作，并把母亲带到恰帕雷居住，免得她因父亲离世而倍感煎熬。一些邻居与母亲怀疑父亲是因撞上了"卡里西列"而送命，也被称作"拉奇西列"，就是说一个人被死神渐渐抽干脂肪而死亡。他们还说父亲去世前曾参加了一个在奥利诺卡举行的聚会，后来睡着了。蹊跷的是，他醒来时门窗都大开着。

他醒来后起程返回老家伊萨亚维，已经感到很难受了。随后，父亲前往那间临近波波湖的茅屋歇脚，家人告诉我说那会儿他已头昏脑涨，感到背部与胃部疼痛。他什么也没吃就入睡了，到了晚上不停发汗，胃痛不止，难以入眠，眼泪都流出来了。黎明时分，他抱着母亲的头并拉着她的头发说："你要照顾好我的小埃沃啊！"母亲十分担忧，赶紧去找费利萨姨妈，结果刚到外出放羊的地点，父亲便走了，就在波波湖畔、泥沙之间。街坊及家人们获悉噩耗，均感到震惊。马梅尔托·图科找了些木棍搭了一副担架，他们徒步一个半小时，将父亲的遗体抬回了家。记得学校为父亲哀悼三天，纪念他这样一位乐于助人、敢于斗争和勤劳工作的人。

两周前他还来到恰帕雷同我和弟弟乌戈在一起。当时我注意到他总是心不在焉，根本就没看我，也许他已经预感到死期临近并为此担忧吧。那天，他去奥利诺卡接我母亲。一天早上，我弟妹即乌戈的妻子来了，对我说“父亲去世了”。我问她：“是谁？你的父亲么？”她答道：“不啊，是父亲迪奥尼西奥。”我的心瞬间跌入无尽深渊。

> 埃斯特尔记得父亲总给她带些桶装牛奶、淀粉、肉等一切家里需要的食品。她最后一次看到父亲是在瓦里镇的集市上。父亲看上去很难过很痛苦，于是我问他发生了什么事，但他什么也没说。到了晚上，我们睡在车顶上。我注意到，他脸上的痛苦表情挥之不去，甚至彻底击垮了他。我做了噩梦，一直冒汗，衣服都湿透了。要发生什么事呢？没怎么盖东西怎么还会出这么多汗呢？次日，我们装好肉一起去奥鲁罗，途中还吃了“烤猪脸”。之后他便去奥利诺卡，他对我说要去宰杀一头大羊驼，并为埃沃和乌戈制作腊肉，并把妈妈接过去。而周日，就在父亲抵达的前一天，弟妹过来跟我讲父亲已经进入波波湖区，他身体状况很糟，他去世了……仿佛有电流穿过我全身，我还能干什么，我欲哭无泪。“我回到家，进门时我丈夫在那里默默哭泣，身旁的抽屉一侧摆放着鲜花和卡片。他对我说正在等候埃沃和乌戈，已经派人去叫他们过来了。昨天我们通过电报把讣告发过去了，今天中午就将送达。”我打了一辆出租车赶往奥利诺卡，晚上7点进了家门，看到父亲在淌着尸水，母亲在无助地哭泣。她说：“尸体都发臭了，该把它移走啦。”这场面太过惨痛，深受刺激的我进入半痴呆状态。如果他病入膏肓，我们可能会想到他是否会死，但他之前活得好好的却突然撒手人寰，这是不可承受之痛。或许那天我大汗淋漓就是一个不好的兆头，预示着他将要永远离开我们。

乌戈认为父亲是一位领袖，他去世时，奥利诺卡人民都为他而哭泣。“我认为父亲具有领导力。如果他不是领袖，不可能整个村子都为他哭泣。家人们肯定会哭，但事实上有很多人同样为他的去世感到悲痛”。

父亲经常旅行，现在轮到我了。只要我在奥鲁罗，我就和姐姐前往查利亚帕塔、瓦里镇、科恰班巴，之后再去往热带地区。父亲总是乘坐巴士和卡车往返千里，他独掌家庭财政大权。我认为是“卡里西列”夺去了他的性命。父亲比母亲小 15 岁左右，但是死得比她早。我和弟弟乌戈没能出席他的葬礼，不记得是因为什么事情了，但我们确实没能出席，只有埃斯特尔参加了。父亲去世后，我生命中有两样东西搁浅了，一是学习，二是工会斗争，尽管我正崭露头角。种植香蕉、橙子、古柯的计划也破灭了，我的学业也无法继续，于是弟弟前往奥利诺卡承担起管理牧场和羊群的责任。

母亲在恰帕雷与我呆了将近一年时间。现在的我不再是领袖，“哥不在江湖已有时日”。我完全投身于劳作，母亲对我说这种活儿是女人做的。因为在高原，她已习惯于步行数公里去牧场。她把牲畜放出来，准备食物，甚至开垦播种，艰辛劳作。在恰帕雷，我们只需走 100 多米就能到达田里。这里盛产大米，林木繁茂，花谢花开，需要犁地。唯一的问题就是太热了。

遗产

父亲 1983 年去世前，我们的家庭财产是共有的。虽然乌戈已经成家了，但仍由父亲集中管理财政。他死后，我们不得不分割财产。圣周期间，全家按惯例聚在一起，这是讨论分配父亲遗产问题的好时机。圣周之前一个月，我就告诉弟弟乌戈，想要什么就要什么。他可以得到奥鲁罗的房子、羊驼与羊羔。我说明自己不会住在奥利诺卡，所以他可以拿走那里的一切。如果有朝一日我去的话，他只要送我一只羊驼和一头羊来填饱肚子就行了。他提出把家里一些其他东西平均分配，我说不必麻烦了，我只要一间小房子就可以了，后来我把它送给了埃斯特尔。

在恰帕雷我们家有两块田地：一块是买来的，另一块位于更深处的是我们自己开垦出来的，这些都分给了乌戈。在21公里田地旁边还有一小块地。他问我："边上这小块如何？你留着吧。"于是我们就这么分了家。我别无所求，只要了两样东西，一是父亲那件带有高原图腾的斗篷，二是在奥利诺卡的第一辆自行车。在那里，我学会了骑自行车，起初只能踩着一边的脚踏板，歪歪扭扭地上路，这已堪称壮举了。再后来我会骑车了，但个头尚小，还不能完全坐稳，直到后来我渐渐长高。我也不知为何对这辆自行车情有独钟，反正我要了它。现在它肯定既无大梁，也无轮胎了，也许还在奥利诺卡吧。就这样，我和乌戈皆大欢喜。

之后圣周来临，全家例行大聚会。次日，阿古斯丁·莫拉莱斯、佩德罗·莫拉莱斯叔叔及婶婶都在座，他们说："孩子们，应该分家产了。"母亲也在场，她有些担心弟兄之间为这事打架。大家边寒暄，边喝啤酒，为分配遗产举行仪式。

仪式开始时，我要求发言，向叔叔婶婶们表达了自己的想法。我是长子，同意把父亲及家庭的所有财产分给乌戈，我们一个月前就谈过了。乌戈将获得我们家在奥鲁罗、奥利诺卡的房子以及羊驼和羊羔。我说过我不会住在这里，所以他可以分得这里和卡拉维尔卡的一切，如果有一天我来访，他只要送我一只羊驼和一头羊就好。而他则让我保留一间房子，我也接受了。我也跟叔叔婶婶们讲述了我们如何就分配恰帕雷的剩余财产达成协议，以及关于父亲斗篷和自行车的事情。之后，母亲说"这孩子跟他爹一样，一点儿也不贪心"，说完就哭了起来，"奥鲁罗的房产应该平分，这是两个人的，不能只给乌戈，应该平分"。我赶紧安慰母亲，告诉她乌戈已经给了我一个房间作为安家之处，无论我来多少次都能睡在那里。我也告诉她自己不会长居奥鲁罗，顶多就是路过，但她哭得更厉害了，反复念叨着："这个小埃沃和他爹一样，一点儿不贪心。"叔叔婶婶们都沉默了，无需多言，事情就这样解决了。叔叔婶婶们向我表示祝贺，说："你和迪奥尼西奥真是一样的。"父亲心底无私，我亦无欲无求，于是就这么完成了遗产分配。

卖米的收入

母亲和我在恰帕雷呆了一年多，这对我是莫大的支持和帮助。我们把稻谷送去何塞·坎波斯先生位于科恰班巴查基马余镇的舂米场。路途遥远，我们雇了辆卡车运米，坐在米袋子上跟过去，从恰帕雷出发要一整天。抵达舂米场后，还得自个儿把稻谷卸下来，手上会磨出许多水泡。在那里，我们不仅要把稻谷晒干，还得过夜。那里没有条件开伙，为填饱肚子，我们得去买吃的。我重担在肩，坎波斯先生给我帮了忙，甚至给我其他稻农没有的好处。有一次他预言我会成为大人物。在舂米场，我们停留三四天直至收工。坎波斯先生在20世纪70年代曾是古柯种植农，他告诉我，由于加西亚·梅萨的独裁统治，玻利维亚古柯在美国失去了市场。于是，原本两大古柯出口国秘鲁和玻利维亚，现在只剩下了秘鲁，他们的古柯叶可能被用来生产可口可乐。想象一下世界上卖出多少可口可乐啊，配料正是古柯叶，玛丽亚娜酒也一样。

当时我忙于种水稻，并且收入颇丰，在母亲帮助下干劲十足。然而，在1986年年中，好几位伙伴代表基层组织找到我，宣布我已被任命为出席即将召开的科恰班巴垦殖者特别联盟大会的基层代表。

11. 重返工会运动

起初我拒绝复出，只想耕田卖米过平静日子。可是禁不住大家反复动员，甚至提出可以帮我耕种土地。我内心深处仍愿意通过工会活动捍卫大家的权益，终于被说服了。记得好几拨人来到我位于21公里处的家，他们是来自几个地区的工会领导和同事，其中包括埃特拉萨玛、帕拉克蒂托、圣弗朗西斯科。当时母亲返回了奥利诺卡，大概这也是我最终接受工会任命的一个原因。

记得我骑车约22公里来到图纳里镇，路上我想到他们是否会强迫我参加竞选。我在家时就有人提醒过我，我犹豫不决，认为其实当个工会代表就行。同时，我也在考虑我们的阵线该以什么名称参加竞选。虽说我对重返工会活动兴趣不大，但在淡出了一年多后，我还是很愿意再次担任领导者职务的。大家的热情拥戴和鼓励使我深受感动，激励我去变革旧有的工会领导层。

反帝群众广泛阵线

抵达图纳里镇前，我脑中灵光一现，想出为推翻工会旧有领导人，我们的组织可称为"反帝群众广泛阵线"。当我到达时，好几位同事在等我，并提名我作为候选人竞选工会联合会执行书记一职。他们坚持推举我参选，一开始我还谦让，但最终为他们的热情所打动。要知道，他们的提议得到全体一致通过。

我们的第一个议题是确定参选组织的名称，为此花了不少时间讨论。其中一位代表，好像叫辛弗里亚诺·马尔多纳多，注意到我取的名字包括"反帝"一词，政治色彩很浓，将在大会上格外引人注目。我们就说如果太惹眼，可以去掉这个词，改叫"群众广泛阵线"。另一位代表提出把名称中的“群众”改为“基层”，但缩写就变成了 FAB，易与玻利维亚空军缩写混淆。一番辩论之后，最终定名为“反帝群众广泛阵线”，如果过于醒目，可以把“反帝”一词去掉；如果仍太显眼，可以改称“基层广泛阵线”。

反帝青年差点赢得联盟选举

带着这样的决定，我们提前一天前往科恰班巴参加在科斯塔拉内剧场举行的大会。玻利维亚垦殖者统一联盟秘书长维克多·莫拉莱斯出席了开幕式，他是查科人，一脸大胡子，中等身高，略有些发福。联盟最高领导人即执行书记赫纳罗·弗洛雷斯却未现身。数年之后，维克多·莫拉莱斯成了代表左翼革命运动的议员，而一些同事却出卖自我，倒向右翼党派。那些曾经主张开展武装斗争捍卫工农利益的基层运动成员，居然与寡头势力为伍，对此我百思不解。

大会开幕式后，先后讨论了政治、社会、古柯种植等议题，最后是选举环节，各阵线轮番陈述。“反帝群众广泛阵线”这一名称并未受到质疑，于是我们就采用它的缩写参与竞选。在我竞选发言时，整个会场鸦雀无声。由于我们年轻、缺乏经验，最终还是失利了。记得当时戴维·埃拉达、何塞·基斯博特、阿韦利诺·埃斯皮诺萨、伊尔玛·巴斯克斯、费利佩·卡塞雷斯等都陪在我身旁。

大会上有两种政治立场，一方面，年轻人主张变革，坚决反帝；另一方面，老人们则极力维护旧有的军农协定体系，他们是亲帝国主义的一派。

最终获胜的是阿尔贝托·巴尔加斯、胡里奥·罗查、欧多罗·巴里恩托斯等人。在我看来，他们都遵从原先领导人的思路，同独裁政权、寡头政治及右翼党派沆瀣一气。

尽管失利了，但我们丰富了斗争经验，对推进联盟变革有了更大的力量，我们深知旧体制应该终结了。那些领导人非但无意捍卫会员权益，反而唯利是图，对右派、政府及美国使馆唯命是从。

戴维·埃拉达是这样回忆那次大会的：“他们取得了胜利，还动用工会警察用棍棒来殴打我们。一个来自锡纳霍塔的家伙一棍子打在我的头上，鲜血顿时涌了出来。对此，我们能有什么办法呢？我们不过是些卖苦力的老实人罢了。”

现在回想起来，尽管我们准备不足、缺乏资金与经验，但竞选结果还是令人鼓舞的。我不记得他们胜出了多少票，投票的比例是多少，但好像差距不大。我们很快冷静下来，准备继续斗争。我们并未垂头丧气，相反，我们夺取工会联合会控制权的决心更加坚定。为着眼长远，我们必须做好各方面准备，与基层会员并肩奋战到底。

那次大会最有趣的事发生在选举那天。当时佩德罗·梅德拉诺见我只穿着一件白领蓝色汗衫，怕我着凉，就把他的夹克借给了我。之后我整天都穿着那件夹克，甚至去堂弟家借宿路上都没有脱掉。在与“反帝群众广泛阵线”字样合影留念时，我依旧穿着它。

父亲去世后，我退出了一切工会活动全心务农。然而，同志们、基层伙伴们及一些领袖们强烈要求我再度出山担任领导职务。尤以领导人的女儿塔尼娅·巴尔加斯和米丽娅姆两人最为积极。她们组织了一次紧急扩大会议并达成共识，重新任命我为书记。于是我再次当选，重返工会领导人岗位。这一次，我大力拓展工会势力范围，广泛吸纳新的基层组织，使其成为了由20个分会组成的第一大中央工会，一举超过了掌管18个工会的“比利亚14”。

再度出任“八月二日中央工会”领导人之后，我甘于付出、任劳任怨，全身心地投入工作。在那些日子里，我记得父亲曾说过“回到家就像条狗，就知道吃和睡”的话，我终于体会到与其说那是一种责备，不如说是在引导我。因为他也是土著头领，我相信父亲若能在恰帕雷多停留些时日，一定可以取代我的领导位置，因为他精通克丘亚语，并且具有大公无私的品格。

收复失地

也就是在那个时期，我致力于收复和捍卫属于我们的土地。记得有一批人曾来恰帕雷找我，并自称是“八月二日中央工会”所属圣佩德罗分会的土地所有者。他们向我出示了行政文书并确认已经支付了所有必须缴纳的税款。居住在那片土地上的农民兄弟隶属奇帕亚文化，自六七十年代起便在那里耕作。后来，虽然有一些人远走他乡，但大多数人都留了下来。我把那些土地所有者们召集到他们认为属于自己的土地上，并要求他们带齐一切必要文件。

在那片土地上，橙子树枝繁叶茂，这意味着它们至少种了有八年到十年了。会议之前，一位土地“所有者”建议由我来帮助他卖地，同其他人一样，他认为自己的土地被非法剥夺了。

农民兄弟们质问那些所谓的“所有者”，他们的公顷数从哪里算起，到哪里结束，他们答不上来，只能出示乌戈·班塞尔将军签署的文件。我向他们要文件看，以核实其真实性。我说他们的文件被没收了，因为这里已经有人居住十年以上了，我请他们看一下周围的橙子树，都已经结满了果实，他们怎能仅凭几张破纸不劳而获呢？其中一位土地“所有人”恼羞成怒，叫嚣只有可卡因才会被没收，他的文书不能被没收。我驳斥道，他的所谓土地权是非法的，因为谁耕作了这块土地，谁才配拥有它。

在场的农民兄弟都对我报以热烈掌声。其实我心里还是有点担心，这是否会伤害那些“合法”的土地“所有者”。但无论如何，我做的这一切都是为了捍卫劳动人民的利益，毕竟他们历经艰险来到这片土地，并且辛勤耕耘长达十年以上，他们开路架桥，建立了学校和医疗点，我怎能不予以支持呢？怎能听凭随便一个城里人向他们漫天开价要钱呢？

会后，那些土地“所有者”们咒骂着离去，有些人甚至扬言要回来算账，但事实上他们再也没有回来，奇帕亚的农民兄弟保住了自己的土地。我们以这样的方式伸张正义，确保了兄弟们在恰帕雷拥有土地。

还有一个类似案例，涉及一批军人、银行家和自称拥有土地所有权的牧民。那时恰帕雷有很多土地所有权纠纷，所以中央工会和工会联合会的领导人们成立了一个土地委员会。委员会的主席名叫佩德罗·金特罗斯，我是书记员。我清楚记得有一次伊尼苏达工会遇到一起纠纷。农民们占领了一些土地，银行家自称是他们土地的合法所有人，并且持有相关地权的法律文件。

会议伊始，我发现金特罗斯偏向银行家，损害农民们的权益。和上个案例一样，农民们从很久以前就在这片土地上耕种了。他们在这里种了古柯、香蕉和其他水果，主要是酸性水果。土地划分得很明确，意味着他们已经在这里耕种了相当长的时间，而且组织得不错。我作为书记员，要做的只是记录下每个人所说的话。委员会主席提出以从银行家手中购买土地的方式解决，具体金额根据土地面积和质量而定。我忍不住说：“主席、银行家代表和朋友们，别忘了有人要靠这片土地生活。我不知道他们从哪儿来，但是看看他们的屋子和生活条件吧，怎么能让银行老板来向这些艰难度日的人们收钱呢？”农民兄弟为我鼓掌，喊着说一分钱也不付，委员会主席和银行家们显得很尴尬。我明白银行家手里有的是钱，但他还想从这些新来乍到、勉强度日的农民身上再搜刮一些财富。委员会主席的做法是完全不能接受的。

我这番话后，委员会主席面色惨白，赶紧宣布休会，再定会期。那个银行家再也没有回来，农民兄弟们都向我表示支持，他们询问我叫什么名字，父母是谁，并亲切地请我去家里做客，甚至想送我一块地。我没要他们的东西，我这么做不图回报。从那次开始，我与农民们的关系一直很好，整个地区的老百姓都很尊敬我，而委员会主席则再也没带我去处理其他土地纠纷。

还有一次是在科帕伊科区，在圣弗朗西斯科辖区一片名义上属军人的土地。这片土地不适宜耕种，面积很大，由一些农民家庭占着。他们请我来担任农会领导。有一个牧民叫作塞尔西奥·塞拉亚，他的土地从圣弗朗西斯科一直延伸到马塔莫霍斯，而有一批农民想占领他的土地。他来找我时已经快天黑了，我当时正在家准备生火做饭，与他一起的还有一位塔皮亚将军，是科恰班巴的前省长，以及一位又高又壮的牧民。他们一行四五人，看来是来恐吓我的。他们趾高气扬，报出了塔皮亚将军的名号，告诉我“不能动我在这里的土地”。这里没有牲口，但是已经种了牧草。这片土地本应是牧场，但却一头牲口都没有。他对我说：“您作为工会领导应该教育大家尊重我的产权。”我回答说那得看他的根据是什么。我继续做饭，塞拉亚把我叫到一边，说有话要说。他把我拉到我的土地旁边，说：“我已经给了卡洛斯·梅内塞斯十公顷地，金特罗斯也选了十公顷地。你要多少直接说就行了，只要让我把这地卖了就行。”听到这话我很生气，我说，这完全不可接受，我根本不需要他的地，这片地本来就是我们的。他赶忙向我道歉并告辞。后来我们重新丈量了这片地，命名为“四月九日工会”，从圣弗朗西斯科一直延伸到马塔莫霍斯，有自己的管理层，还有 50 名会员。

一段时间以后，我当选工会联合会执行书记时，塞拉亚先生又来了。这次他很客气，说："埃沃，我尊敬你，你为人诚实，一定能有所作为。"我当上总统后，他又来到总统府，眼睛湿润激动地对我说："埃沃，我早说过，你为人诚实，一定能成为了不起的人。"说完就走了，什么要求也没提。

工会联合会

在工会联合会，我们每月至少开一次会，一般是每月最后一个周六。作为"八月二日中央工会"的领导，我每次会议都参加，但很长时间里只是听会，一点也不自信，不敢发言，生怕说错话被喝倒彩。会上讨论各种议题，特别是围绕着古柯种植问题，有人提议改种当时国内和国际都比较好卖的棕榈。

有一天，在热烈的讨论中，我决定发言。那时我一请求发言就会紧张，但我成功反驳了其他领导人不利于古柯种植者的发言。我说，我们应该保护自己的作物，它们是我们恰帕雷各家各户最主要的生活来源，这同时也是在保护我们的文化。我说完这番话，其他同志们都表示支持。这是我第一次在联盟扩大会议上发言，很高兴得到了大家的掌声。我第二次发言效果也不错。这使我受到鼓舞，更有信心了，促使我更认真地准备下一次扩大会议。过了一段时间，有一次我的发言没有得到任何掌声，我失望地离开了会场，我意识到自己讲得不好并再次感到害怕。为了战胜心中的恐惧，我开始花很长时间准备发言，从形式到内容，并跟着收音机里学习讲话。我得出结论，掌声能给人以鼓励，表达听众对讲话人的欣赏，也让人更好地准备下一次发言。为了能得到掌声，有时需要用整月时间作准备。不必刻意煽情，重要的是要有真情实感，并勇于改进不足。

我以这种方式慢慢学习进步，积极参与组织工会活动。临近新一届工会选举时，一些伙伴建议我们再次参选，但我犹疑不定。当时是 1988 年，我不知道是否再次以"反帝群众广泛阵线"名义参加选举。当时我有三晚失眠，如果我成为联合会领导人，就得放弃财产和田地。那时我已经从使用砍刀进步到使用电锯了。我买了两辆二手货车来运输在恰帕雷到齐皮里里24号河边种植的水稻。一辆15马力，一辆25马力。如果我加入联合会，我就无法再种香蕉、古柯和水稻了，这让我犹豫不决。

我还考虑过结婚成家。记得母亲对我说过："小埃沃，你要结婚的话，决不能让妻子和家人缺钱，一定要顾家，不能有外遇。"既然我没法确保赚来金钱和房产，我经过深思熟虑决定还是不结婚的好。

尽管当时我有了自己的土地，并和大卫·埃雷拉在科恰班巴城合资买了块通水通电的地，但我的经济条件并不稳定。这就是为什么说如果我当选联合会执行书记就得放弃一切，放弃我的土地和我的农民生活。最终我还是决定参选。我卖掉了电锯、二手车，换钱买下了城里那块地，建了栋小房子，这是工作所必须的。作为农民兄弟的代表，除了科恰班巴，我还要到拉巴斯、苏克雷、波多西、圣克鲁斯等地旅行，甚至到国外出差，住在城里会方便很多。

科恰班巴的家

当时机来临时，我们买下了科恰班巴的地并拥有了自己的房子。之前每逢进城，我就得去投靠亲戚，有时在瓦伊拉卡萨的叔叔家借宿。我们也租过一间小屋，用于给需要来城里办事的工会领导们住。

> 大卫·埃雷拉记得买地的机会来自大卫的老师、维拉学校校长马里奥·巴耶合斯。他说："大卫，我知道你们今后一段时间都会是工会领导人，你们需要在科恰班巴有个住的地方。我在林孔纳达有块地，在马西斯特里奥小区，恰帕雷的老师们都住在那里，你的老师们也是。"

一天，大卫对我说，咱们去看看那块地吧。我当场就喜欢上了，大约有700平方米，售价2000美元。我们都没有那么多钱，所以只能合资买地。文件签署是很久以后的事了，我记得是我当上总统以后。大卫在基里亚科里奥办的手续。我对他说"你去办就行"，然后把我的身份证给了他并签署了买卖手续。

> 埃雷拉记得那是1990年前后的事，在我们领导联合会的

第一个任期。手续办下来时，房产证上写着大卫·埃雷拉和埃沃·莫拉莱斯。那个时期人们还没怎么见过埃沃这个名，以为买地的是拥有不同姓氏的夫妻俩，却没想到可能是一对好兄弟。一直到 2009 年房产证上都是这么写的。埃雷拉经常拿这事儿当笑话说。直到埃沃当上了总统，他们才办了土地分割手续并分别重新办理了产权证。

创建联合会

值得一提的是，由于工会和基层组织的发展，科恰班巴热带雨林农民特别联合会成长起来，成为最大最强的工会，并带动了其他联合会的成立。联合会改名叫作热带雨林联合会，总部设立在图纳里镇，是当地最出名的工会组织。然而，我们所有这些工会联合会之母都是莫罗德萨卡瓦中央工会，它是我们科恰班巴热带雨林地区所有工会组织所挂靠的总工会。

之后又有更多的工会联合会建立，比如奇莫雷工会联合会（1984 年 6 月）、拉卡斯科联合会（1984 年 6 月）、恰帕雷永加斯联合会（1988 年）。一年后，如果我记得没错的话，成立了中央工会联合会（1989 年）。很多年后，成立了马莫雷·布鲁·布鲁联合会（1996 年 8 月）。亲独裁政府派成立的第一个联合会是提拉盖热带雨林联合会，后来更名为中央工会联合会。

工会联合会又生出新的工会，不是因为内斗，而是为了有更好的组织，成长为更强的工会和政治力量。那时的问题是不同工会联合会各自为战，相互之间毫无协调。我们受到迫害，作物被强制清除，人权遭到破坏，美国使馆直接参与了迫害，这让我们更加团结，我们需要协调行动，开展抗议示威活动。

在其他工会联合会成立前，中央工会联合会是最大的一个，它代表了很多地区，包括一些其他省份，甚至超出了其管辖范围，很多社区在联合会中没有代表。1988 年我当选热带雨林联合会执行书记时，恰帕雷只有 5 个工会组织，之后成立了马莫雷联合会。

执行书记

我是在科恰班巴圣西蒙高等大学附近的斯科廷区召开的代表大会

上当选执行书记的。那次大会之后，我们又先后召开了几次重要的古柯种植者会议，不仅讨论工会问题，也做出了一些政治决议。

记得那次大会上大部分代表都支持我们，于是我们轻松胜出。另一位候选人是内斯托尔·里维拉。这次选举与我第一次竞选时不一样，不是阵线之间的对决，而是候选人之间的角逐。尽管我胜选，但根据协定，败选人依然获得秘书长的席位，所以里维拉也是执委会成员。他政治上带有保守主义倾向，没有明确的意识形态，是个好人。

> 埃沃领导下的首届热带工会联合会执委会，成员除了他本人以外还包括：秘书长内斯托尔·里维拉、公关秘书大卫·埃雷拉、书记员内斯托尔·布拉沃和合作社秘书菲利普·卡萨雷斯。

我们从一开始就打着反帝的旗号。我们的政治倾向代表了新一代年轻领导人的想法，跟传统理念完全不同。记得那些老领导们在大会上支持内斯托尔·里维拉，他们用克丘亚语指责我们说“这群疯子、醉鬼，只知道谈论女人，昨天还是生瓜蛋子，今天就成了聒噪的小鸡雏子”。他们的观点苍白无力，毫无政治意义和建设性，不过是人身攻击罢了。

工会工作

我在这届大会上当选后，一如既往全身心投入新的工作。我主要负责联合会的发展壮大，让热带地区所有工会组织团结起来。当然，我的田地就荒废了。几次我想尝试再种些东西，但已经没法像以前那样专心种地了。之前我还能兼顾种地和工会活动，但在工会联合会这已经不可能了。开始几个月，我的主要工作是调整工会联合会的政治主张，团结各基层组织，维护古柯种植，同时也为捍卫政治主张而开展活动。

记得当时工会里有录像机、电视机和发电机，我们带着这些东西去基层组织，让大家观看其他国家农民同志的斗争，比如厄瓜多尔的土著起义、秘鲁的“农民圆桌会议”和其他一些影片。

当时热带地区还没有公路，只有土路，我与其他同志只能靠双脚或者骑自行车前往各个社区。我们在自行车上安装了特制的“担架”来运载录像机、电视机和发电机，然后带到社区中播放影像。

我们走访了很多社区。一般我们先开会，然后辩论、演讲，晚饭后再播放影像并为此展开讨论。同志们惊讶地说："原来厄瓜多尔也有克丘亚人，也会封锁道路，就像我们为了捍卫主权、尊严、自然资源和古柯种植一样。"这种交流非常重要，因为它让大家了解到外国农民兄弟的生存状态，意识到我们面临相似的问题，并营造了一种讨论、思考乃至自我批评的氛围。

> 大卫·埃雷拉记得埃沃亲自带着录像机走访各个村庄，播放关于厄瓜多尔和巴拿马土著运动的录像。影片中我们能看到他们如何组织群众进行准备和演练，甚至开展军事训练。这使很多人受到了启发。

我们让大家意识到保护古柯，除了经济以外还有意识形态、政治和文化方面的意义，让古柯成为了我们的象征。我们发现美国以缉毒为借口派军人和武装人员，企图镇压和消灭我们的文化。美国缉毒署接管了警察和军队，这迫使我们认清来自国内和国外的敌人。

这段时间，也是以禁毒为借口，他们在热带地区建立了旨在消灭古柯叶的特种部队，包括我们叫作"豹子"的农村巡逻队、非法雇佣兵和生态警察。这些人员接受了美国缉毒署、国家安全局和中情局的训练。

不仅如此，为了迫害我们，强行消灭古柯种植，美国使馆还向警方和军方提供后勤、经济和培训方面的支持。新自由主义政府无数次派军人前往热带地区，迫害我们的兄弟及其妻子儿女，暗杀、抢掠、虐待，人权记录劣迹斑斑，美国缉毒署均参与其中。

> 根据信息和档案中心数据，美国通过所谓的南方司令部，多次派遣军方人员直接参与铲除古柯计划，为玻利维亚军方提供训练和顾问。在美国政府指使下，当时的玻利维亚政府成立了雨林行动培训中心和第十军。在整个新自由主义时期，在国会未授权的情况下，数十乃至上百名美国军方武装人员直接参与了对热带地区居民的迫害。

在这样的情况下，我们不仅得跟美国这个外部敌人作斗争，还得跟在意识形态、施政纲领和国防政策上都听命于美国大使的新自由主义政府作斗争，我们的斗争已不再单纯为了捍卫古柯和土地，更是为了维护国家主权和尊严。

斗争期间，我们挫败了至少六次强制清除古柯种植园的企图。在热带地区，政府对男人、女人和小孩的迫害最为残忍，毫无人权可言。农民们没有任何权利，成为各种滥用权力行为的牺牲品。这些罪行得到新自由主义政府可耻的纵容与庇护。

历届政府均侵犯我们在热带地区的权利，从埃尔南·西莱斯·苏阿索开始，尽管那时迫害的手段还没有那么残忍，之后是革命民族主义运动党和人民民主行动党的维克多·帕斯·埃斯登所罗，也就是 1985 年之后的民主协定党。1989 年，左翼革命运动和人民民主行动党组成的"爱国协议阵线"推举海梅·帕斯·萨莫拉当选总统。之后是革命民族主义运动党、自由玻利维亚运动、图帕克·卡塔里革命运动解放党和公民团结阵线推举出的冈萨洛·桑切斯·德洛萨达（1993—1997 年）。

如果我没记错的话，之后就是人民民主行动党、祖国觉悟党、左翼革命运动、公民团结阵线和共和新力量党的"广泛阵线"。他们推举了乌戈·班塞尔·苏阿雷斯将军和之后的豪尔赫·吉罗加为总统（1997—2002 年）。在这期间我以最高票首次当选为国家众议员。

之后是 2002—2003 年间由革命民族主义运动党、左翼革命运动和共和新力量党组成了"玻利维亚协定"，而冈萨洛·桑切斯·德洛萨达被民众赶出了总统府。其继任者是卡洛斯·梅萨·吉斯贝尔特，之后是最高法院院长爱德华多·罗德里格斯·瓦尔特斯。在整个新自由主义阶段，政府对古柯种植均采取零容忍政策，只是会改变一下叫法，迫害成为了家常便饭，幕后总有帝国主义，总是美国大使馆。每当我回想起那个年代，总会为恰帕雷地区同志们的勇气和团结所感动，他们是打败新自由主义的先锋队。

所有这些政府不光侵犯人权、杀死热带地区的居民，还造成了全国范围内的解雇工人，比如那些所谓的"被重新安置"的矿工们。

> 据统计，有二三万个家庭被重新安置，他们中不少搬到了

科恰班巴热带地区。政府在低价贱卖国有企业的同时，在社会上造成了更多的贫困、大规模人口迁移、土地的争夺，当然还有在恰帕雷暴力清除古柯叶行动。

我们自从进入工会联合会领导层就一直在斗争，不光是为了我们的产业，更是为了整个国家。记得之前的领导人们给我们留下了一辆老爷车，我们开着这辆车遍访热带地区内外的很多地方，比如拉巴斯、苏克雷、奥鲁罗等地区，去组织玻利维亚统一工农联盟。这辆旧车是当年美国捐给“农村巡逻和机动单位”的，后者又把它送给了工会联合会。在我任期内，我们把车还了回去，并用工会经费花12500美元买了辆绿白相间色的丰田车，结果我们开到哪儿警察就追到哪儿。同志们很有觉悟，只要我们为他们服务，他们就会配合。我们都离开了各自的农田专心在联合会里工作，而农民兄弟则帮忙照料我们的土地。

大卫·埃雷拉回忆起那时说：“我那时是埃沃的司机，因为他还不会开车。我们开了辆绿色福特吉普车。本来我们有两辆车，阿尔贝托·巴尔加斯和他的同事有次去萨卡瓦时遭遇车祸车毁人亡，所以就只剩了一辆车。”

在买丰田车之前，我们乘公交车、巴士或者其他交通工具去参加工会会议、扩大会议和全国代表大会，会议举办方为我们提供一定的差旅费。如果我没记错的话，去图纳里镇是20玻利瓦尔，去科恰班巴是100玻利瓦尔，去其他地方是200玻利瓦尔，钱勉强够用。

大男子主义

每次参加会议时，同伴们的一种态度从一开始就引起了我的注意。在会议、大会或扩大会议上，我发现很多协会领导人，特别是资历老的那些人都有大男子主义和歧视思想。参加这些会议并不容易，年轻人和妇女在会中都受到歧视，年轻人甚至无权发言，妇女待遇更差，如果是年轻妇女那就更糟糕了。在恰帕雷地区妇女不能有自己的农场，她们被禁止拥有土地。当一些妇女代替丈夫参会时，与会的男人们根本不把她们当回事，她们的名字不会出现在参会人员名单上，有时甚至把她们赶出会场，告诉她们这是在浪费时间，最好还是回家做饭。当时大男子主义和歧视现象可以说是相当严重的。

这种态度很顽固，特别是在那些老资历的领导人中间，这些人与右翼势力有联系，利用工会来维护他们自己而不是所有同伴们的利益。正是这些领导人支持对埃尔南·西莱斯·苏阿索领导的人民民主联盟政府施压，虽然当时通胀率不低，但我们过得还不错，生产和销售都很顺利，价格也公道。

记得那时有个叫莱德斯马的工程师找到我，建议我接受一笔农业银行贷款。他向我提出建议，但我当时很害怕举债。这位工程师东奔西走向别人推销贷款，现在他住在萨卡瓦。雨季一开始，我没法工作，他也没法到处跑了，于是他就来找我，提出要和我下棋。于是他说服了我，我贷了一笔钱去种玉米，亲自播下种子。我担心没法还债，很是忧虑，其实钱也没有多少。第二年我用几磅古柯叶还清了这笔贷款，过后又后悔当初没多借些钱。种出的玉米我都拿去喂了鸡，那时大概有 60 多只，没把玉米拿去卖是因为大米和古柯叶卖得更好。

恰帕雷地区的经济并不坏，但人们还是游行反对人民民主联盟政府，这让人很难理解。那时工会领导是左翼革命运动成员卡洛斯·梅内塞斯，民族革命运动成员欧多罗·巴里恩托斯，民族民主行动党成员威尔森·迪亚斯·德奥罗贝萨、胡里奥·罗查和阿尔贝托·巴尔加斯。我无法理解玻利维亚工人中央工会怎么能跟企业家结盟，还有玻利维亚共产党、左翼革命民族运动和左翼革命运动这些支持埃尔南·西莱斯的政党会成为社会运动和农民运动反对的目标。

当时有一些工会领导人一边发表右派言论，一边身着印有格瓦拉形象的 T 恤衫，这也让人无法理解。人民民主联盟执政时期，热带古柯种植工会的情况使我深入思考国家形势。那段与右派领导人相处的时期对我很重要，我们利用开展体育活动的机会讨论国家政治经济形势，我学到了很多东西。

基层工作很重要。我当时每天至少要参加三到四个会议，这些都对我帮助很大。这是我们工会自己的工作，我们不允许任何非政府组织参与。

有一次我受邀前往海滨工会出席一所只有两个教室的小学的启用仪式，小学由当地社区建造，像往常一样，当地准备了一些吃的喝的。由于我另有工会事务在身需要去趟科恰班巴，因此我搭乘小巴去了图纳里镇，又从那儿乘大巴去科恰班巴。我在启用仪式酒会上喝了几杯玉米酒和啤酒，当时我作为恰帕雷地区工会领导人也算小有名气，军队和警察的人也都认识我，甚至美国缉毒署的人也一直盯着我。在卡斯蒂略大街附近的警察拦车杆处，我有了尿意。那时农村巡逻队和美国毒品管制局的人身着制服，全副武装，正看守着拦车杆。我早已提前在车门口处等着停车了，车门一打开，我就冲到车后去尿尿，两名身着制服的大块头向我走来，从背后把我抓住，我转过身来看，发现是两个美国人，由于我正在方便，尿把他们的靴子和裤子都浇湿了，一直湿到接近膝盖处。那两个美国人看了看我，对视了一下，就把我放了，当时有些警察对我喊“干得好埃沃，干得好埃沃”，很多人都在骂他们。我回到车上后，在旅途中一直在思考上面那一幕，这是件很严肃的事情，不是个玩笑，但我向同伴们讲了这件事后，这就成了他们之间的一则趣闻。

我记得我到科恰班巴后，出于谨慎起见去找了地方长官。当时是左翼革命运动成员海梅·德乌加尔德，我把事情经过告诉了他，他大笑起来。我提醒他注意我可能因此被捕，他答复说时任五个联合会主席的赫尔曼·波尔当达一来就要钱要油，因此他更愿意同我协商，叫我不要担心。

妇女的斗争和组织

在亲眼看见女同事遭受男人歧视之后，我向联合会提议设立妇女工会组织，因为她们在捍卫自己的种植园方面表现积极，特别是面对政府的镇压措施和强制铲除时，她们组织纪律性更强，更勇敢，甚至同警察发生过直接冲突。

这一提议被通过了，将妇女们特别是大多数年轻女性组织起来，我们进一步增强了联合会和古柯种植农运动的力量。我记得女同事们总是冲在抗争第一线。首先我们组织起妇女工会，很多工会都是自发成立的，其次是中央工会，最后是行业联合会。首先创立的联合会之一是热带联合会，然后是卡拉斯科热带联合会和中央联合会，均创立于 1995 年。随后又建立了奇莫雷妇女联合会（1996 年 2 月），马莫雷妇女联合会（1998 年 1 月），最后是恰帕雷洛斯永加斯联合会（1999 年 4 月），我记得很清楚，因为当时我已经是联合会领导了。

1988 年我刚到种植联合会时，妇女工会组织还不存在，仅在一次大会上有一位妇女代表出席。1990 年时已有 2 位妇女代表出席会议了，当时我们就认为应当把妇女组织起来。首先决定这么做的是热带联合会，随后是其他联合会。这一组织不断扩大，到 1996 年时已有了很多妇女联合会了，但这些联合会的基层组织还不多。

在看到妇女们突出的斗争事迹后，联合会的男性领导人们也逐渐认可了女同伴们的贡献和英雄气概，她们在多次斗争、游行、集会、封路行动中总是冲在第一线，甚至甘冒生命危险。

我是第一个赞赏妇女们的贡献和勇气的人。因此，作为协调会议主席，1997 年我在 4 个最先成立的妇女联合会第一次大会上支持将热带地区妇女们团结起来，组建热带地区农村妇女协调会。

> 协调会第一届领导层由热带联合会的列奥尼达·苏丽塔担任主席，卡拉斯科热带联合会的埃尔迈内吉尔达·玛玛尼任副主席，中央联合会的玛加丽塔·特兰任财务秘书，奇莫雷垦殖者联合会的胡安娜·基斯佩任书记员。组织起来的妇女们也参加了一个协调会，这一会议是巴多丽那·西萨玻利维亚全国农村妇女联合会下属机构，后者又从属于玻利维亚农村劳动者联合会和玻利维亚妇女劳工中心。

工会—国家

很多人都不知道，政府官员也没有察觉或不愿承认，工会在高原和热带地区还承担着国家的职能，不仅维护成员们的权益，也负责提供公共服务，这些服务本应由政府提供，但官员们却从未提供。于是，工会、土著人组织和社区建立了学校、卫生站、体育场，甚至还负责修路。

在热带地区，我目睹了工会依靠农民募集的资金做了这些事，主要是修建学校。在恰帕雷地区，农业工会就是国家，它在成员和当地居民帮助下建设公共工程。体育场也是工会修建的。我曾同雅雅瓜矿工工会商谈，请他们提供一些钢材用于制作球门，他们把东西拿来后我们用钢制球门代替了树干搭建的球门。工会一直都在修路，但在官方报告里这却成了政府的功劳。有时政府会派工程车来修路，但工程总是由工会的同伴们完成的，这方面他们已经是专家了，他们对路况了如指掌，甚至直接告诉那些有时来工地的国家公路服务局的工程师说路应该修在这里。工会同伴们完成了修路过程中的拆除、开路与清障工作。几个星期后，他们把地面整平，准备打地基。所有这些工作都是同伴们像蚂蚁一样合力完成的。费利佩·卡萨雷斯堪称筑路专家。

工会履行了国家职能，关注诸如教育、卫生、体育、修路、产品交易集市、保护人权甚至解决家庭矛盾等诸多问题。在热带地区，工会就是国家。在恰帕雷，政府的存在就是为了迫害民众，不仅如此，还负责确保美国人能够指挥我们的警察和军队。

有时候，政府也会用美国替代发展项目提供的资金铺设一些小路，但工会才是承担起热带地区居民福祉的组织。工会成为了热带地区的权威机构，不仅是在将会员及家属的捐赠用于修建工程，还包括解决当地居民生活困难。有时工会也参与调解社区、婚姻和家庭矛盾。在高原地区也是如此，土著社区等传统治理机构负责满足社区及其居民的基本需求。

记得我小时候，父母为获得旅行证件常常要被迫服劳役。社区成员要在筑路工地上义务劳动 3 天才能拿到进城的旅行证件，没有这张纸片就没法进城，如果你在没有证件的情况下进城又被发现的话，他们就会逮捕你并罚款。当时社区受到了来自国家的迫害。我曾亲身经历了这一切。

因此所有农民都加入了某个工会、联合会或中央工会。我们家参加了玻利维亚工人农民统一联合会或跨文化联合会，这个联合会之前是殖民者们创立的。高原上的农民则都是土著社区成员，它是土著居民的最高权力机构。在工会和土著社区中，谁拥有土地、土地的位置和面积等情况都被记录在案。

恰帕雷矿工

谈一谈恰帕雷地区矿工的情况也很重要。很多年前就有不少矿工搬到了热带的几个地区，也有一些人是在维克多·帕斯·埃斯登索罗政府时期被安置在那边的。矿工是最早一批到达帕拉克提、帕拉克迪多、图纳里镇的劳动者，第一批人可能在20世纪40年代至50年代就已经过去了，第二批人是在70年代同其他工人一起过去的，很多都是来自雅帕卡尼的矿工，我的堂兄马西亚尔·莫拉莱斯·艾玛也是那时过去的。

但定居在伊西波罗、恩西亚中央地区、拉拉瓜、卡米等地区的矿工人数最多，帕斯·埃斯登索罗政府在这些人被解雇后谎称将负责安置他们。矿工们讨论政治和思想问题时贡献了不少点子，但问题是他们还没有适应农民工会的组织结构。有土地的矿工要自掏腰包向农民工会交入会费，矿工中心则会从他们的工资中自动扣费。如果说这样的加入方式让他们的利益受到损害，他们在政治上却做出了巨大贡献。我现在还对1984年、1985年、1986年带着炸药来寻找土地的矿工们有着美好的回忆。

矿工们在向河里扔炸药方面是一把好手，主要扔在了恰帕雷和24河里，但他们游泳不行。虽然当时禁止捕鱼，炸药把鱼特别是鲢鱼和白鱼炸死后，这些鱼顺流而下，农民在河道拐弯处把鱼捞起来，再卖给矿工们。

连任

在第一任期内，我的主要工作是把联合会的同伴们组织起来，维护他们的利益，如捍卫他们的土地、古柯等。随后我们组织召开了热带种植者联合会大会。在选举中我的主要对手是内斯托尔·里维拉，但我获得多数选票，成功连任，同伴们说对我的全面支持是给对手的当头一棒。记得里维拉得到了老一辈领导人的支持，其中有保守派胡里奥·罗查。在大会开始前的竞选活动中，他们从替代发展项目和美国国际开发署借到了车辆，遍访所有工会四处拉票。

大会举行前约3个月，我从联合会事务中暂时抽身，打理农庄事务。同伴们、基层组织都告诉我里维拉及其随从近期来看望过他们，之前他们从来没出现过。“他们肯定是想把你从联合会中赶出去，埃沃老兄，大会不久就要举行了。”同伴们说。

但我们在两年中所做的工作是如此重要、深入、透明和坦诚，我们把所有时间都投入了组织、教育和发展基层工作。作为领导者，我懂得如何巩固自己的地位，在近两年时间里做了不少工作。同伴们推选我连任。事实上，自那次会议开始，我每次都能连任。现在我是总统了，他们还是继续支持我连任。

> 大会在科恰班巴举行，约 1300 名代表出席。在辩论和各委员会作报告后，代表们对候选人一一投票。埃沃以多数票获胜，内斯托尔·里维拉仅获得约 60 张选票。

承认错误很重要，但有信念，思想、政治、计划清楚也很重要。价值和原则不是自己产生的，它们来自我们的祖先如图帕克·卡塔里、巴托利那·西萨、萨拉特·维尔卡、卡塔里兄弟，他们给我们划定了路线，人们应当重拾记忆，重温历史。

> 大卫·埃雷拉坚称埃沃希望连任，基层也支持他再干一个任期，但是联合会章程不允许，因此，他和其他联合会领导人在组织委员会上提出修改章程中的相应条款。这一提议在委员会和大会上获得通过，埃沃一次、两次、三次、四次、五次一直连任到现在。

当领导人捍卫基层利益时，基层也会捍卫、保护他们的领导人。这就是结果，人们看到了我是怎样将所有时间给了他们，而将个人事务置身脑后。当时有两条路，我扔下自己的事情加入联合会领导层，或者拒绝担任领导，继续改善我个人的经济状况，因为托恰帕雷的福我认识了电锯和马达，我已经有了好几台电锯、一辆摩托车，经济状况正在改善，劳动时已不再用斧子和砍刀了，我有了播种机、杀虫器，装备日益齐全。我决定接受领导职务，放弃自己的土地，我一如既往地全心投入。这很重要，当我决定做一件事的时候，我就会全力以赴。上学时，我是学霸，组建球队后我们拿到冠军，我去恰帕雷谋生，照样从早到晚不停劳动。我受过审，被关过禁闭，遭过逮捕，蹲过监狱，受过拷打。

在第二任上，我也是全力以赴，像以前一样一管到底，我还开始进行国际活动，四处旅行捍卫古柯种植，揭露政府和美国根除古柯种植、消灭我们的文化、我们的根的企图。

住房

埃沃出生在伊萨亚维居民区的这座房子里，位于奥利诺卡地区。

伊萨亚维

伊萨亚维家内部。埃沃和全家人睡在铺着羊驼皮和羊皮的地上。房顶是稻草，地面是土地。面积大约 21 平方米。

奥利诺卡

居民区位于奥鲁罗城以东185千米。埃沃每周末都要经过这条路往返于学校和家之间。教堂建于1732年。

他在奥利诺卡的家

埃沃自 8 岁起居住在这个家中,那时他要从小学三年级开始上学。一开始独居,后来他的兄弟们来陪他。现在依旧保存着一些厨具和晚上供他照明和学习用的灯具。

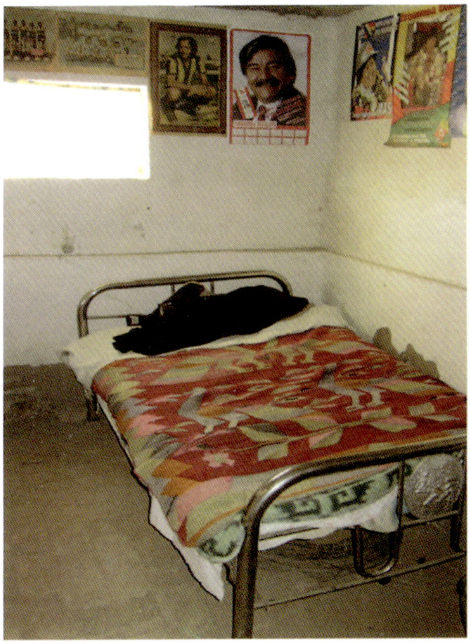

海报

奥利诺卡的家中有两张床，埃沃睡在上图中的那张。他的爱好是收集体育海报，每周一的拉巴斯《今日报》会刊登这些海报。

家庭成员

莫拉莱斯·艾玛家庭成员：迪奥尼西奥、玛利亚、埃斯特尔、埃沃和乌戈。

家族

莫拉莱斯家仅存的照片中的一张。少年时的埃沃、迪奥尼西奥、玛利亚、埃斯特尔和坐着的乌戈。下面是埃斯特尔的婚礼，两边是他们的父母。最后一张是埃沃和叔叔、堂兄弟和外甥们在一起。

家庭

上图是埃沃和父母及叔叔们，中间是与堂兄弟们在波波湖，下面是和弟弟乌戈在恰帕雷的茅屋。

织物

埃沃的母亲玛利亚·艾玛擅长纺织。她自己为孩子们做衣服、斗篷和毛毯。

学校

位于卡拉维尔卡，距离埃沃所居住的伊萨亚维的家 3 千米。从 6 岁起，他就要独自往返于家与这所学校。教室被修缮过，不过保留了当年的敲钟和老师住的宿舍。学校建于 1955 年。

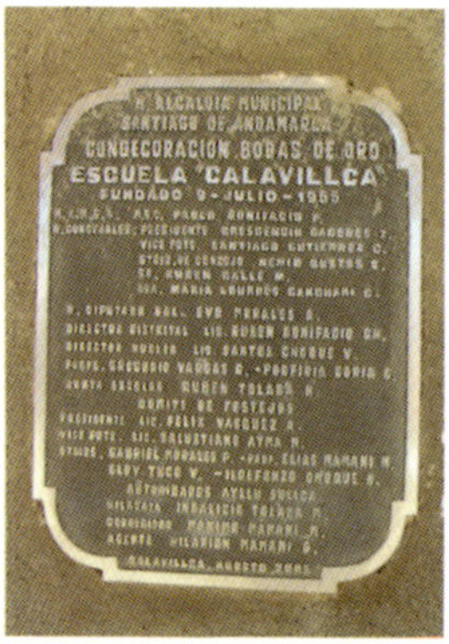

校区中心

奥利诺卡学校中心的部分保存如初。可以看到两座钟，在地上的是当时埃沃学生时代的，挂起来像长管一样的是现在的。

教室

不同学年的教室一个挨着一个，用土坯建造。埃沃在每一间教室都曾呆过。

学校中心

埃沃在这所学校就读，从 8 岁一直到初中，之后他去了奥鲁罗。一些年级依旧保留着。

队列

大学期间只保存了两张照片，一张是身份证照，另一张是1977年2月奥鲁罗庆典检阅队列。

奥鲁罗

埃沃在马尔科斯·贝尔德兰·阿维拉学院读大学三年级和四年级上半学期。

马尔科斯·贝尔德兰·阿维拉

在奥鲁罗，埃沃在这所学校上三年级和四年级上半学期，期间还做过面包师和泥瓦匠。之后做过小号手。

小号手

埃沃从少年时代就开始学习吹小号，是皇家乐队的成员，曾录过两张专辑。他去恰帕雷之前一直在吹小号。

军营照片

埃沃于1978—1979年间曾在拉巴斯参谋部的因加维军团服兵役。这是那一时期仅存的照片。

茅屋

它位于第十四镇21千米处。埃沃去恰帕雷之前一直住在这个茅屋。他睡在上层的地上。在热带地区，大部分房屋都是敞开式的。在这片土地他不仅种植古柯，还有大米、木薯和水果等。

劳作

埃沃不得不习惯在科恰班巴热带地区的劳作。这与之前大不一样。他种植大米、木薯、酸味水果和古柯。上图是他去干活，下图是他家。

爱好

他热爱足球，喜欢运动，这为他打开了通向工会领导者的大门。当他去恰帕雷时人称外号“足球青年”，因为他总是球不离身。

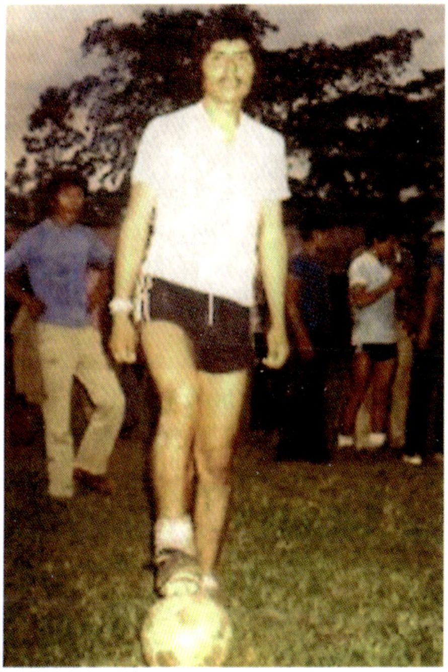

服丧

在父亲迪奥尼西奥·莫拉莱斯去世后，埃沃辞去工会领导职务守孝一年多，一整年都住在茅屋里。这是他人生中最悲伤和困难的一年。之后母亲玛利亚也去世了。父母二人均埋葬在奥鲁罗。

联合会

第一次作为热带联合会执行委员候选人，埃沃是以反帝群众广泛阵线(FAMA)的身份出现的。没能当选，但一年之后他成为该工会组织的领导。

演讲

埃沃很怕在各类公众场合讲话。后来他不再惧怕。这些是他最初几次演讲的照片。从右下角的照片里可以看到他的父亲迪奥尼西奥把手放在脸上。

工会纠察

埃沃领导工会期间一直受到威胁，也有人企图杀害他，是他的同伴在保护他，有几次是通过工会纠察。

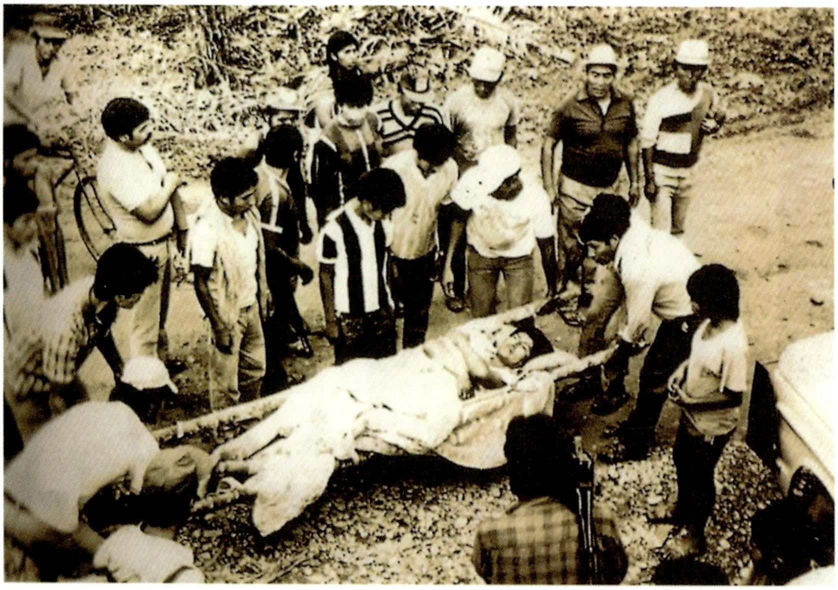

受伤

埃沃曾经多次被拷打受伤。最严重的一次发生于 1989 年 6 月 28 日,在第十四镇,即图纳里镇大屠杀一年后。他曾受到美国兵及其雇佣军的毒打。

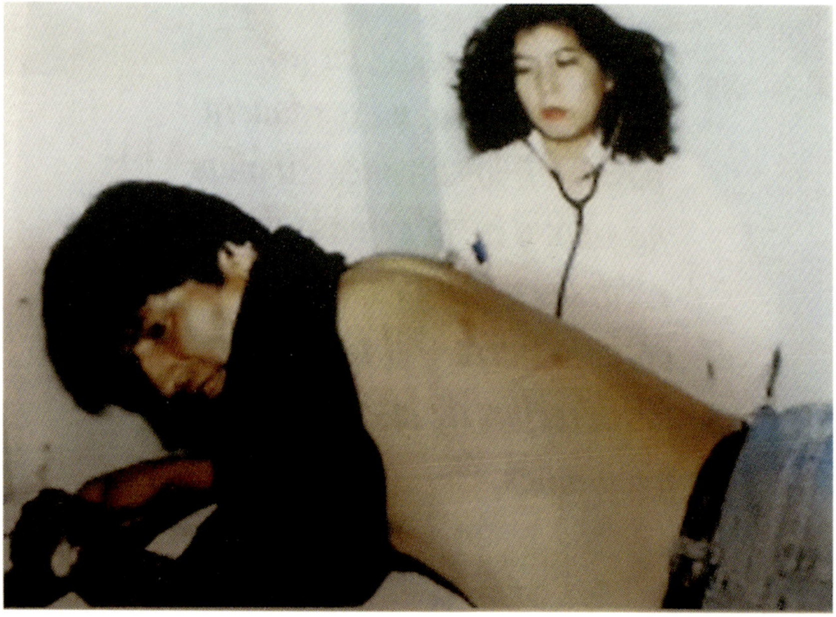

对峙

作为古柯农领导和国会议员，埃沃多次出面干预，以避免与无理强硬的警察发生冲突。

袭击

埃沃多次遭袭击、毒打和拷打。照片中可以看到几个武装警察在图纳里镇袭击他。

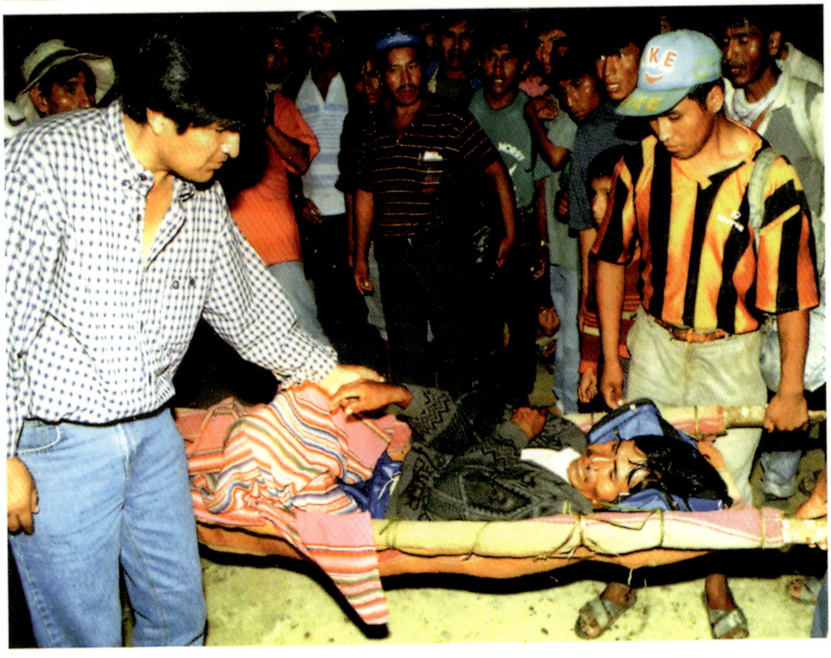

受害者

在工会斗争过程中，埃沃不得不安葬并照料新自由主义政府及其根除古柯叶计划的受害者。

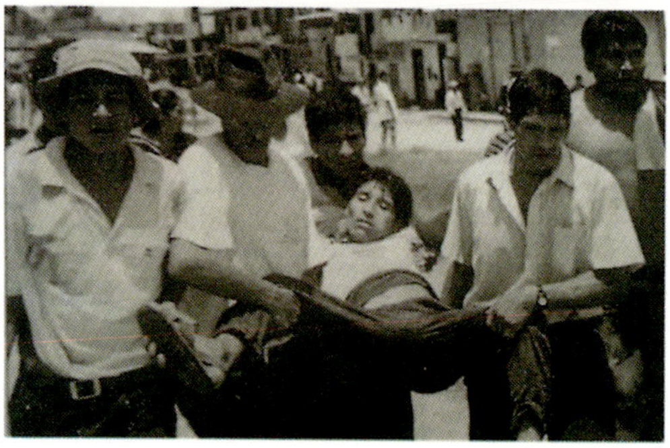

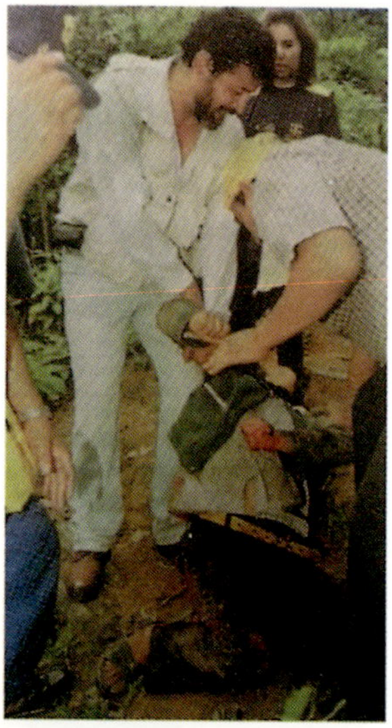

受害者

新自由主义政府执政期间，恰帕雷有数百人伤亡，却没有一例受到调查。

上图分别是卡西米罗·哈安卡在奇莫雷被谋杀，西纳奥达的一位受伤者，记者们在帮助拉蒙·佩雷斯，3个古柯种植农在第六大路被安葬。

镇压

妇女是恰帕雷古柯保卫斗争的先锋。她们受到无数次的镇压。

囚禁

埃沃多次被捕入狱。两次因斗争而受到惩罚，被关押在偏远的地方。

获得自由

埃沃多次被捕。新自由主义政府指控他为恐怖分子和毒贩。下图是他遭关押七天多后，被科恰班巴司法技术警察署（PTJ）释放。

自由

人民的斗争，主要是恰帕雷伙伴们的斗争，多次让埃沃获得自由。检察机关从未证实过对他叛乱、恐怖主义及其他罪名的指控。

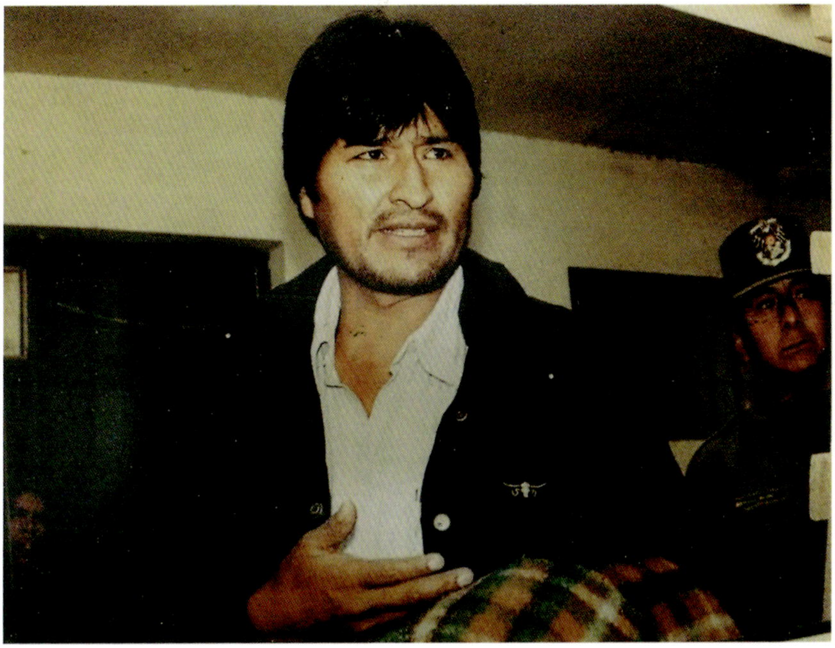

获释

埃沃离开冈萨罗·桑切斯·德罗萨达政府时期的一个关押处。

游行

埃沃参加过多次重大游行，从恰帕雷到拉巴斯，同伙伴们行走了数千公里。

动员

为保卫国家及其行业利益，埃沃参加过数十场游行、封锁和集会。左图是在科恰班巴参加为水源而战时的情景。

绝食

自担任其所属工会领导人以来，埃沃多次绝食，曾与玻利维亚工人总工会传奇领导人胡安·莱琴一起参加绝食斗争。当他被驱逐出议会时，也曾绝食抗议。

争取社会主义运动(MAS)

自从该政党转到农民和社会运动手中，埃沃是恰帕雷古柯种植农和 MAS 毋庸置疑的领袖。

众议员

埃沃以高于 70%的选票当选众议员，这是全国最高选票。当他作为国会议员参加宣誓时，因为警察阻拦而不能进入穆里略广场。在一番争论后，最终得以进入并宣誓。该事发生在 1997 年。

竞选

埃沃是所有政治竞选阵营的原动力，甚至包括市政选举。他无处不在，利用各种交通工具从一个地方到另一个地方。

竞选

从20世纪90年代起的工会斗争和保卫古柯叶斗争，埃沃就加入到政治运动中。图中与席尔瓦·拉萨尔特和莱昂妮妲·苏丽达在一起，她们是古柯运动的妇女重要领导人。下图是2002年在科恰班巴参加选举。

胜利

2005 年 12 月 18 日，埃沃以 54%的历史高票赢得全国选举，这是自恢复民主以来的最高得票率。上图是埃沃在第十四镇选举点投票。下图是埃沃进入科恰班巴热带联合会欢庆胜利。

与拉美多国领袖在一起

菲德尔·卡斯特罗、乌戈·查韦斯、伊戈纳西奥·卢拉·德席尔瓦和里戈贝尔塔·门丘。

12. 安第斯协会

为在国际上保护古柯种植，记得在一次旅行中，我提议有必要将所有因强制铲除作物而受到威胁的各国古柯农们组织起来，包括秘鲁、哥伦比亚和玻利维亚，美国以相同的目的，指责上述国家的古柯种植是犯罪行为。我们组织的首次会议在 1991 年 3 月至 4 月间于拉巴斯举行。以此为契机，我们建立了安第斯古柯叶生产者协会。

> 来自玻利维亚和秘鲁的约 500 名代表出席了会议。根据 1991 年 4 月 1 日《最新消息报》和玻利维亚通讯社的报道，会议做出的最重要决定包括“通过安第斯古柯叶生产者联合起来正面斗争”，反对军事化打击古柯种植，反对使用除草剂，成立自卫小队，如强制铲除继续则发动人民运动，反对 1990 年 2 月由玻利维亚、哥伦比亚、秘鲁和美国总统签署的所谓《卡塔赫那协议》。《最新消息报》也在报道中提到“安第斯古柯农会议圆满结束：要求各国议会不要通过军事化反毒议案。同美国的反毒政策作斗争，他们将组成自卫小队，古柯农儿女们将拒服义务兵役”。

实际上，我们组织安第斯协会主要是依靠秘鲁和玻利维亚的古柯农，哥伦比亚随后加入。我们出席了几次国际会议，包括在库斯科、基拉班巴和普诺，因为我们也希望将桑迪亚省的古柯生产者吸收入会，该省边境与阿波罗和伊克西亚马斯两市所在地接壤。我们也在拉巴斯本地举行过会议，主要在科帕卡瓦纳举行。

安第斯协会决定开展国际行动推广古柯叶的传统使用方法，肯定古柯叶的医用和营养价值，为古柯是可卡因的代名词的说法辟谣，捍卫我们的自决权和文化。我记得后来被称为“人权捍卫组织国际网络”的机构也加入了我们的行动。

> 上述机构包括安第斯律师委员会、华盛顿拉丁美洲问题办事处（WOLA）、安第斯行动、欧洲公平有效毒品政策联盟（ENCOD）以及其他反对全球化、反对军队和警察对古柯农的暴行及捍卫古柯叶种植权的重要社会组织。

安第斯协会第一次会议召开后，时任总统海梅·帕斯·萨莫拉表示将调查秘鲁“光辉道路”游击队员出席安第斯古柯种植户大会的情况。这些媒体都报道了。他们不仅想恐吓我们，还想为强制铲除古柯辩解。那个时候整个热带地区的古柯都被强制铲除，甚至利用军事手段。

两年后，安第斯古柯种植农协会在秘鲁库斯科举行第二次会议。我当选为理事会主席，秘鲁人纳罗·卡华纳当选副主席，哥伦比亚人卢西奥·乌尔塔多任经济事务秘书。我现在仍记得这些同事们。会上通过了《马丘比丘宣言》，反对铲除古柯，为争取古柯种植合法化开展国际斗争。

我们还举行了多次会议。我记得第三次会议于 1994 年在秘鲁库斯科大区首府齐亚班巴举行，会上我连任安第斯协会主席。记得我告诉国际媒体，除草剂的使用不仅破坏古柯，还影响所有农产品质量，尤其在哥伦比亚。除草剂污染环境，损害人类健康，甚至造成孕妇流产。在我们的斗争中，安第斯协会的作用至关重要，使我们能够在国际上声讨玻利维亚等三国政府犯下的罪行。

> 《圣克鲁斯责任报》报道称，约 17 个非政府组织对欧洲开展舆论宣传活动，介绍古柯的益处。“由欧盟资助，丹麦、荷兰、德国、法国、奥地利、比利时、英国、瑞士及卢森堡等国非政府组织开展了‘古柯 95’活动……主要目的是对古柯进行重新评估。古柯种植源于很多世纪以前，被哥伦比亚、玻利维亚和秘鲁的安第斯地区居民，以及阿根廷北部、厄瓜多尔和委内瑞拉重要的农民团体认为代表了文化认同感”。

旅行

后来，我开始访问欧洲，参加各种论坛、研讨会、讲座，并开展捍卫古柯叶的活动。1989 年，我任联合会领导约一年后首次出国访问，和我一起访问的是来自拉巴斯的塞贡蒂诺·蒙特维亚和埃凡赫里诺·帕斯。我们在一个月内去了卢森堡、比利时、法国和瑞士。我们乘坐玻利维亚劳埃德航空公司的航班从拉巴斯去利马。他在飞机上要了啤酒，差点晕机。我以为啤酒需要另付费，我没有钱，感到有些担心。在利马我们乘坐俄罗斯航空去卢森堡，在哈瓦那转机。到卢森堡后，我们又坐火车去了比利时。

我们抵达布鲁塞尔时，会议组织者在等着我们。他们开车送我们去了酒店。那是我第一次住外国的酒店。我找到房间后冲了个澡。刚开始我不知道怎么使用淋浴的水龙头，慢慢研究后我才知道怎么用。接待人员告诉我们，半个小时以后在酒店一层大堂碰面。房间里有一张大床，我从来没见过这么大的床，还有冰箱和一个巨大的电视。酒店的奢华和舒适给我留下了深刻印象。沐浴更衣后，我坐上了电梯，按了最下面的按钮，结果电梯没有到一层，我吓了一跳，我找不到我的同伴。他们已经开始担心我了。原来那个酒店地下还有楼层，有地下一层、地下二层，地下应该有 5 层。我按了最下面那个按钮，所以电梯直接到了地下五层。我什么都不懂，不会英语也不会法语，我很害怕走失。我当时怎么做的？我坐电梯重新回到我房间的楼层，在那碰到了正在找我的伙伴们，我们一起下楼，那个时候我才意识到我刚才的错误。

我们参加了好几场活动，都是国际组织举办的，其中一场活动的主办方是联合国。记得我看到工会领导米盖尔·乌里奥斯特正代表农民为玻利维亚非政府组织商谈援助。我那时候还不理解。记得我们参加专家座谈时，主办方给我们上了咖啡，我当时就想，怎么能在中午 11 点、12 点或者 1 点喝咖啡？我对此很不习惯，但我接受了。我以为他们会给我们上大杯咖啡，结果上的却是很小一杯，甚至不到半口。我就想，这怎么喝？对我来说，所有这些事都很新奇，那是我第一次到这么远的地方旅行。

从布鲁塞尔我们去了法国巴黎，继续参加支持古柯叶的活动。我们没住酒店，而是住在邀请我们访问的机构办公室临时搭建的宿舍里。我们的导游和翻译是位年轻的法国女士，带我们到处走，并建议我们不要离开团队。

我们对待女人的大男子主义是个复杂的问题。我想，怎么让一个女人给我开车？我怎么能走在一个女人后边？难道我不会走吗？第三天我和塞贡蒂诺说好，活动结束后我们以要开会为由，留在了活动举办地，这位法国女士有点生气，但是我们告诉她不会有问题的。她和团队里其他人离开后，我们留了下来。我们得自己回去。进了地铁，我说要往一个方向走，塞贡蒂诺却说往另外一个方向走。为了不和他争执我跟他一站一站地解释，可他听不见去。最后还是我说对了。我们换了个方向，到达了目的地。从那天起，塞贡蒂诺就对我心悦诚服了。第二天，团队集合的时间是 8 点，但我们 7 点就出发了，在目的地等那些跟在法国女人后面的男人们。

这次旅行我有很多趣闻，对我而言所有都是新奇的。我记得在巴黎的第一个周日，我们出去游览城市，我知道回宿舍的路。我们走了几个小时，饿了就走进一家餐厅，塞贡蒂诺点了一杯啤酒，他已经学会怎么用法语说啤酒了。啤酒的容量我们只能用手势比画。啤酒没有瓶装的，只有杯装的。我们不知道怎么点菜。我们想点鸡肉，只能用手势比画，但餐厅还是给我们上错了。我们一直在用手势交流，直到一个坐在我们对面的拉美人告诉我们，我们应该点 pulé，餐厅才给我们上了鸡肉。我们可是为此折腾了一番。

在巴黎旅行期间正好赶上我的生日，直到现在我都不知道他们怎么知道的，我觉得有可能是从我护照上得知的。接待我们的法国同伴们买了蛋糕，想给我一个惊喜。那是我第一次知道过生日要吃蛋糕。蛋糕上还有几根蜡烛，我吹一下，蜡烛灭了，不过一会儿又燃烧起来，我再吹还是一样，吹了很多次，又热又紧张，我都出汗了。法国姑娘们不停地笑，我想吹灭蜡烛却吹不灭。我很吃惊。我惊讶地发现自己成了法国姑娘们眼中的小丑。

我的第二次旅行是应阿兰·加西亚总统邀请去秘鲁首都利马参加毒品和替代发展研讨会。塞贡蒂诺和我同行，民政部副部长冈萨洛·多里戈率政府代表团出席。

我清楚地记得那次经历，因为对我影响很大。在新闻发布会上，多里戈声称会上有毒贩，还说埃沃·莫拉莱斯在科恰班巴市拥有好几栋别墅。当时大约有200位来自世界各地的记者在场。媒体询问我，我清楚地解释了。我回答，如果我是毒贩，而且有那么多别墅，为什么没被捕，为什么不把我送进监狱，我请大家去恰帕雷和科恰班巴找找我的别墅在哪儿。这两个回答就把骗子们击倒了。多里戈当时和他的情报机构头子卡洛斯·巴尔韦德·布拉沃在一起。那个时候我连间小房子都没有，只有一片地。那片地对我来说已经是个问题了，别人总用异样的眼光看我，甚至指责我。

那次是我第一次听到阿兰·加西亚讲话。他讲了一番反帝的讲话，当时他很瘦。我成为总统后在一次峰会上碰到他，我跟他开玩笑说，我认识你时你还很瘦，还反对帝国主义，现在你胖了，而且亲帝国主义了。他笑了一下，我不知道他喜不喜欢我说的那些话。

那次在秘鲁的行程还安排记者去瓦亚加高地参观铲除古柯种植地。我们乘坐一架“水牛”型飞机前往当地。我去哪都带着我的照相机和摄影机，我给他们看了我的设备后，他们也让我上了飞机，肯定把我当成记者了。我是古柯种植农，我知道怎么回事。他们说根除古柯是打击贩毒，这是欺骗，是谎言。我只是看着，什么都没说。他们就这样欺骗记者。

之后我作为领导人访问了很多国家，有的出访我拒绝了，有的委派其他同志出访，尤其是当国内或热带地区有冲突或罢工的时候，我宁愿留在国内。我知道，当国内动荡的时候，领导人应该与基层民众和组织呆在一起，而不是出访。当动荡平息，我再出访。

我还记得去日本访问的时候，我没法吃饭，因为食物都是生的，所以我只吃香蕉和橙子。倒时差是我出访时经常碰到的问题，比如我去中国访问的时候，中国和玻利维亚的时差有12个小时。就任总统前我从未去过美国，只在那过境。过境的时候我被带到一个像个笼子一样的地方，所有没有签证的人都待在那，不能出去。

我印象最深的出访之一是去墨西哥参加诺贝尔和平奖得主里戈韦塔·门楚组织的安第斯峰会。峰会的主题是“印第安人民抵抗殖民者500周年”。那是我学习的场合之一，我认识了很多领导人。在危地马拉格查雷伊娜尔戈市，我曾是里戈韦塔的安保人员。我在那呆了3天到4天，回程时我们被军队抓了起来，他们把我们从车里抓出来，命令我们双手抱头，他们要搜身。我不害怕，我很平静，我想反抗，但是我没有这么去做，在玻利维亚我一定反抗了，但在国外我顺从地双手抱头。后来什么都没有发生。

一件价值两个玻币的衬衣

我第二次担任古柯农工会联合会主席时，我遇到了另一类问题。一般常见的问题主要是捍卫古柯种植和保护同志们免遭虐待、镇压，避免牺牲。帝国主义从未停止镇压热带地区，就像它对全世界所做的一样。问题之一是古柯叶在国内市场价格下跌，同事们不断地抱怨，因为收入减少，而其他农作物难以带来经济收入。

> 时任工会领导人、现图纳里镇镇长费力西亚诺·玛玛尼称，当时的状态充满戏剧性，“因为古柯运输要花50个玻币，农民连吃的都没有。我们没有蔬菜，没有洋葱，几乎什么都没有。我们连买烟的钱都没有。在那种情况下，很多人都不得不回老家”。

除此之外，联合会成员交会费的钱都没有，这就造成了组织混乱。由于收入明显下降，我们的自筹资金出现了问题，联合会领导人仅靠会费开展工作。联合会的资金来源从来不依靠非政府组织、基金会或政治党派（不论左派还是右派），只来源于会费，每个会员一个玻币。

因为经济问题，我们遇到了困难。联合会领导需要去各地开展工作，参加工会扩大会议、代表大会或其他会议。我经历了资金紧缺带来的困境，我自己也没有资源，因为我实际上已经放弃务农了，也没有任何产出，所有的积蓄我都用在了工会活动上。

有一天我在联合会工作，没有钱吃午饭、晚饭，也没有钱买车票。下午6点我开始步行向塞罗贝尔德我堂弟哈维尔·莫拉莱斯和叔叔马歇尔·莫拉莱斯的家出发。我算好时间正好在晚饭时间抵达，在他们家吃饭。我走了很长一段路，在他们家过了夜，第二天我向他们借了10个玻币。我不记得后来有没有还钱了。然后我重新出发走到欧根多大街，在那我花了10个玻币去了恰帕雷。

还有一次，我当时是联合会的执行主席。有天下午我碰到费利佩·卡萨雷斯和阿尔斯拉·佩雷斯两位同志，他们是联合会执委会成员。他们打电话通知我玻利维亚农民工人统一联合会召开紧急会议，各联合会领导人必须参加。

我们没钱。我不知道费利佩和阿尔斯拉怎么弄到票的，可能是借钱买的票。我没有衣服出席会议，只有一件衬衫，还是脏的。我问他们，“衣服怎么办”，他们说，“我们去中国城买”。我们去了以后，看到一件合适的衬衫，八成新、蓝色条纹，很漂亮，只要2个玻币。他们给我买了下来。我就这样去圣克鲁斯参会。

我们总是尽量通过个人或团队努力来完成工会工作，而不是向政治党派或非政府组织申请资助，这让我们的组织有尊严。我没什么可抱怨的，因为所有领导都很支持我。我去各地出席会议的时候，他们都资助我，有人甚至赞助200个玻币，尽管我没有时间走遍工会。因为仅我所在的联合会就有约700个工会和30个总工会，不可能走遍所有的工会。

古柯

那个时候各个联合会各自为战，缺乏协调，甚至没有协调委员会。尽管如此，在我第一个任期后，我们已经有组织纪律了，群众积极参与决策，5个联盟（之后扩展到6个）共同协调行动。

古柯一直是斗争和团结的核心，也是主要问题。刚开始，保护古柯只是从经济角度考虑，第二步是保护文化。而后，我认为核心是从意识形态的角度出发，保护古柯就是保护主权和尊严。因此，在斗争中我们主要的方针是从意识形态出发，保护全体玻利维亚人民的尊严和主权。然后才是土地和领土。

新自由主义政府听命于美国，试图采取一系列旨在彻底清除古柯的政策。我认为这些政策不仅旨在根除古柯，还想剥夺农民土地，消灭农民。从“五年计划”到“零古柯”“控制物资法案”、1008号法律、“零选择”“尊严计划”，他们想尽一切办法消灭农民，但是我们最终终结了这些新自由主义者。

13. 每天都在战斗

我抗击铲除古柯种植政策的战斗从“五年计划”期间开始。那个时候我刚走上工会领导岗位，先是在工会，然后是“八月二日中央工会”。“五年计划”从路易斯·加西亚·梅萨政府开始实施，目的是在五年内根除古柯种植。

记得我第一次听说这个计划是在科恰班巴的酒店里，我和其他工会领导应邀参加“五年计划”会议。之后，人民民主统一党上台。那个时候我开始逐渐理解热带地区的问题和工会工作。所有的计划，五年也好、三年也罢，零古柯和1008号法令等都强迫我们面对这个意识形态问题：保护古柯叶。因此，我们不仅从经济角度保护古柯，而且从意识形态、政治和文化角度保护古柯。

“五年计划”在埃尔南·西莱斯·苏阿索政府时继续实施，美国政府一直通过美国缉毒署干预这一计划。美国缉毒署在玻利维亚尤其在科恰班巴热带地区有很强的势力，他们有办公室和基地。

军队和警察企图垄断古柯贸易，他们开始严格控制古柯运输路线，对运输货物的农民兄弟滥用职权。他们拥有超过 7000 万美元的美国资助。我记得，他们想通过两个步骤根除古柯，第一步，对自愿放弃古柯种植的农民予以补偿；第二步，强制根除古柯，威胁农民用除草剂彻底破坏古柯种植园。

随后，塞尔索·托雷利奥·维亚政府在热带地区实施军事化管理，开启“细菌”战，喷洒药物杀灭植物。所有新自由主义政府都长期使用除草剂，企图毁坏所有古柯种植。他们毫不在意除草剂会破坏土质，导致土地不能再种植其他作物。

我还记得，“五年计划”限制古柯的合法用途，创建控制机制，监督古柯的生产、运输、储存和贸易。他们企图根除古柯种植，仅允许在拉巴斯生产古柯。他们的政策是想方设法毁坏古柯种植园，把农民赶出恰帕雷的土地。

在我就任领导人同时也是农民的最初几年，古柯一直是我的伙伴。跟所有农民和其他行业的同志们一样，我知道古柯是千年农作物，也是药品。古柯不仅作为文化的一部分在宗教仪式上使用，也是重要的食物，象征着团结，代表着安第斯文化和认同。

古柯叶被美国妖魔化、罪行化、被歧视、被判处灭绝。他们企图通过消灭古柯来消灭印第安运动、印第安文化和认同，目的是要改变我们的生活方式，破坏我们人民的联合自强。他们发明了可卡因，转移了古柯的用途，他们知道古柯叶的自然使用途径是不会伤害身体的。欧洲和美国大学的研究从科学上证明古柯不会伤害身体。17 世纪和 18 世纪的欧洲教堂饮用古柯酒，举行弥撒时用玛丽安酒。

> 1992 年 3 月，《时代报》发表文章称，美国哈佛大学“证实每日咀嚼 100 克古柯叶能满足男人和女人的食物需求”。这篇海梅·德马雷的署名文章补充道，哈佛大学 1975 年 10 月发表的题为《古柯的营养价值》的文章表明，“古柯很大程度上有助于饮食。如果每天平均摄入 60 克古柯，可基本满足服用者对钙的需求”。有关文章不只这一篇，多年来在不同时候还有很多相关文章。

美国不仅试图根除玻利维亚的古柯，而且企图根除全世界的古柯，并使古柯的生产罪行化。因此，在美国的压力下，1961 年在纽约通过了《联合国麻醉药品公约》。美国试图利用这个公约把古柯归类为麻醉品，从而限制其使用。通过这个国际战略，美国计划在 25 年内根除所有古柯作物。

50 多年后，2013 年 1 月，我们成功争取到联合国承认咀嚼古柯叶的合法性。在 169 个国家参与的投票中，玻利维亚重新加入《联合国麻醉药品公约》并获得广泛支持。仅以美国为首的 15 个国家投了反对票。

他们一直试图混淆舆论，把古柯叶种植户说成贩毒分子，把古柯叶服用者说成瘾君子，把古柯说成可卡因。美国以打击贩毒为借口，试图对整个地区进行地缘政治的控制。所以在打击贩毒的背后，美国建立了军事基地，国际货币基金组织采取了相关经济政策。在打击贩毒的背后隐藏着美国的真实企图：控制拉美自然资源。因此，他们利用军事基地、军事政变和军事独裁，避免在拉美出现左倾的社会运动、反对帝国主义、反对资本主义、反对新自由主义和反对殖民主义的运动。

多年来，在与帝国主义、寡头垄断和资本主义持续作斗争过程中我意识到，部分工会前任领导人与右派和独裁政府为伍，接受了铲除古柯的计划，面对这种局面，只有组织良好的农民工会运动才能保卫古柯种植。

农民工会运动同样致力于打击贩毒。我来讲述两次经历。我在下圣弗朗西斯科 21 公里工会工作时，有天下午，工会领导敲响了像战争号角一样的普图普图钟，召集大家开紧急会议。我们都去开会，召开这次紧急会议的原因是，有位同志凌晨听见邻居在卸燃料，他怀疑邻居参与贩毒，请求工会领导向警方报案，请警察来调查他邻居的种植地。后来经过调查，证实有个农民参与了非法贩毒。

第二次经历发生在加西亚·梅萨独裁期间，我有一包 50 磅重的古柯叶，放在我农庄里的一个箱子上面。有天凌晨，我在 21 公里处的家里睡觉，来了几个军队的“鳄鱼”。他们拿走包裹，在箱子上留了点钱，就去了圣弗朗西斯科。我不能反抗，什么都不能做，只能看着他们为所欲为。第二天我骑自行车去了圣弗朗西斯科港口，在那里听说“有大量古柯叶正在装船，要运到大山深处，河流上游”。他们没有把古柯叶运往市场，反而带到大山深处雨林里去交易。

我还记得，我去科恰班巴查奇马约地区集市去卖米，一个古柯农告诉我他有几袋古柯叶，准备出口到美国卖给可口可乐公司，却因为加西亚·梅萨政府的一道指令，这些古柯没有被出口，反而落到了贩毒者手里，从此再也没有古柯出口到美国了。因为加西亚·梅萨的独裁，我们失去了把古柯叶出口到美国的机会。

哈塔新闻社 1994 年 10 月 1 日发表了一则新闻称，根据美国缉毒署及食品和药品管理局官方消息，美国一年交易了 204

吨古柯，用作医学用途，或用来提取无可卡因香料，以制作可口可乐等产品。有消息称，自从亚特兰大药剂师约翰·彭伯顿发明了可乐，可口可乐公司史蒂芬化学化工有限公司一直用古柯叶提取物调味。当时全国各大媒体都刊登了这则新闻。

我们古柯种植户一直致力于打击贩毒，我们不允许任何人拥有所谓的浸泡池。我们前领导人罗兰多·巴尔加斯在浸泡池装了把锁，避免有人把古柯叶扔进去，但是缉毒巡逻队的人冲进去把古柯叶泡在里面，并运往大山。

我们的斗争不仅是为了保卫古柯和我们的产品，同时也是为了避免毒贩在热带地区进行非法活动。当然我们不仅保护我们会员的利益、土地和领土，我们还保护全国所有工人的利益、主权和尊严。从一开始，甚至在我担任领导人之前，我们就致力于这项斗争，采取了一系列行动。我记得我参与了几次示威活动，有一次在拉巴斯，我和时任玻利维亚工人联合会执行主席的胡安·赖亲·欧根多等领导人参与了绝食罢工行动。

1984 年 11 月 1 日，《时代报》报道了这些施压行动。报道指出，约一万名古柯生产者在科恰班巴的几个机构自愿参加绝食罢工，“不计后果，要求通过古柯贸易合法化条例”。古柯种植户曾反对西莱斯·苏阿索政府提出关于减少恰帕雷地区古柯生产的条例。条例规定每户农民只能种植 1 公顷古柯，农民则要求 2 公顷。拉巴斯的《现场报》1984 年 10 月 30 日报道了科恰班巴市的示威游行，人们在 9 月 14 日广场集合，若政府不满足请求，人们将采取大规模绝食罢工等行动。

我担任联合会领导人后，大约是 1992 年，我参加了另一场绝食罢工。如果我没记错的话，那场罢工是为支持和声援玻利维亚工人联合会，该组织要求政府停止古柯生产区的私有化和军事化，提高工资待遇，并停止解雇公职人员。我们进行了很多次针对政府的斗争，很难记请所有的细节了。我到恰帕雷以来，在成为工会领导人之前我曾当选体育部部长、书记员、总书记和执行主席，我一直在战斗，没有停歇。只有这样，我们才打败了国内外的敌人。

在这些战斗中，我们有同志牺牲、受伤或被捕，受到了各种虐待和折磨，在某些时期，我们热带地区还被军事化管理。军事化管理一直以美国军队和美国缉毒署为首，他们甚至在奇莫雷军营里设有办事处。

> 拉巴斯《今日报》1984 年 8 月 12 日刊登消息，指出反毒品专业公司“猎豹公司悄悄进入恰帕雷，开始了他们打击贩毒团伙的行动”。报道称，“猎豹公司”使用 21 辆吉普、5 辆巴士和 2 辆卡车，运载 200 名用先进设备全副武装的人。该报几天前确认，约 600 人规模的武装部队在“包围”行动中占领了恰帕雷。政府宣布在该地区从晚上 9 点到早上 6 点实行宵禁。宣布整个地区为维克多·巴尔加斯上校控制的军事区域，维克多·巴尔加斯有指令，可以在任意时间入侵任何地方。

我们一贯反对军事化，因为军队和警察连同美国的雇佣兵、所谓的“猎豹公司”都犯下虐待和侵犯人权的罪行。

> 正因如此，玻利维亚人权大会通过神父胡里奥·图米里·哈维尔披露了恰帕雷由虐待和侵犯人权行为引发的紧张局势。《时代报》1984 年 8 月 1 日刊登图米里神父的声明，指出在“三条路”地区有人撬开门锁后，抢走了钱财、摩托车、衣服等家用物品。媒体这样描述那段时期的恰帕雷：“恰帕雷的村庄像鬼城，没有灯，大约 10 万人离开了这个区域。”军事化行动 3 个月后，政府宣布从恰帕雷撤军，撤军是逐步的，大约持续了 1 个月。

14. 革命民族主义运动党买通了工会领导人

“五年计划”后，维克多·帕斯·埃斯登索罗政府（1985—1989）实施了“三年计划”。这届政府执政之初，我还不是工会领导人，之后我才担任“八月二日中央工会”的执行主席。我多次参加示威游行。那个时期的政府不仅想根除古柯，还企图铲除古柯工会领导人和农民运动。有时候政府收买工会领导人，有时候政府用提供官职等各种手段欺骗他们。

我记得，“三年计划”企图在三年内根除科恰班巴热带地区的古柯作物。政府有美国强大的资金援助，甚至提出用2000美元作为根除每公顷古柯作物的补偿。我和我的同志们一起反抗，我们到处游说。很多人想接受那个计划，但有人拒绝，我们开展了激烈的辩论。那些有很多公顷古柯作物的人接受了计划，挣了很多钱。

从未改变的是对我们同志的暴力镇压，不论男女。无论什么时候，他们都能闯进别人家里，殴打农民，并洗劫一空。这些暴行都是有证据的，但那些责任人受到时任政府保护，没有受到任何惩罚。

1987年5月13日，希纳欧塔发生的一起冲突被科恰班巴《观点报》记录下来。消息引述胡里奥·罗查的话称，“猎豹”“擅闯民宅，肆意抢掠，毫不尊重妇女和儿童”。

那时我们组织了一次向科恰班巴进军的抗议游行。我记不清到底有多少人参加，男男女女，至少一万多人。我们还决定封锁省际公路，以抗议“三年计划”并要求将古柯排除在新的《控制物资法案》之外。

科恰班巴东南西北四个方向全被封锁，凡是举行游行示威的地方政府均派兵驻守。记得当时我在帕罗塔尼，距离科恰班巴大约40公里。那次行动共有2名同志牺牲、20多人受伤，至少500人被捕。那是我在成为工会领导人之前参加的最激烈的抗争。我意识到只有不懈抗争，我们的权益才会受到尊重，别无他法。那次游行之后，我们和政府达成了协议，并通过了一项新的计划。新计划确定了可替代发展模式，且同意取消古柯种植，换成其他作物。但是上述协议最终变成一纸空文，政府从未履行。

1987年5月29日的《观点报》报道了一起农民和前来解除道路封锁的军队之间发生的冲突，2名农民和一名士兵在冲突中丧生，另外还有10余人受伤、500多人被捕。图题玛雅地区、通往恰帕雷的公路、通往巴雷阿尔多的窄道以及通往奥鲁罗的帕罗塔尼大桥全部封锁。为解除道路封锁，军方使用了直升飞机。据现场农民反映，直升机向人群投掷瓦斯弹和扫射子弹。此次行动中有两位古柯种植户——庞西亚诺·萨拉萨尔和文森特·费鲁飞诺丧生，以及死于步枪走火的新兵卡洛斯·卡瓦耶罗·华雷斯。

我们的中央工会积极参加历次示威游行，成为组织最好、纪律最严明的队伍。

大卫·艾拉达回忆起这些抗争事件时说：当时我们在拉巴斯，绝食示威第四次间歇调整后，我跟埃沃到达帕罗塔尼。当晚我们留宿在那里，大约凌晨五点，军队开始出现在山上。太可恶了，桥上出了人命，这绝对是屠杀。这已经不是我们第一次封锁道路了，1984年那次埃沃也在帕罗塔尼附近封锁道路，我们反抗"五年计划"和接下来的"三年计划"，以及后续出台的各种计划。

罗伯特·古斯曼也记得这次镇压行动。情况很紧急，军队到达后直接向封锁公路的农民开枪。阿维里诺·埃斯皮诺萨来到热带地区后成了埃沃的亲密伙伴，他回忆，在帕罗塔尼，我们逃出了军队对山区的镇压行动，真是枪林弹雨，但是我们没有投降。后面还有追兵，我们人足够多，但是也有伤亡。

在帕斯·埃斯登索罗执政期间，古柯叶价格大幅下跌，当地出现了大量美国军队，尤其是美国缉毒署的军队。那些年，美国在奇莫雷的军事基地开始建设机场，来了更多美国军人，他们在营地有办公室和住处。

在帕斯·埃斯登索罗执政期间，我与其他同伴参与了第二次绝食抗议，我们组织了对政府的施压抗议行动。政府大搞暴力镇压，不仅拘捕古柯园主和农民，还拘捕了一些工会组织的领导人，例如玻利维亚总工会。在矿工事件游行活动后，我们发动了这次针对政府镇压行动的绝食抗议。菲勒蒙·埃斯科瓦尔和其他一些领导人被拘捕后，我发起了绝食抗议。然而现在，菲勒蒙却转变了立场，并且公开与我为敌。我跟胡安·勒勤一起绝食，他是为了维护工人的社会和经济权益，而我们是为了维护古柯叶价格。

跟其他几届政府一样，帕斯·埃斯登索罗也将我们混同于贩毒分子。革命民族主义党政府的部长说我们的抗议活动是由毒贩背后指使的，企图践踏我们的尊严，尤其是古柯种植户的尊严。1988 年 7 月，我当选联盟执行主席。那几个月间，政府通过了《控制物资法案》，即 1008 号法律，否认与我们达成的各项协议。我们启动了新的施压措施，因为政府否认了我们一直以来争取到的权益，并且像对待毒贩一样对待我们。新法案企图在五年内消灭所有古柯种植，这是侵犯人权的。美国强力推动新法律的执行。作为工会领导人，我前往拉巴斯，请求国会议员给我一份该法案的复印件。我找到来自科恰班巴的基多·卡马乔议员，但他来自执政党，当然向着政府。由于我新上任，不为人知，我跟他解释我是科恰班巴古柯种植户工会的负责人，他高傲、不信任地看了我一眼。我也找了其他议员，他们先是给我看一份用英语写的法律，然后把文本交给了我。谁懂那个呀？我要求给我一份用西班牙语写的，他们回答说还在翻译。那部法律来自美国，连翻译都还没有来得及，在完全不理解的情况下，他们就举手通过了。

图纳里镇大屠杀

1988年6月27日发生了我经历的最严重的事件之一。当时我是“八月二日中央工会”领导人，还不是热带联合会的执行主席。我们之前已经参加了一些游行和封锁示威，美国缉毒署命令军队和警察大力镇压我们，甚至想将我们全部杀害。当时已经出现了一些问题，一些农民前来举报有人使用除草剂以摧毁古柯，继而毁坏土壤，局势骤然变得紧张。我们开会决定占领图纳里镇的农村巡逻队和警察的军事基地。

我们工会有组织有纪律地采取相应措施。我们都参加过其他的抗议活动，例如在奇皮里里当时有一位农民被活活烧死，我们举行了抗议游行，因此已颇有经验。我们的组织工作井然有序，是其他工会和中央工会的榜样。

我们参加了拉巴斯的绝食抗议，当时流传着会使用除草剂，我们的抗议已经持续了三个月。我那时是“八月二日中央工会”的总书记。

在一次冲突中大约有9人丧生，其中2人中弹，其他人淹死在河中。

我们的中央工会是最大的组织，下设20多个分会。几年后，我们分成了4个中央工会，以便改进组织工作。于是诞生了“八月二日中央工会A”“八月二日中央工会B”“四月九日中央工会”和“恰帕雷中央工会”。我们几位领导人决定占领图纳里镇的农村巡逻队基地，我想当时只有四个联合会。我领导的联合会负责占领，奇莫雷联合会和卡拉斯科联合会负责封锁公路。26日晚，我们到达距图纳里镇6公里的奇皮里里，当晚留宿在那里。其他热带地区的联合会27日一早到达，另一些联合会晚些抵达。当然这一举动很有风险。大约在早上六七点钟，我领导的工会最先到达图纳里镇，其他工会则没有出现。我们在街上行进，其他工会陆续前来。我们几个领导人开始指挥占领军事基地，直到最终攻克它。虽然有风险，但是我们态度坚决，最后成功了。大约是6月27日，我们所有人一起进入军事基地，占领所有设施，以抗议当时帕斯·埃斯登索罗政府在几个热带地区强制使用除草剂。

我记得，在占领农村巡逻队军事基地前的抗议活动中，有几位同伴，我记得是阿格里亨托控诉政府在拉乌卡·艾捏喷洒除草剂，影响了整个地区。这是政府再一次使用除草剂以消灭古柯种植和毁坏土壤。

> 1992 年 2 月，费得斯通讯社的一则消息被多方引用，其中指出“美国政府使用环嗪酮和丁噻隆等高致毒性除草剂根除古柯园，上述两种除草剂具有致命性，在越南战争中被用来毁掉茂密雨林以修建跑道”。1995 年 5 月《真理报》的一篇新闻报道也指出，“一架来自美国的飞机满载除草剂用以摧毁科恰班巴地区的古柯种植”。埃沃·莫拉莱斯那时也进行了指责，并且指出那些是“小动物、野兽、幼虫”。

我与几位队友走在游行队伍的最前排，我们以每排 8 到 10 人的队伍行进。起初发生了一起冲突，警察企图阻止我们前进，在距离我 3 到 4 米的距离，他们开始开枪。第一位同伴中弹倒下，不一会儿便死去。我们迅速激烈地进行反抗，很快就控制了农村巡逻队军营，随后其他人蜂拥而入，控制了整个军事基地。

> 根据当时的新闻报道，这起冲突导致了 5 位农民丧生，其中两人中弹，两人淹死，还有一名女性死因不明。但是，工会领导人阿维里诺·埃斯皮诺萨、罗伯特·古斯曼和大卫·埃雷拉却说大约 12 位古柯种植农丧生。官方公布的死亡者名单中有中弹而死的欧塞维奥·托雷斯和费利西达德·门多萨、淹死在圣马特奥河的马里奥·吉斯佩和提布尔西奥·阿拉诺卡，以及死因不明的第五位受害者卡门·罗哈斯。

除了占领农村巡逻队军营，我们还决定由其他的同伴封锁公路，以阻止警察从奇莫雷赶到图纳里镇重新夺回被我们占领的军事设施。当我们进入农村巡逻队军营时，士兵们说可以交出步枪，但不包括弹夹。我们开始协商，有人说必须切断通信，但是部分工会领导不同意，其中就有胡里奥·罗查。其他人与他发生了争执，有人开始抗议，我当时很年轻。我们的人想抢劫农村巡逻队军营，报复他们。军营里有些是军官，有些不是。但是我记得，士兵们愿意交出步枪，但不包括弹夹。有些士兵把枪交出来了，但是有些并没有。我们听到还在开枪，但不是从军营里，因为军营已经被占领了。大约一小时后，来自空中和地面的军人开始镇压我们，不是武装部队，而是专业缉毒的警察。农村巡逻队和缉毒警察在美国人的指挥下，从盘旋在上方的直升飞机上向我们扫射。同时，地面也有人向我们射击。一位女同志在逃离军营时死亡。前来镇压的军队和警察从四面八方向我们开枪，最终他们夺回了军营。在逃走的过程中，有些人慌忙之中从圣马特奥河游走，有的人也因此淹死了。

> 大卫·艾拉达回忆道："军营全部被占领了，办公室、广播站，所有的一切，但是一个小时后军队就前来干预了。美国缉毒署的人开始向所有人开枪。来自伊思努塔地区的费利西达德·门多萨女士，待在房间里没有跑动，却不幸中弹身亡，还有队友淹死在河中。就像战场一样，子弹不停地飞，顷刻间就有 12 人丧生。事后，我们埋葬了那些牺牲的同伴，其中一位是我的同乡，来自圣佩德罗，另一位来自艾特拉萨玛附近的布埃纳·维斯塔，还有一位来自伊思努塔。这一切都让我们更加团结，也赋予我们更多力量。

> 阿维里诺·埃斯皮诺萨回忆道：在占领警察和农村巡逻队的军营后，所有政府人员都投降了，那些带步枪的将枪扔到地上，堆放在角落。有人断开电脑和其他设备，一些农民拿走了锅、盘子等东西。"在奇莫雷我们没有组织好，放军队过去了，他们从桥上向我们开枪。扣留的人质也重新拿起步枪威胁我们，我们的人开始四处逃散，还有人跳进了河里。军队还从直升机上对我们发动攻击，这是最让我们感到恐惧的。胡里奥·罗查说服我们不要夺下那些人质的步枪，但如果我们当时夺下了步枪，就不会死那么多同伴"。

虽然在电影里面看过类似片段，但这是我第一次亲眼看见美国人朝我们开枪。我逃出来了，由于本联合会的领导人不在，我与其他几位领导人打捞了河里面的尸体，有些漂浮在水中，有些躺在岸上。实际上，我和一群意志坚定的农民坚持到了最后，也就是从我们进去的门中出来。当然，我们人数并不多，大约二三十人。我们被打败了，他们还企图踩踏我们。联合会的领导人消失了，一些同伴喊道“这儿有死人”，明显是个女人，是来自伊思努塔的费利西达德•门多萨。我跟一群人一起去了工会联合会，我一边自卫，一边看着美国人朝我们开枪，我被迫往外逃。他们一阵阵扫射，子弹到处乱飞。

后来，几位同伴告诉我在圣马特奥河里面有死人。到处都是死人，我们开始收尸，有一位我觉得是来自奇皮里里。我们不知所措，很多人已经逃跑，其他人也准备撤退，没人指挥，工会联合会群龙无首，那时根本谈不上什么组织秩序。当时燃眉之急是收尸，如能确定身份，还要将他们送往各自工会，安排守灵。

我们将逝者的尸体搬上汽车运往各自地区，确认了部分死者身份，其他的则在各自工会进行守灵。他们中大部分来自奇皮里里、十四镇、河岸中央工会，都属于我负责的范围。

政府对恰帕雷农民的镇压行动被称为图纳里镇大屠杀，由于死亡和失踪人数众多，在全国范围掀起了一系列抗议。最早的抗议声音来自玻利维亚总工会。在一份报告中，玻利维亚总工会披露了“5 位古柯种植农民被警察和美国缉毒署军官杀害”、19 人受枪伤、12 名领导人被捕。同时，玻利维亚总工会还指控维克多•帕斯•埃斯登索罗政府充当美国政府的帮凶。与此同时，国会在野党试图在众议院发起成立一个委员会，调查相关事件。但这项提议因执政党退场使会议无法达到法定人数而未能通过。玻利维亚共产党、争取社会主义运动、社会主义党、自由玻利维亚运动等其他政党发表联合声明，要求“立即将美国缉毒署所有官员和代理人驱逐出玻利维亚领土”，因为他们出现在玻利维亚领土“是不正常的、违反了国家宪法、践踏了共和国国家主权”。

图纳里镇大屠杀后果严重，但也让我们更团结。看到美国人出现在我们国土上，指挥玻利维亚的军队和警察，我们感到愤怒。鉴于这次发生的事情，我们在科恰班巴市举行了一次特别大会，会上我被选为热带联合会执行主席。当时大家对在图纳里镇大屠杀期间消失的几位领导人非常不满，纷纷批评他们。他们逃走了，让我们成了无头苍蝇，毫无组织。那时，工会联合会有阿尔贝托·巴尔加斯、胡里奥·罗查、欧多罗·巴里恩托斯等几个人领导。但行动过程中指挥不当、组织无序，尤其是运动发生后几位领导人居然消失得无影无踪。他们将我们派往军营，自己居然逃走了。因此，1988 年 7 月举行的特别大会上，我获得了联合会的领导权。

除了批评几位临阵脱逃的领导人，经过分析辩论，对其他几个工会联合会也提出了质疑，尤其是奇莫雷和卡拉斯科两个联合会，他们并未完成在此之前商定的行动任务。如果奇莫雷联合会加入了我们的运动，或者包围了农村巡逻队军营的人，不让他们出去，可能会是另外一个结局。直升机可能会到，但是不会有那么多，也不会像当时一样，许多直升机在美国缉毒署的指挥下从地面升起。图纳里镇大屠杀发生后，我们始终铭记那一天，我们举行活动纪念所有在抗争中逝去的勇士。第二年，我已经是工会联合会执行主席，我们举行活动纪念所有在这次抗争运动中逝去的队友。

受伤

纪念大屠杀受难者的活动在图纳里镇举行，具体地点正是冲突发生地，运动中共有 12 名同志牺牲，大批同志受伤。我记得我们邀请了上级组织领导人，还有玻利维亚总工会和其他工会联合会代表。所有代表均在集会上发表讲话。这次集会规模很大，成千上万的同志从科恰班巴等地赶来。

记得时任政府内政部长的爱德华多·佩雷斯·贝尔特兰一天前发表讲话，要求军队和警察在恰帕雷集结对我们以示警告。因为我们要举行集会，纪念大屠杀受害者。

我们还举行了一次弥撒，由时任科恰班巴人权组织主席的费德里克·阿吉罗神父主持。在代表们发言后，我最后一个发表讲话。演讲中，我再一次谴责帝国主义、美国缉毒署和美国军队在科恰班巴地区的干预行动以及控诉帕斯·埃斯登索罗政府对美国的利益言听计从。最后，我们为所有牺牲者树起一块纪念牌。

活动结束后，我们邀请全国的领导人简单用餐，然后大家返回各自驻地。我要回到自己21公里处的农庄，但我尚未到达，便在十四镇留宿。白天的集会规模很大，我发现在我领导的第一年，我组织基层的努力颇具成效。在此之前，我们没有举行过任何大型集会。我首次担任领导人，便举行了第一次集会，这不得不说是一次壮举。队友们说这是恰帕雷举行的最大的一次集会，人数在三万至四万之间。参加集会的人来自四面八方，他们组织有序，纪律严明，许多人甚至没有被召唤，但是大家都出于团结之心自发参加了集会。

我们还邀请了媒体。为好好招待所有受邀的人，我们要求所有工会缴纳一笔特别会费，用来支付食品和饮料。从那以后我们开始自筹经费。此前的集会规模很小，但是这次规模之大出乎意料。

由于我留宿在十四镇，次日很早便到达圣弗朗西斯科 21 公里处，属于我的工会范围。大家都为这次集会感到高兴。我到对面的一个餐厅去吃早饭，开始用餐时，农村巡逻队的人到了，骂骂咧咧进入餐厅。我们理所当然表达了自己的不满，大家开始抗议，我不记得是否说了一句“得给这些野狗一些吃的”，当时在场所有人都进行了抗议。他们有权出来控制局面，但是他们直接过来殴打我们，我们开始自卫。于是，有人用步枪打我、用脚踢我、用拳头捶我，他们抓住我，首先把我按倒在地上，然后把我抓上了一辆从美国人手里买来的汽车。所有在场的人都看到了他们对我所做的一切，人们开始反抗，因为即便在车上，他们还继续踢我、踩我、用步枪砸我，而我只能躺在车厢。记得我对他们说了一句“你们只会用脚踢我们，却离不开美国佬，只能乖乖听美国佬的话”。大约有十来个警察，他们把我带到圣弗朗西斯科港。到圣弗朗西斯科港后，继续把我扔在车厢里，他们踩我，不让我动，用脚踢我，有一瞬间甚至不让我呼吸。我们从圣弗朗西斯科港回来后，我听到有人大声喧哗，但我什么也看不见。

罗伯特·古斯曼与埃沃在一起，他回忆当时的情景说：“次日，埃沃去一家餐厅吃早饭，现在那里已改为古柯市场。自那时起，农村巡逻队的官员开始监视他。我们与埃沃一起在那个餐厅，巴勃罗·贝尔纳尔也在。所有人都准备吃早饭，此时农村巡逻队的人进来了，埃沃对我们说：“给这些野狗一根骨头。”

几分钟后，农村巡逻队的人抓住他拳打脚踢，把他摔在地上。真让人痛心，他们攻击他，当着我们的面将已经半死的他带走了。这些坏蛋踩他的脖子，埃沃流着血，失去了意识，他们要把他扔到我们村庄附近、港口尽头的山上。我们组织起来，跟踪那辆车。人们拿起石头、木棍等武器去营救埃沃。我们喊着口号，对方开始开枪。汽车不能前往圣弗朗西斯科，于是就转向圣弗朗西斯科港，行进了约3公里，一直倒着开，因为无法掉头。

汽车开始倒着开，我躺在车厢地上。车停了一会儿，由于我脸朝地，三四个人把我拉起，抓着我的脚，把我扔到了马路上，然后就倒着开走了。我的同伴们赶到后扶起了我，我不能走路，整个身体连碰都不能碰，脖子也不能动。同伴们扶着我，将我带到了亚松森镇，我躺在同伴们用木棍和毯子做成的简陋的担架上。然后，他们担心农村巡逻队的人会回来将我逮捕到奇莫雷军营，就将我藏了起来。警察逃到了圣弗朗西斯科港，将汽车丢在了那儿，因为已经没有路了，然后他们逃进了山里。那帮人那样打我、虐待我，我的同伴们非常气愤，他们点火烧毁了那辆汽车。

古斯曼说他们有的开着汽车，有的骑自行车追赶农村巡逻队那帮人："哎，这次冲突很严重，我们用炸药把他们吓跑了。我们还把他们的汽车烧了，然后扔进了河里。警察也逃走了。冲突过后，我们在各自的地区，如亚松森镇、圣佩德罗和21公里组织起来。我记得我们将埃沃带到了18号公路，去找米盖尔·罗查医生，治好了他身上的伤。

阿维里诺·埃斯皮诺萨也记得那一天："他们把他打了个半死，伤痕累累，全身是血。埃沃非常勇敢。他们在21公里那里殴打埃沃，我记得是在一条小路上。埃沃抗议着，维护当地传统的古柯种植，那帮人下手很重，将他打个半死。但我们烧毁了他们的汽车。"那些混蛋残暴至极，滥用职权，他们甚

> 至连看都不看我们一眼，他们所经之处，我们都得躲在角落。“我命令你们闪开，他妈的！”他们朝我们喊。他们非常残暴，用尽可能侮辱我们。但埃沃即使挨了打也不屈服，他一直领导我们。

警察仗着有武器、有保护，能免受责罚就为所欲为。从那时起，同志们心中播下了对警察的仇恨，那些只能哭着眼睁睁看着父母被殴打却无能为力的小孩尤其憎恨警察。现在，大家都尊重警察，因为他们为人民服务。但以前警察只会镇压农民。

> 6月30日，直到两天后，媒体才报道了此事件，照片上埃沃受了伤，被队友们用临时做的担架抬着去接受治疗。《时代报》报道称，“在一次情况不明的突发事件中，科恰班巴农民特别联合会总书记埃沃·莫拉莱斯被农村巡逻队官兵打伤，农村巡逻队的一辆扫毒车在恰帕雷圣弗朗西斯科被烧毁”。该篇报道还提及在这次事件中有至少50名农民领导人被捕。“据非官方消息，莫拉莱斯在21公里的一家餐厅吃饭时，碰到了由9名官兵组成的缉毒巡逻队。这些人用木棍殴打他，然后将他带上汽车，准备将他送往奇莫雷军营”。《时代报》还发布了埃沃的一则简短声明，他说：“在恰帕雷，警察对我们进行非法镇压，这对我们百害而无一益。”最下方的报道中说埃沃被送往科恰班巴入院治疗，那9名巡逻队官兵看到自己被农民包围后，就丢下汽车逃跑了。

我开始半隐身状态。我有伤在身，那晚我无法入睡，脖子和膝盖根本无法动弹。同伴们将我从一处带往另一处，有时为了保险起见而半夜转移。我们没有任何通信工具，如电话、手机、广播都没有。他们沿着小路把我送了出来，我想自己走路，但是不行，我全身青紫，除了脸部，双腿全部青肿。可以看出用枪砸伤的地方，尤其是被踢肿的地方。躲了一阵之后，他们用担架把我送出来，然后我去了科恰班巴，接受治疗。我前后休养了大约一星期。

镇压人民

在我去科恰班巴接受治疗后，剩下的同伴们受到警察强力镇压。他们出动警力，四处逮捕。因为此前这些农民挺身而出保护我，还烧毁了他们把我扔下后丢在路边的汽车，警察要报复他们。

后来我的同伴们讲述了警察随便抓人，甚至包括带小孩的女人和学生等情况。他们把人押上车，带到奇莫雷军营，没有任何指控，纯粹出于报复。那些殴打我的警察逃到了山上，几天后就被救了。我听说出动了直升机去寻找他们，他们得救后就被带回去了。

> 阿维里诺·埃斯皮诺萨也在这起事件中被捕，他回忆道：“我们被捕了，关了大约一个星期。牢房没有空地，挤满了人，冲突发生后许多人被捕，有男人，也有带着娃娃的女人。”我们所有人都参与了保护埃沃的行动，我记得有威廉·孔多里、德尔芬·奥里维拉、费力西亚诺·玛玛尼、费利佩·卡萨莱斯、大卫·艾拉达、罗伯特·古斯曼等人。
>
> 罗伯特·古斯曼也回忆道：“第二天，1989 年 6 月 29 日，农村巡逻队的人全副武装，回来找到了被烧毁的汽车，只剩下骨架。几天过后，他们来到 21 公里，就在一天之内把所有人都逮捕了。街上一个人也没有，有些人逃进了山里，有些人躲在床底下和厕所里。他们甚至把带孩子的女人也逮捕到奇莫雷。我们有一个星期没有看到人。”

警察回来就是为了报复。这是对人民的惩罚、恐吓和威胁，这也是美国政府的理念，哪里有反抗哪里就有杀戮，哪里有反抗哪里就有抓捕，这样以后就再也没有人敢站出来。所有的女人都在哭泣，他们的目的就是让人民起来反对我，让人民说都是埃沃的错，警察才来杀害、殴打和抓捕我们。但他们的愿望落空了，相反，人民、工会和中央工会非但没有被镇压吓住，而且还采取了其他示威措施，要求释放所有被逮捕关进奇莫雷监狱的人。政府开始残酷镇压，他们告诉我警察冲进所有人家，将里面的男男女女连拖带打拉出来，塞进卡车，把所有人都逮捕了，而被捕的人也极力反抗。缉毒士兵和警察乘携弹直升机来了，他们到达圣弗朗西斯科，搜查民宅，犯下了一系列罪行。他们用木棍殴打了大约 20 名女性，还逮捕了 29 人，其中大部分是未成年人，且都与发生的事件无关。士兵和警察野蛮粗暴，人们受到的待遇比毒贩还差。

记得当局说神父当时也在 21 公里，当然，费德里克·阿吉罗神父也在。他是科恰班巴人权组织的主席，他主持弥撒以纪念在图纳里镇大屠杀中牺牲的勇士。活动结束后，神父就回去了。政府不仅企图为镇压行动辩护，还污蔑我们的集会得到了毒贩的资金支持，诽谤神父与埃沃在一起。那个时刻对我来说非常重要，因为我们巩固了工会和联合会在科恰班巴的领导地位。

逮捕

在示威游行、抵抗镇压以及历届政府的迫害和攻击之后，开始了大范围抓捕行动，这是政府为阻止我们发声采取的另一种措施。他们不止一次想逮捕我，不停派人跟踪我，但我总能获救。在帕斯·埃斯登索罗政府期间，农村巡逻队的警察对我拳打脚踢，在汽车上虐待我，后来他们还想逮捕我。有一次，我从十四镇前往图纳里镇，我没有经过卡斯蒂约而是取道另一边，那儿有几位朋友住得很近。我没有经过栅门，那是一条小路，他们一下子就看到我了。他们以为我要逃出他们的监视，我觉得他们是在找理由恐吓我、殴打我甚至逮捕我。然后，他们在图纳里镇逮捕了我，这在我的同伴们中间引起了警示。一定是上头有人指示释放我，然后，他们就放了我。我被逮捕了几个小时，期间人民就开始游行示威了。

还有一次，在我与吉列莫·贝德内加尔部长的谈判中，我控诉恰帕雷有武装民兵对人民滥用职权，他让我拿出证据。一天上午，我带着照相机，坐公共汽车从科恰班巴前往图纳里镇。在到达科洛美前的瓦坎基地区时，一队民兵让我们停车，他们带着武器。我拿出照相机拍照，但是他们发觉了，我说政府禁止民兵携带武器，并且让我看到就拍照。虽然我抗议了，他们还是把我赶下车，并且逮捕到科恰班巴。我被关了几个小时，有一位记者把我被捕的消息透露出去，当天下午他们就释放了我。这次我没有挨打，但是我错过了公共汽车，车票浪费了，所有会面都耽误了，那天我有好几个会议和集会。

事故

好几次绰号“猎豹”的官兵殴打虐待我，尤其是当我被捕的时候，他们是群为非作歹的人。他们不需要任何理由就可以殴打你，似乎很享受虐待和侮辱别人。有一次，他们用粗棍殴打我和同伴们的背部，我受了重伤，不得不去图纳里镇的医院就诊。

由于我是工会主席，必须坐车，从一个地方赶到另一个地方，完成自己的工作，此间我还经历了其他事故。记得有一次我赶着去十四镇参加一个会议，已经迟到了，在一个转弯的地方出现了两位修女。为避让她们，我们的车开进了水沟，车出了故障，我也受了伤。后来那两位修女承认是她们不够谨慎。

我发生的第二次事故是在伊布埃罗地区。当时下着雨，尽管我们的车开得很慢，在经过一辆停在路边的汽车时，我们还是撞到了。没法避开，直接撞了上去，我坐的吉普车散架了，幸好没人受伤。我经历的最严重的事故发生在从奥鲁罗到科恰班巴公路的博北奥地区，下着雨，又是下坡路，在一个转弯的地方，两辆拖车相遇，我开始刹车，但车子打滑，旁边是小山、水沟、悬崖和拖车，我只好撞向一块大岩石以避免撞到其他的车辆。车子翻倒，在地上滚了三圈，我们在车里听见“吱吱吱”的声音。我全身酸痛，从车里爬了出来，但可以站起来走路。海梅·乔克跟我一起，他大喊“我的手，我的手”，他骨折了。车子翻成底朝天，发动机已经熄火，我将他从车里拉出来，车子还在“吱吱吱”，我不知道怎么关掉广播。来了一辆车，把海梅送往科恰班巴。另一辆车停了下来，是苏尔玛·于佳尔，他从科恰班巴回来。他问我是不是喝醉了，我说没有，但是他说我被吓得脸色苍白。这是我经历的最惊险的一次事故。

我还经历了另一次严重的事故，下巴受了伤。我从西纳奥塔返回图纳里镇，由于强降雨，一座桥倒塌了。在桥前方，马路上堆了很多泥土，雨实在太大，我在奥鲁罗的一位朋友充当司机，他没有看到那堆泥土，直接撞了上去。我受了伤，脸肿了，流了血，从此留下了伤疤，成为这次事故的纪念。

手术

在不同时期，我因为不同的疾病，接受了五次外科手术。第一次是锁骨，医生说我骨折了。我伤心地哭了，医生问我：“你为什么哭呢？那么疼吗？”我说：“我以后肯定玩不了壁球了。”医生回答我说三个月后就可以玩得更好了。农村里面有个说法，做过手术的人就废了，我最怕这个。但是三个月后，我又开始玩壁球了。我的锁骨上装了一颗钉子，后来由大卫·艾拉达而不是医生为我取出来，我因此再也没有去看医生。

第二次是胆囊手术，那时我第二次担任热带工会联合会领导人，也就是 1992 年。我胆囊疼，晚上我去足球场看球赛，吃了炸土豆条。大约一点我回到家，我感觉非常不好，不能直起腰，只能弯着腰。家里的房客把我带到玻利维亚环形路，阿拉拉伊湖边，但是没有出租车。然后他把我带到了比利时诊所，把我留在医院，就在那儿给我做了手术。后来我回家休养康复，但是由于伤口感染，医生只好再次打开伤口。然而，我又第三次感染了，这次没有打麻药，我听着医生用针缝我的身体。之后我看了缝针处，还挺有意思。

2005 年，我又接受了一次外科手术，这次是右膝盖的半月板。在一次足球赛中，我受伤了，却没能自然恢复。我去看医生，做理疗，但是还是没用。我去了古巴，感谢古巴兄弟的慷慨帮助，我在古巴接受了手术，这次恢复得很好。当了总统后，因为鼻中隔歪曲，我接受了手术。第五次外科手术也是在我当总统期间，由玻利维亚的医生负责，手术位置是膝腱。现在我身体非常好。

15. 用根除古柯交换水

帕斯·埃斯登索罗政府下台后，全国进行了新一届选举。在左派革命运动党和民族主义民主行动党联盟基础上，海梅·帕斯·萨莫拉当选为新一任共和国总统。我记得他做的第一件事是面向科恰班巴的供水计划，条件是当地居民必须放弃种植古柯，他的目的是想造成我们同科恰班巴居民的对立。我们揭露了这一企图，拒绝了他的提议。

> 帕斯·萨莫拉在 1989 年 7 月 5 日的大选中，得票数位居第三，尽管如此，他还是于同年 8 月 5 日由国民议会推举为共和国总统。这是受到乌戈·班塞尔的指使，民行党把票都投给了他，使他当选为国家元首，尽管在大选中此人不大被选民看好，他曾公开断言，左派革命运动和民族主义民主行动党泾渭分明，有血海深仇。

海梅·帕斯·萨莫拉是想赢得科恰班巴人的民心，让他们与热带地区的古柯农对立。他的这种态度激起我们继续动员群众，反对根除古柯种植。那段时期同时也爆出了针对左派革命运动（简称左革运）主要领导人的丑闻，尤其是关于奥斯卡·艾依德·弗兰克与贩毒集团有染。有媒体爆料说，左革运在 1989 年的大选中接受了外号为“黑熊”的大毒枭查瓦里亚的资助，他们是“毒品线人”。自此，萨莫拉的提议搁浅，想造成我们和科恰班巴居民对立的企图也随之破灭，如果没有媒体的披露，他肯定还会继续执行水源换古柯的计划。

由于我们拒绝了萨莫拉的提议，作为报复，萨莫拉当局在整个恰帕雷地区采取了一系列镇压行动。他们闯入村镇，摧毁道路和民宅，用酷刑拷打我们的同志，逮捕领导人，强行铲除古柯园。他们还用直升机炸毁辅助道路，说那是秘密通道，这简直是一派胡言。

> 对于这一事件，曾有媒体做过报道。美国缉毒署和当局农村巡缉队的人员占领了恰帕雷的几个村镇，包括十四镇、圣米盖尔和 21 公里镇等，在古柯农领导人的抗议声中，他们打伤并逮捕了一些古柯农。在圣塔菲居民区，警方和军方的行动引发了与古柯转型指导委员会人员的又一轮冲突，维克多·比亚罗艾尔因枪伤死亡，另外还有数人受伤。

这些天，他们也曾想方设法抓捕我。我在 21 公里镇准备动身前往我的种植园时，大概在晚上九点，巡缉队拦住我逼迫我下车，想抢走我的汽车，那是一辆半敞篷的威利斯吉普。我不想下车，就反问他们我做什么了？犯了什么错？他们用枪托打我，但是我仍然坚持不下车。其中一个人对我说道："请下车！"但是我不予理会。就在这时，路过的客车司机和乘客们看到了这一幕，并且有人在下车。在此情形之下，他们只好作罢，然后扬长而去。我当时开的那辆吉普车是热带古柯农联合会的。

抵达我的种植园后，我因背部伤痛难以入眠，那是他们试图逮捕我的时候打的。第二天，我去了科恰班巴寻医诊治，实在是疼痛难忍。

帕斯·萨莫拉政府在美国强加的《卡塔赫纳协定》上签了字，每年必须削减一定数量的古柯，直至将其彻底根除。我记得，为了履行这一强制任务，当局对好几个地区实施了军事占领，包括萨赫达山谷、伊布埃罗高地、布洛布洛和马莫雷斯约地区。我们必须承担起保卫家园的重任，发动群众，堵塞道路，我们当中的许多同志甚至决意不再送自己的子女进军营，以抗议那家常便饭式的镇压。我还记得，面对种植园被摧毁，我们决定扩大种植面积。

那时，当局为了绞杀工会运动，意图展开斩首行动逮捕工会领导人。他们指控我们，尤其是我本人，说我们不但同毒贩子，还和游击队有联系。我们曾在不同场合揭露他们迫害无辜和侵犯人权，然而却无人理会。穿着迷彩服的士兵可以随心所欲地处置我们的同志却逍遥法外，没有人为此受到惩治。

> 在《科恰班巴时代报》1992年4月的一篇报道中，埃沃否认同图巴克·卡塔里游击队有关联，他当时公开表示，“无论是我，还是我的组织都不支持暴力斗争。我的行为光明磊落，代表着恰帕雷一部分农民的利益，我是他们的领导人，而且几乎所有人都对我的工会运动有所了解。那些对我人身的诽谤别有用心，就是要搞垮我们古柯农工会运动”。

也就是在那段时间，由于我的提议，我们做出了一项决定，建立五大联盟协调委员会。那时我们有五大联合会，自卫委员会应该有40来个，可以在好几个地区展开反对强制根除古柯的行动。协调委整合了热带地区、卡拉斯科、奇莫雷、中部联合会和永加斯五大地区的联盟。

自卫委员会

建立自卫委员会之后，我们可以在军队和警察武力铲除古柯园的时候奋起反抗。我们封住大路和小道，密切监视他们。军队和警察随地扎营，甚至会把营地设在校园里。同志们会以牛角为号，紧急集合，有时还预备好鞭炮来防卫。好多次男同志们要躲进山里，因为他们是前卫，而女同志则守卫在古柯林。这一战略颇为奏效。因为我们的工会组织严密，大家分成小组站岗放哨，时刻监视，因为那些铲除人员随时会在种植园出现。

我们手中没有武器，同志们也只是用鞭炮、石块和封路来反抗，以免种植园遭毁，此外别无他法。矿工家庭出生的后人有的手里有毛瑟枪，也不过是用来恫吓敌人罢了。在大会上，我们的同志多次提到，面对荷枪实弹的警察，面对持续不断的镇压，我们完全有权利进行自卫。而他们手中有催泪瓦斯、铅弹，甚至是实弹。

有时，自卫委员会还会在古柯市场实施监视，以保护我们的产品，因为警察经常抢夺、没收我们的古柯，欺负我们的女同志。他们还曾妄想关闭市场，让人们不敢来买卖古柯叶。

我们组建协调委员会之后，不仅加强了团结，还更加有利于制定周密策略。各个联盟的领导不再各自为政，而是协调一致。我们可以组织大规模的群众集会和古柯咀嚼日，组织各地的游行示威。面对新自由主义政府试图把我们从科恰班巴热带地区赶出来，我们的组织表现得更加强大和团结，这是非常重要的。

媒体当时重点报道了1993年10月举办的古柯咀嚼日，有一万多农民参加了这一活动。这次活动得到了玻利维亚工人总工会领导人的参与支持，由执行委员奥斯卡·萨拉斯·莫亚带头。“美国佬说古柯是纯粹的毒品，我们要向他们证实事情并非如此。我们要在那儿呆上几个小时，看看我们是不是会染上毒瘾”，女领导人阿尔西拉·佩雷斯在1993年10月26日《时代报》上曾这样声明。

我记得，当时我们所作出的一个重要举措就是直通拉巴斯的首次示威游行，口号是“为了国家主权和民族尊严”。我们于1991年6月24日开始了徒步游行。其间，我们反对美国在玻利维亚建立军事基地，反对美国缉毒署的特工在我们国家横行。几天之后，我们刚过肯萨库乔的帕拉科蒂镇，警察就前来干涉。他们一开始就包围我们，然后强迫我们上了巴士。当时我们正在休息，一辆奇怪的巴士前往恰帕雷方向，我们感觉有点不对头，等车停后，一大批全副武装的警察从车上下来，把我们团团围住。其中出现两三个武装人员，有一个跟我打招呼，抓住我的手就拽；另一个从后面抓住我的腰，让我动弹不得。同志们都在收拾各自的背包，看来是被全部拿下了。他们推搡着我，把我塞进一辆救护车，把我带到科恰班巴。我亲眼看见，在他们殴打驱赶请愿者上车的时候，有人倒地身亡，那是菲利佩·卡塞雷斯工会的成员。他们在抓我的时候，边打边骂还恐吓我。他们把我带到政府大楼，就这样在与外界毫无联系的状态下一直持续到凌晨两点，然后将我驱逐。我想找地方睡觉，不知去哪儿，没有手机，无法与其他人联系。我记得，几个小时前，当时科恰班巴的省长雷内·雷卡科切阿也赶来了。我们跟他解释，说这是和平游行，不会滋事生非，之后，他就起身去了科恰班巴。但我们还是遭到了无情的打压。

1991年7月2日媒体报道，那次事件发生在帕拉科蒂地区。

古柯农们被警察包围，被迫押上车遭遣返。在武力驱赶上卡车时，有两名古柯农倒地，其中一位名叫瓦莱里奥·超克·贝依萨卡，22 岁，因脑部多处损伤而死亡。

协调委员会

协调委员会的建立有其固有历史，它对于我们至关重要，尤其是当我们为保卫古柯决策、采取行动、制定战略时，显得更为团结。当时，我们是五大联合会，还没有创建马莫雷-布洛布洛联盟，它脱胎于热带农产品联合会。

协调委员会创立之前，各个联合会各自为政，各行其是，有的时候连会议都不参加，说是没人召集。这很脆弱。有的联合会自行组织游行，有的没有，难以发起协调统一的行动。协调委员会创立于 1991 年，在我再次当选为联合会主席的那次大会之前，也是我的第二个任期。

是我提议创建了协调委员会，因为我已经有了一些经验，发现同所有领导人一起会更加协调，而我们当时是处于半分离状态，一些人这么干，而另一些人则背道而驰。我们也曾经设想过建立一个大联盟，但是可能不太理想，甚至会更糟。

每一个联合会都有自己的领导方式，都有自己的问题，没有办法汇集在一起，因为一些是直接从属于玻利维亚农民总工会的专门性组织，另一些从属于移民者，而今称跨文化族群，当有集会的时候，有的组织说参加，有的组织不想参加，由此才产生了为整个科恰班巴热带地区的所有联合会建立协调委员会的想法。还有一个问题就是这些联合会并不依附于科恰班巴农民工会，也没有与总会的联系机构。有些同志告诉我，他们之前试图建立一个工会大联盟，甚至还专门创立了一个委员会来制定章程，但最终还是失败了。这些都是我当选联合会主席之前的事情了。

据当时的一些领导人回忆说，成立协调委员会多亏了埃沃·莫拉莱斯的提议，好像是在 1991 年的 2 月 24 日。确切日期就没有办法考证了，因为没有会议记录。

我记得，刚开始时我们曾经因为某些领导人的野心而产生过矛盾。

例如，左派革命运动党的赫尔曼·波尔坦塔和玻利维亚共产党的一些同志就表示反对。但是卡拉斯科热带农产品联盟的瓦伦丁·古铁雷斯则支持这一提议。

我跟波尔坦塔说："你将会成为五大联盟的主席。"但是，他不相信我的话，因为那时所有的同志都支持我当协调委员会的主席。我曾经提出，由各大联盟的执行委员联合组成领导班子。我们在锡纳奥塔召开大会，提议建立协调委员会。我不想进入领导班子，尽管我拥有所有同志们的支持。我跟他们说过，我支持他们，愿意为他们效力，可以提名我为委员。也正如我所承诺的那样，我支持波尔坦塔成为委员会的主席。

首届领导班子由一位主席、一位副主席、两位秘书和一位委员组成。当选者依次为永加斯联盟的赫尔曼·波尔坦塔、奇莫雷联盟的赫门内吉尔多、卡拉斯科联盟的赫莫杰尼斯·阿兰内斯、森德拉斯·乌尼达斯联盟的巴西利奥·克拉罗斯和热带农产品联盟的埃沃·莫拉莱斯。

有的时候，更为重要的是迂回一步，方能向前迈出几大步，这一切都是为了联盟的团结。因此，我们不得不推举一个反对派、左派革命运动党的成员当主席。建立了新的机构之后，我们在保护古柯方面更加团结，也得以协同制定政治斗争和工会斗争策略，开展群众动员，制定反制措施。

协调委员会建成之后，我们遇到了一些问题，主要是领导层的一些成员依然保持其所属政党的政治立场，让那些所谓的左派政党插手我们自身的活动，他们想从自己的利益出发操纵我们。

例如，自由玻利维亚运动就试图阻挠我们协调委员会的成立，为此甚至还动用了拥有欧洲社会民主党资助背景的非政府组织的力量。

作为观察员参与到协调委组织的还有：从属于民族主义革命运动党的"地区发展与研究中心"和"社会与经济现实研究中心"、从属于自由玻利维亚运动党的"全民教育研究中心"，以及从属于左派革命阵线的"玻利维亚信心数据中心"和"农村发展教育学会”等。

因此，在首届领导期间，内部政治斗争持续不断，因为波尔坦塔只会捍卫他所属党的官方路线，即帕斯·萨莫拉的左派革命运动党，而所有的同志都支持我的提议，与他们针锋相对。

协调委员会召开第二届大会的时候，我不在国内，当时我远在欧洲，参加捍卫古柯叶及其药用特性的论坛，我想让欧洲人明白，自然生态下的古柯非但无害，相反，它具有药用价值。

等我回来的时候才得知，自由玻利维亚运动党的某些领导人、非政府组织和教育研究基金会再一次肢解了原来的工会机构，并且提议由执行委员之外的领导成员组成新的协调委领导班子，这些人要么是原属联合会的成员，要么是该党的党员或其同情者。

他们首先推举卡拉斯科联盟的第三号人物为协调委领导人，此人同时还是自由玻利维亚运动党成员。大卫·埃拉达作为第三号人物也在其中，他是我们联盟的，也是自由玻利维亚运动党的候补议员。他们在选举第四、第五号领导人的时候，并没有遵守章程，这完全是无耻的政治操纵。新的领导成员什么也不协调，因为他们并非各个联盟的执行委员。我从欧洲回来后提了一些意见，因为他们这样做并没有遵守我们制定的协议和章程，更主要的是因为新领导班子的选举无法保证各个联盟在协调委员会的团结。

> 本次大会于 1992 年 6 月 6 日至 7 日在伊维卡萨玛举行。大会选举了豪尔赫·马丁内斯为协调委员会主席，他是卡拉斯科热带农产品联盟的主席；大卫·埃拉达为副主席，也是热带联盟的副主席； 福尔图纳托·布斯塔芒特为文案秘书，他是奇莫雷联盟成员；艾米利亚诺·弗洛雷斯为财务秘书，他是联合总会成员；马塞力诺·苏亚雷斯为委员，属恰帕雷联盟成员。

新的领导班子大约维持了一年。后来，各个联盟要求立即在伊维卡萨玛召开新一届大会，分析讨论第二届大会所出现的问题。经各种汇报、讨论和评估之后，大家同意选举新一任领导班子。在那次大会上，我被推选为协调委员会主席，并任职至今。

> 《真理报》1994年6月30号的报道：埃沃·莫拉莱斯在本周三被任命为科恰班巴热带农产品五大联盟协调委员会的主席。大约有七百多名代表参加了本次大会。新选出的领导班子由埃沃·莫拉莱斯、莫德斯托·康多利、科内尔·科尔苏亚雷斯、瓦莱里奥·费利佩斯和昆汀·巴尔加斯组成。

一开始做联盟主席的时候，我就意识到，最好是不依赖于任何政党或无政府组织。例如，自由玻利维亚运动党就处于这种状况，当资金用完或者收不到欧洲汇款的时候，这个政党也就不存在了。所以我的经验就是，不应依赖任何无政府组织或基金会来壮大我们的组织。

随着协调委员会的建立，我们肩上的责任更重，手中的权力也更大，这意味着无论在扩大会议，还是在集会和大会上，我要兼顾所有联盟的问题，而不只是来自某一个联盟的问题。总之，协调委员会的建立改变了一切。我们为人权而战，为土地而战，通过捍卫古柯的斗争，一种新的思潮在形成，我们要捍卫我们的主权、尊严和我们的自然资源，无论是可再生的还是不可再生的，无论是金属资源还是非金属资源，我们要制定我们自己的政治纲领。我们不断壮大自己，甚至还联合玻利维亚农民总工会以及玻利维亚工人总工会，在科恰班巴的热带地区召开了扩大会议和大会。

协调委员会有内部会议和外部会议，前者是指，各个联盟的执行委员都积极参加内部会议，同等参与所有的决定；后者是指，可以在热带地区召集举行全国性的扩大会议，不仅仅是为了保卫古柯，还有捍卫主权、尊严和保护自然资源。

于我而言，协调委员会的建立是我们开展斗争的关键，并使其成为一个全国性的榜样，得到其他全国性组织的支持，比如玻利维亚农民总工会和玻利维亚工人总工会。我们开展的是有组织的活动，始终秉承反对帝国主义的政治原则。

每次协调委员会召开大会，例如，在我的第三任期，我甚至在议题开始之前就赶到会场，同志们举着牌子，上面写着："我们认可埃沃。"

民众的眼睛是雪亮的，他们不但认可领导人的付出，还做出回应。可以想象，要是在 1990 年或者任何一年，我不担任热带农产品联盟的主席，也就没有协调委员会的成立，就更没有后来的埃沃总统。因此，有时做出让步是重要的，就像当年我让赫尔曼·波尔坦塔担任协调委主席，就是为了此后的步伐更加稳健，一切为了团结，百分之百地致力于工会运动和社会斗争当中。

那段时期，由于活动繁忙，我的小种植园几乎完全荒芜，有的时候只是一个月回去一次，也就睡个觉。而现在，身为总统，只能一年回去一次，一般是在复活节前“圣周”的时候。然而我的小种植园并没有彻底遭到废弃，我的同志们和工会在帮我照料，时不时还帮忙清理丛生的杂草。

美国缉毒署领导的“禁毒斗争”

帕斯·萨莫拉政府如此附庸美国大使馆，以至源源不断地有美国顾问过来，训练镇压群众的军人和警察，他们说是培训，同时还带来了武器、炸药和弹药，却没人对此发声，我们只能是不断地揭露他们，却因此招来镇压和屠杀。国会以培训为借口授予他们权限，因为大多数议员是右派，实际上，他们全副武装而来，并且集中驻扎在奇莫雷的军营。

玻利维亚军方和警方的行动，通过美国缉毒署接受美国军方的指挥，他们甚至控制了科恰班巴热带地区好几个镇的人员进出的关卡。那时，我多次通过媒体揭露真相，告诉民众，美国缉毒署在玻利维亚的禁毒斗争中所扮演的角色，绝不像当局所宣称的那样，仅仅是顾问，而已然在操控行动。

> 《拉巴斯头条》报收集了艾尔博通讯社的一篇报道。埃沃称，美国缉毒署的人控制了所有出行人员的身份证件，包括驾驶员的证件，甚至诬陷那些无须登记的农民是工会运动的领导人。1994 年 8 月，据《时代报》的报道，旅居玻利维亚的美国人批评美国的禁毒政策，表达其对美国干预玻利维亚国民生活及其禁毒政策催生暴力的担忧。美国缉毒署人员在恰帕雷地区肆无忌惮，迫使热带农民联合会第七届大会通过了一项决议，

他们开展征集签名活动，直到把美国缉毒署的人员驱逐出境。
该提议由埃沃·莫拉莱斯提出。

美国缉毒署人员不仅欺压科恰班巴热带地区的民众，甚至动用高能炸药摧毁道路和居民区空地。全副武装的美国军人严密控制进出关卡，赶人下车，检查包裹行囊。根据法律规定，美国缉毒署没有国会授权便驻扎在玻利维亚，连玻利维亚的警察和军队都在美国缉毒署的控制之下。最糟糕的是国家的武装力量和警察受其控制，胡乱开枪。回顾历史，这个问题也使得我们产生了更强烈的思想和文化意识，因而，我们的游行更是为了主权与尊严。

美国缉毒署的特工行事粗暴，这并不奇怪，因为美国的大使理查兹·鲍尔斯认为，恰帕雷地区所历经的是一场战争。1993 年 7 月他对媒体宣称，“这场战争还没有结束”，《时代报》在 24 日刊登了这则消息。人权常设大会曾经在多个场合指责农村巡逻队和美国缉毒署的行动侵犯了恰帕雷地区居民最基本的权利。然而，也仅限于此，因为没有任何政府机构调查这些极端事件。

尽管所有人都要求驱逐美国缉毒署，不但包括人权组织，还有社会机构和政治组织，而新自由主义政府对此充耳不闻，丝毫不予理会，因为他们屈从于美国的淫威，胡作非为。如今，我们将美国人赶走了。没有美国缉毒署，我们在打击贩毒斗争方面做得更好。

16. 零选择

在良政协议签订之后（1993—1997），维克多·乌戈·卡尔德内斯和他所领导的图帕克·卡塔里自由革命运动党也参加了这一届政府。后面在谈及政治问题的时候，我会提到他的背叛行为。民族主义革命运动党、自由玻利维亚运动党和公民团结联盟也加入了这一届政府。在议会，他们选举贡萨洛·桑切斯·德洛萨达为新一任总统。

我记得桑切斯·德洛萨达在竞选中提出的口号是“零选择”，意味着剥夺土地。他的想法是把土地转到八位企业主手里，从毗邻圣克鲁斯省的布洛布洛省开始，直到与贝尼省接壤的尹西博罗国家公园。他打算每公顷土地补偿一定金额，据说是每公顷地一千到两千美元，但是这个价格不是每公顷古柯的价格，而是每公顷土地的价格。他想沿用帕斯·埃斯登索罗对待矿工一样，甚至寻求国外资助。我第一个站出来指责这一政策意在剥夺所有农民的土地，而不是消灭古柯园，这一政策遭到全国农民的反抗，因为古柯叶对于农民，对于所有玻利维亚人来说，是生死攸关的大事。

我们更加团结，更加有力量，我们的组织更加严密，因为他们想要的不仅仅是夺走我们的土地和古柯，而是摧毁玻利维亚农民运动组织。有的时候，我们的联盟从属于玻利维亚农民总工会，有时候从属于跨文化组织（前拓荒者），女人们从属于巴尔多莉娜联盟，其中百分之九十属于玻利维亚工人总工会。

那段时间，我们在恰帕雷组织了玻利维亚工人总工会的两次扩大会议，即跨文化组织的大会和玻利维亚农民总工会的扩大会议，为反抗戈尼政府的政策做准备。我们团结在一起，拥有全国众多组织的支持，而不仅仅局限于热带地区。以桑切斯·德洛萨达为首的右派政府的根据是：

印第安人怎么能掌控石油？印第安人怎么能控制跨洋公路？这些印第安人的工会组织严密，因此要搞“零选择”计划来夺取我们的土地。现在想来，这项政策最终使得我们从中受益，对人民是皆大欢喜，对于新自由主义则是哀鸿遍野，对于帝国主义则是狼狈出局。

> 桑切斯•德洛萨达上任两个月后即推出“零选择”计划，为了得到资助，在国际组织那儿游说。总统行事颇为谨慎，当时的媒体并没有报道与之相关的消息。数周之后，几家报纸才以有限的篇幅刊登了政府制定根除古柯的计划。报道中没有提及的是政府想剥夺农民的土地。据 1993 年 10 月 28 日《拉巴斯头条》报道，桑切斯•德洛萨达胆怯地筹谋“别无选择”计划，政府将根据 1008 号法律，在一个尽可能短的时期内，根除所有的古柯，也就是他们口中所说的“多余的东西”。“选择”，毫无疑问，是选择暴力和镇压。另据 1994 年 2 月 8 日来自拉巴斯《时代报》的报道，政府不排除可能在恰帕雷和永加斯两地的传统古柯种植区，从古柯农手里按公顷赎买土地，作为彻底根除玻利维亚非法贩毒活动的一种方式。关于这一主题，同年 2 月 4 日艾尔博通讯社通过《拉巴斯头条》报道，“热带特别联盟揭露了政府的企图，通过以每公顷五千美元的补偿，来重新安置古柯、古柯农家庭和恰帕雷的工会领导”。

他们试图把我们从自己的土地上赶走，将数百农民一部分迁到圣克鲁斯，另外一部分迁到科恰班巴，这迫使我们工会组织起来，举行了 1994 年的游行。我记得那时是寒假，在圣克鲁斯和科恰班巴读书的孩子们利用假期回家探亲，警察到处抓人，把在科恰班巴读书的孩子赶到圣克鲁斯，又把在圣克鲁斯读书的孩子赶到科恰班巴。

桑切斯•德洛萨达的政策迫使我们召开了几次紧急会议，开会的时候我们尽量谨慎隐秘，就像搞地下活动一样，因为有特工跟踪我们，试图逮捕我们的领导人。

在奇莫雷举行的一次会议当中，记得有人叫我去恩特尔电信公司，即当时唯一的一个电话亭，告诉我有来自拉巴斯的电话找我。那时还没有手机，因为当时我正在主持会议，我就让威廉·贡多力同志替我接电话。当他进了电话亭，发现里面都是农村巡逻队的特工。他们引我出去，就是想逮捕我。威廉吓坏了，跑回来告诉我，我通报给了大会。农村巡逻队慢慢地包围了会场并强行闯入。我们暂停了会议，高喊着“古柯万岁”，一些人逃出去了，我夹在同志们中间被保护突围。在那次会议上，我们策划了 1994 年的大游行。

当我离开奇莫雷赶往图纳里镇的时候，我看到有几辆闷罐车在跟踪我，但是被我们甩掉了。到了图纳里镇，有人告诉我便衣和警察曾经上了好几辆巴士，查看我是否在其中的车上。

他们的计划因遭到我们强烈的抵抗而流产，我们做好了充分的准备，谁也别想把我们赶出家园。我们有政治头脑，明白桑切斯·德洛萨达政府和美国大使馆的企图。

> 社会经济研究院在 1994 年 11 月 11 日的《见证报》上对此做了警示。“一旦政府的‘零选择’计划得以实施，将会有大约 75000 个古柯农家庭被迫离开恰帕雷热带地区。该机构负责人费德里科·阿基罗神父称，‘零选择’计划意在彻底根除古柯叶，在经济补偿方式尚未确定的情况下，恰帕雷热带地区的 75000 户家庭将流离失所，背井离乡去外地谋生”。当时的外交部长安东尼奥·阿拉尼瓦尔确认了这一说法，他在玻利维亚信息数据中心《30 天》杂志的第 23 页上写道：“‘零选择’计划，在于终结可卡因的生产，而非杜绝传统消费。这是一项经济行动，而非军警镇压行动。该计划是针对恰帕雷地区而制定的，由国家赎买土地，以平均价格补偿古柯，为去外地安家的农民提供资助；该计划的第二步是把恰帕雷地区变成一个大工业区。大约有 75000 户家庭可以得到安置。政府不会后退，仍继续研究其可行性。”

我觉得这个“零选择”计划的出台恰逢其时，要夺取我们土地的企图使得我们加倍团结，让我们考虑到自我管理的必要性，并组织起来，做好政治准备。由八家公司成为整个热带地区的主人，霸占卡拉斯科、蒂拉克和恰帕雷三省所有的土地，因为要生产五种明星产品，好像是香蕉、菠萝、矮扇棕、辣椒和生姜，这令人难以接受。很多同志告诉我说，他们已经被告知，愿意生产这五种产品的可以留下，其他人可以分到土地，尤其是在伊克西亚马斯地区，将会为他们提供免费的交通工具，由水路或者陆路前往。然而，同志们心里明白，他们绝对不会接受的。

由于计划难以施行，他们加强了驻扎在科恰班巴热带地区的军警力量，为的是进行更残酷的镇压。他们展开训练，派来更多的美国军人，创建了热带行动指挥第二中心、第九师以及更小的军事单位。

面临“零选择”计划的破产，他们没有兑现原先的土地补偿，而是按照每公顷两千美元作为铲除古柯赔偿费。这是铲除古柯种植的另一中心话题。对于一些拥有10—25公顷土地的极少数家庭来说，这是一桩好生意，如银行一般。当他们需要钱的时候，就拔掉三公顷的古柯，这样就能拿到六千美元。但是小生产者们并没有什么赚头。有些同志说，他们砍掉我们的古柯，却没有砍掉我们的双手。这种有偿铲除古柯的最大错误就是，政府通过提供一些小项目来换取铲除古柯，比如，建几个卫生站和学校、修建道路等。可是，有些地区并不生产古柯，例如，双圣港地区盛产香蕉，马力波萨地区产菠萝，由于不生产古柯，也就没有古柯可供铲除，而针对这些地区也就没有计划，他们不得不种植古柯，以供政府来铲除，至少可以得到建设一个卫生站、一所学校，或者修建更好的道路。

如同往届政府一样，桑切斯·德洛萨达政府也采取镇压手段，非法逮捕人们，在被指控与贩毒有染的居民家里实施抢劫、推倒房屋，甚至暗杀。那些罪魁祸首从来没有受到过惩罚，一直生活在保护之下，逍遥法外。尽管我们一直借助媒体揭露当局的暴行，但是没有用。

据《真理报》等媒体报道，那几个月所发生的令人震惊的事件包括：1993年9月，逮捕并拷打团结镇居民；1994年4月12日，农村巡逻队的警察杀害了一位农民；上圣巴布罗镇、5月22日小镇、圣安德烈斯镇、塞萨尔萨玛镇、伊维卡萨玛镇被占领事件；塞萨尔萨玛镇遭到武装袭击事件，有人中弹受伤，有人遭到拷打、抢劫，大批居民被逮捕，骚扰女性；1995年9

月，埃特拉萨马工会的一位 45 岁农民埃瓦里斯托·洛艾萨死亡；胡安·卡洛斯·费尔南德斯、胡安·奥蒂斯·迪亚斯、何塞·梅西亚·波索和拉蒙·孔多里分别在阿罗马、阿约帕亚、圣加布列尔和长卡多拉遇害；此外，一位 13 岁的小女孩詹内特·罗莎纳·贝利斯·巴尔加斯在拉乌卡艾涅死亡。当时的媒体对恰帕雷地区遭到镇压造成数十人的死亡事件有大量的报道，每周至少有二至三次报道。

实际上，在历届的新自由主义政府时期，镇压都是惨烈的，恰帕雷地区一直处于战争状态，其中最严重的可能发生在基罗加政府时期，他们进行了最残酷的镇压，热带地区的任何一个地方，暴行随处可见。他们想把我们与贩毒、恐怖主义，甚至游击队牵扯到一起。某些媒体报道，在恰帕雷地区发现有贩毒游击队的踪迹，以此为他们的镇压、暴行及造成的死亡事件制造借口。我们来回顾一下当时的此类新闻。

1994 年 5 月的媒体就此作了好几则相关报道。一则由《拉巴斯头条》发布、后经信仰国际通讯社转载的报道称，经过数年的调查，武装部队情报二部在恰帕雷古柯种植的红色省区首次发现了存在贩毒恐怖团伙的“严重迹象”。另一则消息也来自信仰国际通讯社，并于同月刊登在《时代报》上，报道称，根据内务部的信息，恰帕雷地区正在制造犯罪条件，如同滋生贩毒恐怖主义的温床，这在秘鲁和哥伦比亚已经引发了经济和社会的心理创伤。另据 1994 年 5 月 1 日《真理报》报道，令人感到蹊跷的是，这则消息同样源自信仰国际通讯社，称“政府、缉毒特种部队、美国缉毒署及武装部队情报部门已侦测到与哥伦比亚和玻利维亚非正规武装团伙有染的贩毒集团之战术、后勤及战略因素”。

这些信息均来自美国大使馆，他们一直污蔑我们是毒贩子、恐怖分子，甚至是塔利班，无所不为。这是在制造气氛，在恰帕雷地区射杀并将我们置于死地的伎俩。有一次在《义务报》上刊登了一幅巨大的图片，把我画成一个野蛮人的样子，上面写着：埃沃，毒贩子。所有这一切我们都得承受，不仅仅是镇压，还有莫须有的指控。当我第一次在报纸上读到这则报道的时候，我流泪了，独自默默地在房间里向我已故的父母倾诉："你们为什么要把我带到这个人世上，来承受这莫须有的指控呢？"他们在科恰班巴热带地区对我们所做的一切真是非常残忍。我曾多次向美国大使、政府和新闻媒体索要证据，可他们从来没有拿出过，只是一门心思地公开诋毁我们。

美国大使馆的临时代办大卫·德劳布在农村巡逻队成立11周年纪念会上发表讲话，无耻地声称，古柯种植农已经沦为毒贩子，并且直接与古柯加工和可卡因经销商相勾结，致使古柯流出恰帕雷地区。这则报道刊登在1994年10月17日的《真理报》上。

那段时期，我们组织了妇女大游行。我们的女同志们一路上多次遭到镇压，但最终还是沿着铁路线抵达拉巴斯。在我们封锁公路的时候，她们甚至宣布绝食支持我们。我们得到了大多数工会组织的支持，其中主要来自我们的总工会，包括玻利维亚农民总工会和玻利维亚工人总工会。之后，我们于1996年2月同政府签署了一项协议，却从来没有得到履行。至于妇女大游行这一话题，值得单独用一节来叙述。

在那份协议中，双方商定释放所有被捕人员，尊重人权，尤其是在镇压一再频繁发生的恰帕雷地区，不能强制铲除古柯，而应出于自愿并且给予经济补偿等。农民及其他冲突组织停止一切反制措施。实际上，桑切斯·德洛萨达政府虽然同古柯农领导人签署了至少六份协议书，却从未遵守过。

身陷囹圄

桑切斯·德洛萨达当政期间，除其他措施以外，我们组织了两次到拉巴斯的游行。第一次的口号是"为了生存、古柯和民族尊严"。政府几次阻挠，但是我们最终抵达了总统府。如果我没记错的话，那是在1994

年9月。

在游行开始之前，曾有特工跟踪我。我那时在科恰班巴，我们都已经提前计划好了，领导成员各自分工。我们在图纳里镇汇合，然后着手行动。我们决定在图纳里镇召集协调委会议，然后开始游行。我记得玻利维亚工人总工会的几位领导也在场。政府得知我们马上要游行之后，想和我们对话，条件是要我们不要游行。我们当然拒绝了，这是难以接受的，他们只是想遣散我们。

游行的前两天，我在科恰班巴的联盟，在布斯广场，我去我在拉古那阿拉拉伊的家取点东西，主要是衣物。进门之后就听到有人敲门，我没理会。大约下午四点多的时候，又听到重重的敲门声，我仍没管，尽管很想看看是谁在敲门。看房子的老头说是两个卖球拍的。当我出门的时候，那两人正在拐角处，他们不是卖球拍的，只是乔装而已。我觉得不对劲，有点怀疑，我一直很小心。因为在我家附近有一个球场，那是我当议员的时候，有一次来过一个卖球拍的，跟我说："我在拉巴斯有房，在穆里奥广场旁边，有好几层楼。我可以租给你，真该朝总统府开几枪。"我肯定他是政府的情报特工。这个人时不时地出现，总说此类的话。如果我当真了，就上当了。我特别小心，因为玻利维亚共产党的领导人曾告诉我要特别当心，镇压势力如果无法在工会那边搞垮你，他们就会在家庭和情感方面撕裂你。

我离开家，背包里装了几件衣服，回到了布斯广场的热带联盟驻地。我留意到附近停了几辆没有牌照的汽车，跟在我家周围那样。那天是星期六，我得动身去恰帕雷，我们周日协调，周一开始游行。

联盟驻地挤满了外国记者、摄影师，他们对我拍照，我感觉他们也知道有人在跟踪我，要逮捕我。之后我乘出租车前往萨卡瓦，大约在晚上七八点钟，天色渐渐暗下来，我孤身一人。到了汽车站，我正在找前往恰帕雷的巴士，就在那时，我感觉到有人从后面抓住了我的腰带，另外一个人则拽住我的双手，使劲强行将我塞进一辆汽车里，绕着城市转了半圈，把我拉到主广场的司法技术警察局。碰巧一个摄影记者在那儿，给我拍了几张照片，随后我被快速带了进去。当时我想他们会要我的性命，之前我也曾被逮捕过好几次，可从来没有像这次行动那样。

> 埃沃·莫拉莱斯被捕的消息刊登在1994年8月28日（星期日）拉巴斯的《今日报》上。“埃沃·莫拉莱斯，古柯农的最高领导人，昨晚八点半左右被所谓政府特工逮捕，地点在离萨卡瓦城14公里的地方，据《今日报》特派记者报道，他当时与古柯农领导人一道准备前往恰帕雷”。报道还说，莫拉莱斯“被大约十来个所谓便衣特工抓捕，带上一辆黑色厢式货车，朝科恰班巴方向驶去，同时由另外一辆绿白相间的厢式货车护送”。根据《今日报》记者报道，埃沃试图拒捕、挣扎反抗，但是由于便衣人数较多，他也无能为力。两天过后，政府即以“创建所谓工会警察，恐吓农民和诚实的领导人”的罪名起诉埃沃和其他被捕的领导人。

由于我身陷囹圄，且与外界讯息全无，我没能抵达图纳里镇，同志们开始了游行，大家都知道我被捕了。后来他们告诉我，很多部门宣布进入紧急状态，要求恢复我的自由，不仅是在全国范围内，而且是在国际上。我的事情被发布在所有媒体上，而我自己却对此一无所知。

他们把我关在一间单独的牢房，里面有一个丢弃的玩偶，我把我的背包放在头底下当枕头。过了些时间，一个年轻的小伙子进到我的囚室，跟我说：“你好，埃沃！”“我是你的朋友，我非常钦佩你。”他装得好像是我的朋友，可我确定他是个特工。朋友怎么可能进到这儿来，谁也不是傻子，但是那个家伙纠缠不休，我告诉他说这回可把我害惨了，我本来是要结婚的。“是的”，他对我说道，他想套我的话，可全都是些谎言，好像我们很有交情似的，可我知道他想打探我们工会活动的细节情况。他问我怎样可以帮助你，我告诉他去通知信仰国际通讯社，告诉他们我被捕了，并且告诉了他电话号码。他要我给他点什么，我给了，是50比索，之后他来了一趟又一趟，他就是特工。

被捕的第一天晚上我睡在囚室里，就像睡在办公室里一样，打瞌睡的时候，老鼠就从我身上经过。稍晚些的时候，他们进来了，想拿走我的背包，我不让，就和他们争执起来，其中一个甚至掏出手枪来吓唬我，还用枪指着我，但我还是不给他们。又晚些时候，他们再次闯入，想抢走背包，我就是不给。大约凌晨一点钟的时候，他们把我带到另外一间办公室，建立了一个临时法庭。

一些人穿着睡衣，还有的人脚上穿着拖鞋，其中有些是律师，还有检察官和法官。他们把我叫来要我认罪，得知他们的意图后，我告诉他们我需要有律师。他们叫来了一位律师，连当庭声辩的机会都没有，他们告诉我说："这就是你的律师。"检察官记录了我的一些个人资料，作了惯常的声明，然后他们问我，"你口袋里有什么东西，你的背包里都装了些什么"，我这才明白，问题出在我的背包上。我从背包里掏出一双凉鞋、一条裤子、一件内衣、一件衬衫和两件短袖汗衫。他们相互对视着，其中一人冲我喊道："你身上有多少钱？"我有 20 美元和 200 玻利瓦尔诺，我拿出来给他们看，他们面面相觑，一副吃惊的样子。没别的，那就是我背包里的所有家当。

为了使逮捕行为合法化，政府以"叛乱和非法越权罪"对我提起指控，指控书刊登在报纸上。《真理》报提到当时的内政部长乌戈·圣马丁的谈话，他宣称，禁止游行是"因为国家正处于多事之秋，有很多人意图谋反"，因为"埃沃·莫拉莱斯和其他古柯农领导人要求内阁部长辞职，并且与议会通过的法律作对"。同时还提到，"工会警察"的建立旨在取代玻利维亚警方的职能。与此同时，科恰班巴的检察院宣告，埃沃·莫拉莱斯"开始声辩对组织准警察队伍并与意大利人艾玛·古奇相勾结有责，后者因企图使这一地区变成第二个恰帕雷而被驱逐出境，此人还在笔记中记录：莫拉莱斯为游行接受了 65000 玻利瓦尔诺"。

第一份申辩当中，我的背包成了关注的焦点。我猜想，由于我把凉鞋放在里面，使得书包有些分量，加上我不愿意放开我的背包，他们以为我携带了大量的钱财去游行。他们让我把所有的东西都掏出来，搜我的身，看看我是否藏了什么东西，他们都一脸阴沉，之后才离开。我继续被关押着，翌日的《今日报》上刊登了我被捕的消息，并且附了一张好看的照片。周一的时候，他们把我同其他囚犯关在一起。就这样过了两周，我决定开始彻底绝食，同时还抗议他们把我和其他坏蛋关在一起，那些恶人一脸凶相想讹我钱财，最后连我的背包也不知所终。

媒体也公布了我决定绝食的消息，这是我在囚室里在一张纸上写下的，并传递到记者手上。我决定在囚室彻底绝食，为了维护权利和尊重生命，以及我们的正当诉求。

与此同时，我的同志们尽可能地赶来科恰班巴，不仅仅是为了继续原来的游行，也是为了要求恢复我的自由。有人告诉我，他们在大街上遭到镇压，其中一些同志被捕，但是没有把他们带到我所在的监狱。在囚室里我听到同志们放的鞭炮声还有警察向他们发射的催泪瓦斯。玻利维亚工人总工会也加入到声援行动当中，威胁要采取反制措施。后来他们把逮捕的大卫·埃拉达带到我的囚室。

> 大卫·埃拉达回忆起他被捕的过程：“我在第十四镇参加一个扩大会议，当我离开的时候，在瓦坎基地区，在一辆小巴车上被捕。大约有五十来个警察在那儿等着抓我，时间大概是凌晨的两三点钟。我被蒙着头，由警察押着，也不知在哪儿。下车后，他们把我关在一个小屋里与世隔绝了三天，我也宣布绝食。夜里，那些警察就睡在我的门口，其中一位上校叫拉古拿，是他们的头头，匪气十足，胡作非为，无法无天，盛气凌人。他对我们所做的事情简直没法说。”

那是一间小牢房，一间挨着一间，我们都挤在那里。他们是想把我们关在那里相互残杀。里面大概有四个床垫，只有资格最老的囚犯才可以睡在上面。把我们同罪犯关在一起，其中有人认出了我们，说道，“你们是为了伸张正义才进了监狱，而我们或许犯过错误，可我们不能让你们睡在地上，来垫子上睡吧”。这是他们能给我们的，挺有同情心的，政府是想让他们打我们，讹我们的钱，然而事情并非如此，他们事与愿违。

我自问，我怎么会同罪犯呆在一起呢？我在深夜流泪。我到底犯了什么罪？我忍受了前几天的绝食，后来开始喝水，身体恢复了一些。刚开始，他们把我带到集体牢房的时候，或许是有意让其他罪犯盗我的钱财，可是我没有钱，甚至连我的背包都被拿走了，而他们什么也没说。媒体开始来了，还有其他的人，我记得有一位叫古穆西奥的女同志来看我，是同她的女性朋友们一起来的，她跟我说："埃沃，我们会好起来的。"同一群罪犯关押在一起，我怎么可能好得起来？真令人纳闷。

时任科恰班巴市民委员会主席的罗杰·雷韦尔塔也来看过我，给我以支持，他是民族主义民主行动党的候补参议员，后来又是社会民主力量党的候补参议员，还是科恰班巴工人工会领导人。他让我签署了一份文件，利用我的签名使之被认可。他是一个十足的坏蛋。

几天后的一个早晨，大约在六点钟，他们把我们带到司法部大楼，我们被身边的几个特工严密看守着。我后来才明白，他们之所以一大早带走我们，是怕引起人们的注意。他们把我们带进了一间办公室，示意我们坐下，突然，眼前出现了一些炸药和子弹。我坐在一边，大卫坐在另外一边，而炸药就摆在我们俩的中间。谁干的？是拉古那少校。我不明白他们怎么会策划如此一幕，把炸药都摆出来了。庭审之后我们被带回，路上人们一直跟在后面，差一点人们就在大街上把我救了出来，差一点军警就用上了催泪瓦斯。

> 大卫·埃拉达回忆道："他们把我们带到司法部，把我们赶进办公室，就在我们坐着的地方，出现了一堆炸药，装炸药的箱子是新的，炸药的引信上写着埃沃·莫拉莱斯和大卫·埃拉达的名字。他们告诉我们，这些炸药是我们的，曾经在我们手中。听到这话，我们笑了，真是搞笑，我们怎能扛得动，一匣子弹你可以装在口袋里，但那是好几个箱子。

我被释放的时候，人们把我抬在肩上在广场转了一圈，在苏克雷大街有一个小姑娘又跑又跳的，接着又跑向下一条街。后来，我得知那是西尔维亚·拉萨特。我们一起到联盟总部策划大游行，我们沿着窄马道直至拉巴斯。在此必须要回忆一下阿尔瓦罗·莫斯科索这个人，他当时为民族主义革命运动党工作，与戈尼搭档，被提名为副总统候选人（他是这样跟我说的)。他是一个值得信任的人。有一天，他们把我提出牢房，带我到另一个房间，让我和阿尔瓦罗聊天，跟我说，"埃沃，必须减少古柯的种植量。吃一点东西，你不能这样子的"，然后给了我 10 个玻利瓦尔诺。我不想接受，但是因为朋友关系，我还是收下了。我不知道那时我是怎么想的，他这是同情，还是什么？他向我暗示要根除古柯，“你很快就会出狱的”，他还跟我说，他们知道阿尔瓦罗是我的朋友，我信赖他。

我被捕后，游行继续进行，并且声势更加浩大，但在不同地区我们屡次遭到镇压，甚至还在空中和陆地上对图纳里镇的同志展开了袭击。

1994 年 8 月 30 日《见证报》报道：一场由空中和陆地联合展开的武装行动于今天下午驱散了游行的农民，在经历了由农村巡逻队和玻利维亚警察实行控制引发的一系列问题之后，古柯农于下午 3 点 17 分从当地出发，举行了有上千人参加的游行，其中有二十多个女人。游行队伍遭到执行“清扫行动”的两架直升机和一架飞机发射的瓦斯弹袭击。“清扫行动”于下午 3 点在“三溪镇”附近开始，这个小镇离图纳里镇约 10 公里，距离科恰班巴市 160 公里。

我一被释放，就加入到游行当中，如果没记错的话，那应该是在独立镇。我作为领导人，正赶往拉巴斯去谈判。在那段时期内，镇压的军警杀害了我们的一位同志，称我们的游行神出鬼没，而我们是沿着好几条路，向总统府行进的。

通过谈判，我们达成了重要的协议。政府承诺，取消古柯的非法性，并为恰帕雷地区制定发展计划，修改 1008 号法令等，但是最终没有得到履行。这是我第一次进总统府谈判。达成协议之后，我记得当时的外交部长是安东尼奥·托尼奥·阿拉尼瓦尔，他承诺在同志们的游行队伍到达之前，展开取消古柯的非法性运动，但是也没有兑现。我和菲利佩·卡塞雷斯当时参加了谈判。

当时的外交部长阿拉尼瓦尔，不但没有像 1995 年 4 月在古柯农面前许诺的那样，开展取消古柯的非法性运动，反而宣称古柯农就是“毒品原料的加工者，恰帕雷地区多余的古柯就是可卡因”，这是他在《拉巴斯头条》报上的公开发言。同年 3 月，他在维也纳联合国麻醉药品委员会上曾经承诺过，桑切斯·德洛萨达政府将为实施 1008 号法令而努力，这意味着政府要根除科恰班巴热带地区的古柯种植。

无法理解政府的双重表态，尤其是外长。玻利维亚社会和政府承诺废除 1008 号法令，因为它过于严苛并侵犯了基本的人权，而阿拉尼瓦尔却在联合国承诺实施 1008 号法令，根除古柯种植。在谈判当中，他们千方百计想让我们上当，甚至布下圈套。我记得有一天晚上，我们带着文件离开总统府，一位记者模样的女孩出现在门口对我说："你好，埃沃！干得好，祝贺你！"接着跟我没话找话。我正要去科美西奥大街，那个女孩紧追不舍，我想让她走开，但是又甩不掉，只能让她跟着。费利佩看到有一个女孩跟着我，觉得不错，而我却有些害怕。那个女孩说道："应该喝点什么，我请你吃饭吧，我们去聚会。"我犹豫不决，那个女孩却一直不松口。最后，我们去科美西奥大街吃烤鸡，我无心与她一起吃饭，因为心里害怕。进去之后，她先点了吃的，又猛然要了六瓶啤酒。所以我说这是一个陷阱。她边吃边给我倒了一杯酒，我机灵地找了个借口离开。我跟她说，我倒没有任何问题，只是我身上带着文件，不如我们先放下酒杯，把文件送回宾馆，然后再回来一起吃饭。回到宾馆后，我跟她说，稍等，我马上回来。回到房间后，我告诉前台不接受拜访，然后我锁上门，再也没出去，不知那可怜的女孩是怎么走的，我这才得以摆脱。第二天，玻利维亚工人总工会的领导人告诉我，那个女孩是情报机构的工作人员。这是一次走运的自我拯救。

游行

谈判并签署协议之后，我又重新加入前往拉巴斯的游行队伍当中。我们不知道从何处进城，玻利维亚工人总工会执委奥斯卡·萨拉斯跟我说不要从南区进城，会遭受冷眼。他希望我们从居民区过，但最后被我拒绝了，我们还是从南区进城，我说，不在乎人们对我们喝倒彩。然而，南区的民众热情洋溢地迎接我们，用眼泪迎接我们，我们也感动得掉下泪来，他们给我们送食物，玻利维亚工人总工会的人还帮我们扛行李。这真是一次大集会。我们像战士一样，列队前进，走在我后头的马尔加跟我说："埃沃同志，假如明天就是大选，我们肯定赢。"那时我们还没有自己的政治纲领，但是拉巴斯人民的热情让人永生难忘。

> 媒体图文并茂地在头版报道了科恰班巴热带地区的古柯农民进入拉巴斯时的场景，游行队伍高喊着“要古柯，不要美国佬”的口号，受到了人民的欢迎，他们为古柯农鼓掌，并分送食物，以激励他们的斗志。游行最终在圣弗兰西斯科广场结束，埃沃·莫拉莱斯在这次行动中当众发表讲话。

这次游行非常成功，之后我们又回到了热带地区。所有的工会、总会都组织了聚会，大家兴高采烈，因为协议有十条，对我们有利。我们觉得一切的努力，包括对我们的逮捕甚至镇压都值得了。在热带地区，我们被当作英雄一样受到迎接。在埃特拉萨马组织的大集会上，我记得有人高喊“埃沃总统”，这让我大吃一惊，我们都还没有政治纲领，可是大家拥戴我，有些同志喝的有些醉意了。我还记得，在另一场集会当中，有一位第十四镇的医生在一群同志中间手举着一个小牌子，上面写着“埃沃总统”。

第二年，由于所有协议都付之东流，取而代之的是更加残酷、更大规模的武力铲除古柯的行动，对此，我们于 1995 年秋天组织了另一场名为“争取土地、领土和民族主权”的游行。那时还没有组织过妇女游行。同以往一样，即便有妇女参与，我们也遭受镇压。我告诉媒体，照这样下去，面对政府的背信弃义，继续铲除古柯，恰帕雷地区的基层组织会绕过我们，因为同志们在说，埃沃不止有一个，而是有成千上万个埃沃，无论埃沃在不在队伍里，保卫古柯种植的斗争将会继续。基层组织紧密，准备继续斗争下去。我们又去了拉巴斯，到圣弗兰西斯科广场集会，签订了新的协议，却还是一纸空文。

流放

我们一直在斗争，无论是在国内还是在国际上。那个时期，安第斯古柯生产者委员会在普诺召开了一次会议，与会的有来自玻利维亚、哥伦比亚和秘鲁的代表。在那次会议上，我们决定拒绝美国强加给我们三个国家的“别无选择”计划，尤其是在玻利维亚，对热带地区的古柯农实行暴力镇压、胡作非为。美国提出对那些没有销毁古柯种植、也不打击贩毒的国家不予认证，而面对他们虚伪、谎话连篇的欺诈行径，我们只能奋起自卫并斗争到底。

就其特点和后来的发展情况来说，在科帕卡瓦纳镇举行的这次会议，可以说是安第斯委员会最重要的会议之一。会议由我方组织，于 1995 年 4 月召开，由来自玻利维亚、哥伦比亚和秘鲁三个国家的代表参加，与会的还有很多对古柯种植的文化因素和政治因素颇有研究的学者与专家。

据我们后来所知，会议结束后，在由玻利维亚海军策划的一次行动中，我们有 20 多名同志被捕。如果我没记错的话，会议在阿斯图里亚宾馆举行，古柯生产者、顾问、协作方、捍卫者和一些学者，如里卡多·索韦龙和乌戈·卡比塞斯，展开了热烈的讨论。突然我们被包围了，那是一批身着迷彩服的军人，他们要我们把手放在脖子后面，每五人一组走出来。轮到我出来的时候，其中一人认出了我，跟我说道，“埃沃，过来，呆在这儿别动”。这一幕使我想起了马塞洛·基罗加·圣塔克鲁斯的遭遇，我明白，他们也曾对他说过同样的话，他没理睬，结果遭到枪杀。我只能呆着，等所有人都出来之后，我被塞进了一辆专车。当时我看到街道上有翻斗车堵住了道路，这显然是为了不让行人通过。他们给我戴上手铐，把我和其他同志带到蒂基纳镇，我们当晚就住在驻扎在那个小镇的军营里。

在我被关押时，我得知玻利维亚工人总工会的领导人，在召开全国扩大会议之后也被捕了。在我们所有人都被捕之后，当时的内政部长卡洛斯·桑切斯在新闻发布会上宣布，政府实行“宵禁”。

我当时就在蒂基纳镇，能感受到一些军人的义气。记得一位海军军官问我是否喜欢混血儿舞曲，我说是的，不知道他是怎么做到的，在远处演奏的一支乐队居然慢慢靠近我们，继续为我们演奏混血儿舞曲，我们至少欣赏了一场精彩的音乐会。在蒂基纳，我们被移交给了当地警察，那是一个星期日，然后被转移到拉巴斯，一路上戒备森严。当我们到达普拉多附近的时候，没有人知道我们已经被捕，我们也不知道该如何传递我们被捕的消息，这时我看到了一位来自奥里诺基亚的老师洛伦佐·克鲁斯，为了让他传递我们的下落，我大声叫他的名字，当时他正在走路，看了我一眼。他们把我们带到司法技术警察署，殴打我，让我闭嘴。当我们到了之后，他们把我们这些古柯农关在一个阴暗的半地下室的牢房里，我不知道当时是几点。我们在那儿大概呆了两个星期，然后把我们放了。

> 当时的内政部长卡洛斯·桑切斯对媒体说，逮捕古柯农领导人是一次特别行动，“因为他们和某些外国人（秘鲁、巴西和一个欧洲人）集会”。在秘鲁和哥伦比亚大使馆的抗议下，这两国的在押公民两天后被释放，政府试图为其“多管闲事”作辩解，声称这是一场误会。据 1995 年 4 月 21 日的《今日报》报道，被释放的秘鲁人有：罗杰·闰威尔、阿尔贝托·金塔尼利亚、里卡多·索韦龙、豪尔赫·路易斯·巴斯克斯、阿古丝蒂娜·特哈达、阿贝尔·加尔菲亚、乌戈·卡比塞斯、赫纳罗·卡华纳、埃利塞奥·康多利、安东尼奥·莫莱诺和尤维纳利斯·梅尔卡多；被释放的还有哥伦比亚人：费尔南多·吉拉尔多、巴西人玛丽亚·玛格丽塔·冈萨尔维斯以及美国人海伦·克罗斯。尽管这些外国人被释放了，埃沃却以叛乱和颠覆罪遭到指控。古柯农方面宣布，如果再不释放其领导人，将会采取反制措施，并威胁称，无论是强制或协商，决不允许削减古柯种植。

我记得当时拉巴斯永加斯区的同志们组织严密。和我一起被捕的还有米盖尔·卡利萨亚、玛鲁哈·马查瓦等，包括热带地区的萨比诺·阿罗约，他是某教派的一名信徒，正处于崩溃的边缘，抱怨说，都是因为埃沃我才被捕，他想一个人获释，后来通过谈话，我们控制住了他，他就祈祷起来。然而我要感激的是拉巴斯永加斯区的古柯农们，可能有些夸张，几乎每过一个时辰，就会有人送来整只烤鸡。吃的我们有富裕，又不好拒绝，只好邀请警察一起享用。送得太多了，我们不缺食物。

那些天，埃斯登索罗政府时期任内政部长的爱德华多·佩雷斯·贝尔特伦也出现了，好像是我的朋友与同志一样，极富同情心，我们没有联系，他给我捎来了柯力诺牙膏和牙刷，放在狱警那儿，其他的东西可能被他们私吞了。后来他告诉我的，说给我捎了些东西。我还记得胡安·德·格拉纳达，他是执政党的人，是民族主义革命运动的议员，他给我捎了一条毛毯，因为当时我一无所有。

我觉得爱德华多·佩雷斯·贝尔特伦是一名卧底。他一直在找我，是想让我和桑切斯·贝尔萨因会面，我不同意，告诉他我跟贝尔萨因无话可说。然而，当我把这件事告知狱友们的时候，他们都要我去，跟我说“去吧，去听听他说些什么”。我被控制在政府手里，没办法，那就谈谈吧，于是我就跟佩雷斯·贝尔特伦说了，他一直很固执。有一天，他来到囚室，把我提出来，然后坐车直接带到内政部的一间办公室，他让我坐在椅子上，面对着一张宽大的写字台。不一会儿，桑切斯·贝尔萨因吹着口哨走了进来，什么也没说，也没同我打招呼。他径直走到柜子前面，打开收音机，里面正播放着音乐，然后坐到我的对面，把双脚搭在写字台上，脚掌正对着我，斜靠在椅子上。他当时的原话我记得清清楚楚：

“埃沃，你已经被捕了，你现在还能干什么？”

“部长先生，我现在在你的手里，我能做什么呢？我就在你的手里。”我这样回答他。

“你必须根除古柯。”他说，试图强制我。

“古柯不是我一个人的，它属于基地所有的战友，他们可不想铲除古柯。”我回答他。

他摆出一副刽子手的样子，蹙眉说道：

“你现在没有无政府组织了，又没有钱，我可以给你提供经济资助。”

“我不要钱。”我立刻拒绝了他。

他仍旧盛气凌人，稍稍抬高了声音，说道：

“如果你不铲除古柯，就只有三条路可以走：美国、坟墓或者琼裘可洛监狱。如果你愿意的话，我现在就派一架飞机，送你去美国。”

我看了他一眼，说道：“部长先生，你为什么要问我这个问题，我就在你手里，如果你愿意的话，那就送我去吧。”

他又重复了一遍恐吓的话，又再次说派飞机送我去美国，我还是原先的答复。他沉默了一会儿，再次吹起了口哨，然后从桌上收回双脚，起身离去，什么也没说，连道一声告别都没有。过了一会儿，我也记不清有多长时间，佩雷斯·贝尔特伦走进了办公室，跟我说我们走吧，又把我送回司法技术警察署。

等我回到囚室，狱友们正等我回来，又惊又恐，急切想知道所发生的事情。我给他们详述了一遍会面的经过，大家哄堂大笑。

> 据《真理报》1995年4月28日的报道，尽管司法技术警察署没有足够的罪名对古柯农领导人进行刑事审判，埃沃仍被囚禁在拉蒙达里奥的贝尼区。桑切斯·贝尔萨因宣称，囚禁10天前在科帕卡瓦纳被捕的莫拉莱斯和其他古柯农是在宣布“宵禁”的当日做出的决定。政府同时还逮捕并囚禁了其他工会组织的领导人，据称，这是由于玻利维亚工人总工会在全国激发起数次社会冲突而宣布采取的特殊措施。

进司法技术警察署之后，我记不清楚呆了多少天，我们被带到拉巴斯埃尔阿尔托区的空军基地。玻利维亚工人总工会的执行委员奥斯卡·萨拉斯·莫亚同志及其他领导人也在那儿。他告诉我他们在等待，军方会把他们送到贝尼省的鲁文达里奥的马莫雷河附近，一个与巴西接壤的地方。从前那是一个流放地，如今是一个旅游景点。

他们被带走了，我们仍然留在空军基地。天气寒冷，尤其是到了晚上。在那儿，我认识了一位姓巴尔加斯的上校指挥官。他把我单独叫了出去，带到他的办公室，借电话给我，让我和我的组织，还有我的姐姐通话。他老家在阿拉尼，是一个非常讲义气的军人，还请我吃饭，我当总统之后，我们还见过面。

几天后的一个清晨，他们命令我们做好准备，把我们带上了一架小型飞机，飞往鲁文达里奥地区的军营。我们飞了两个小时左右，到那儿酷暑难耐，跟拉巴斯埃尔阿尔托区的天气正好相反。被流放到此地的还有玻利维亚工人总工会和其他工会的领导人，大概共有四十人。我通常第一个起床，去河边逛。有一位海军军官，也是驻地的负责人提醒我们，不能在河里洗澡，因为里面有一种鲨鱼或类似的凶猛生物，他肯定是吓唬我们的。为此，我们只能在河边稍稍洗洗头。我记得有一个姓洛佩兹的胖子，有人戏谑地说他怀孕了，让他多睡觉，然而我却替他说话。大家都在抱怨，因为我们打扫卫生的时候，他还在睡觉。由于我为他说话，有人就开玩笑说，他肯定是怀了埃沃的孩子。我对他们说，如果生的是女孩，就取名叫古柯[1]；如果是男孩，就叫毕楚[2]，都是些逗乐的玩笑话。他们一边抚摸着洛佩兹的肚子还一边问："到底是男孩还是女孩？"

在流放地，看守并不太严，但试图逃跑，也是不可能的，因为营地四面环水，不是大河，就是池塘，附近是雷曼索小镇。我们曾经随一位军官去过那里，他给我们讲了一个故事：一群巴西女人到了这个小镇，其中有一名是艾滋病毒携带者，她和一位在此地实习的拉巴斯青年医生有染。这位青年医生回到拉巴斯，和妻子同床之前，去医院做了相关检查，发现自己也被感染上艾滋病毒，他绝望地自杀了。这个故事很吓人，我们大家都被吓到了。

我在鲁文达里奥没有什么问题，早已习惯了炎热的气候，我在科恰班巴的热带地区生活多年，那里也是烈日炎炎，也有各种蚊虫肆虐，主要是蚊子。同我一起被流放的同志中，尤其是来自拉巴斯的，他们每天都在遭罪，不知所措，近乎绝望。我在那儿被流放了两个多星期。

我在鲁文达里奥期间，恰帕雷地区的同志和玻利维亚工人总工会没被逮捕的其他领导人一起组织了施压行动，直到被逮捕和流放的人全部获释。我被释放的时候是在午夜一点，他们强迫我签署了一份文件，司法技术警察署每次传唤我的时候，我都必须出现。对我来说，这次逮捕就是一场绑架，目的就是让我的同志们屈服并放弃古柯种植。

> 在长达 19 天的监禁之后，5 月 9 日，古柯农的抗议和施压措施有了结果，恰帕雷的同志们与政府签订了一项协议，同意停止反制措施，其中包括封路和减产。而政府一方也承诺，让古柯农"真正参与替代发展计划，作为发展和替代整体方案的一部分"。

我被释放的那天，他们把我带到特立尼达，在那里有一架大飞机等待着我们。他们把大多数的流放者带上了飞机。在那架飞机上，我遇到了一位姓贝雷伊拉的上校，他后来成为一名将军。他来自科恰班巴普塔纳省的圣贝尼托镇。看到我的时候，他拥抱我，送我口香糖，并与我拍

---

① coca 阴性名词，古柯。

② pijchu 阳性名词，咀嚼古柯的人。

照合影。军人待人接物的方式和警察不同，后者总是盛气凌人。

没过多久，好像成了一个规律那样，他们再次逮捕并囚禁了我。这次被捕发生在这一年的 7 月，距上一次的被捕有 3 个月之久。当时我和我的同志们在恰帕雷的图纳里镇总部，我们大概有五十人。我记得当时和我一起的还有菲利佩·卡塞雷斯和内斯托·布拉沃。他们控告我们违反了“宵禁”戒令。

那一次是他们设局骗了我们，因为政府召集古柯农联盟的主要领导人和“替代发展计划”的各位代表及其他人开会，据说是商讨有利于热带地区和古柯农的发展项目。那几天，在尹西博罗国家公园里发生了冲突。如同我对媒体所说的那样，那时的政府不仅善于设套，而且还是罪犯，他们是在想方设法寻找机会逮捕我们，以此要挟我们的同志，来达到铲除古柯种植的目的。

“逮捕事件”在热带地区激起了一系列抗议活动。同样，尽管有军警的监控，他们还是采取了一些行动，要求释放我们。记得当时我在科恰班巴，我们开一个重要会议，制定动员措施，对抗“零选择”计划，该计划的实质不只是铲除古柯，还要侵占我们的土地。古柯农联盟的二把手费利佩·卡塞雷斯打电话告诉我，在图纳里镇将召开一个重要会议以解决一些诉求。费利佩有一个民族主义革命运动党的好朋友，他邀请我前去参会，为此我们召集了各部的领导人，大概有四五十人，他们说桑切斯·贝尔萨因也将参加会议。我没有找到车，没有交通工具，这时出现了一辆非政府组织的车，车上坐着两个长得有点像美国佬的科恰班巴人，他们对我说：“我们带你去。”到了关卡的时候，农村巡逻队的人和国家警察都向他们立正、敬礼，这让我困惑不解，他们却笑了起来。到了下一个关卡，还是同样的情形。后来我才明白，是那些警察搞混了，以为他们是美国缉毒署的人，其实不过是两个科恰班巴人，其中一个叫胡里奥·阿莱姆，另外一个是卡洛斯·巴尔德拉玛，是一位社会学家。

之后，我们到了图纳里镇，我去了热带联盟的总部。一开始我们在那儿等了一会，后来一起步行到警局办公室。当我们询问一名警察的时候，他说他毫不知情，让我们等着。我们又回到总部驻地，等待当局者的到来。那天是礼拜日，大约下午三点钟，来了一帮警察，把我们包围了。我觉得他们在戏弄费利佩，他不被人信任，不相信太多，但警察还是逮捕了我们，把我们带到奇莫雷军营。他们用汽车单独押送我，我记得当时的信仰国际通讯社广播电台正在播送一场足球比赛。司机问我：“你想听？”我说“想”。比赛播到一半时，突然中断了，插播了一条国际信仰通讯社记者埃德温·马龙的一条新闻：“最新消息，古柯农领导人在恰帕雷地区被捕，现在被关押在奇莫雷。”我笑了，因为当时我并不在奇莫雷，而是在车上。

当我们到了奇莫雷军营时，他们直接把我们带去审问，就好像获得战利品一样，但我告诉他们没有辩护律师，我不可能这样做。我知道司法是如何运作的，但是他们威胁我，侮辱我。他们先是想从肉体上虐待我，让我签署一份文件，但我拒绝了。后来他们开始折磨我：用穿着靴子的脚踢我，用拳头打我，其他人抓着我的双臂伤害我。我记得，有一个又胖又高又壮的男人进来，气势汹汹，直接把我双手反压在后背上，并把我举起来，我疼得受不了，叫出声来，真的忍不住。以前遭巡逻队打骂我的警察都是些瘦子、矮个，他们不能拿我怎样，但这家伙又粗又壮，我被制服了，我被迫接受，在文件上胡乱画了画，那并非我的签名。

这一切过后，已经是晚上了，我和其他被捕的同志们一起，被转送到圣克鲁斯。我们每两人一组被铐在一起，其中一位女同志和一个男子被铐在一起。这让我很难受。大家要求停车上厕所，这对于男人来说没有什么问题，但是那位和男子铐在一起的女同志，没人给她解开手铐，只得在男人面前解决。这帮警察一点怜悯心都没有，在一个男同志面前，只用一只手，怎么能解开衣裤呢？这对于我来说真是太悲凉了。

到达圣克鲁斯后我们被关押着，他们不让媒体接触我们，更别说采访了。军人对待我们不错，等了一段时间后，我们被流放到贝尼省的圣华金镇。在那儿我结识的贝雷伊拉上校非常讲义气，在我第一次流放期间，他还送过我一包糖果。我跟他用克丘亚语进行交谈，后来成为了好朋友。

在圣华金，他们给我们提供了一间大牢房。指挥官给了我们一台收音机，我们可以收听新闻。指挥官把我从队伍中叫出来，带我同军官们一起吃饭，还让我看电视。每天下午，我们和官兵们一起打比赛，我们的水平不错，有时会赢一两场。有一天，威廉·康多雷同志被他们肘击了一下，鼻梁被打断了，我不知道他们是不是故意的，但他们给他贴了膏药，像是戴着面具的圣人[1]。他们也带我们去街上散步。我还记得，士兵们曾经捉到过一只四五米长的开满大鳄鱼，我们还尝了鳄鱼肉。我两次被流放，都发生在桑切斯·德洛萨达执政期间。这一次，我大概被流放了两个星期。

妇女大游行

在桑切斯·德洛萨达政府时期，我们又组织了一场新的游行，是妇女大游行，也是比较重要的一次。我们的口号是“为了生命和民族主权”。我们原计划于 1995 年 12 月 11 日开始，但是，由于一系列的问题，游行被推迟到当月的 18 号。当时出现了大量的警察和军人，我们知道他们肯定会出兵镇压。

> 据 1995 年 12 月 12 日《真理报》报道，热带地区的妇女“因为害怕更残酷的镇压”而决定延迟游行。大约 800 多名警察沿着连接科恰班巴和圣克鲁斯的新公路，占领了奇莫雷、伊维卡萨玛和卡斯蒂约小镇及关卡。游行要求尊重生命、主权，并停止强行铲除古柯等。

记得那些矿工的妻子，她们曾在班塞尔政府时期以绝食抗议，要求政府赦免囚犯和流亡者，重回民主。想到了她们，我提议举行妇女大游行，同她们商议，并由协调委员会负责确定游行的时间、地点、方式以及休整地、后勤供给等。我们已经积累了经验，熟悉这些操作。每当妇女们动员起来的时候，总是激起一种对生命的强烈感情和团结的力量。我们的女同志总是果敢坚定。农村巡逻队进村强行铲除古柯的时候，他们先是找到男人，对他们拳打脚踢，或者把他们赶到山里。于是，我们的男同志们明白，如果他们在家里或者种植园里被找到的话，就会挨揍，最好是逃往山里。妇女们留下来拉着自己的娃娃，用眼泪和哭喊来保卫自家的种植园免遭强行铲除。孩子们也跟着一起哭。巡逻队无法对成群的女人喷射催泪瓦斯，因为她们怀里抱着孩子。这样可以使古柯免遭铲

---

① 墨西哥一位斗士的绰号，原名为Rodolfo Guzmán Huerta，其特征就是带着面具。

除。而今，男人们也走出山来声援他们的女人。这种事情经常发生，也是我们的经验。我们的女同志们学会了捍卫生命，保卫古柯，及时抵制古柯被铲除。20 世纪 90 年代随着妇女联合会的成立，这些活动变得更加容易了，她们从前就坚定地参与，只是有一些妇联没有基地。

> 据当时的媒体报道，在“要么古柯要么死亡”的口号下，数十名古柯女农从下午两点半开始了游行，行程 460 公里左右，直达总统府。政府宣布这是一项政治行动，将不予干预。莫拉莱斯则表示，这是为主权和尊严的游行，还包括保护自然和社会资源。

我们计划此次游行的起点并不是恰帕雷，而是科恰班巴。第一队前往基亚科约，我一路陪伴，怀疑警察会来干预。离开基亚科约之后，我开摩托陪着她们，我们分成两组，一组沿着公路游行，另外一组由利奥尼尔达·苏里塔率领，沿着铁路线前行。游行进展顺利，但是我们总感觉有人追踪。由于手机没有信号，我去锡佩找电话同媒体联系，告知队伍正经过苏蒂科约。当我们过了苏蒂科约的时候，警察前来干涉，我落在后面，那时我还不是众议员。对于这种情况我无能为力，于是我看了看情况就逃离了。有几位女同志被带走，大家随即都散开了。我同利奥尼尔达联系，她告诉我她们正沿着铁路线行进。我向媒体透露，游行的主力队伍被阻止，然而，我们安排的另外一组正沿着铁路，向独立镇和莫洛查塔挺进。

> 游行刚一开始就遭到了惨烈的镇压。据《世界报》1995 年 12 月 21 日报道，“热带地区的古柯女农大游行，于 12 月 19 日从科恰班巴出发，直奔总统府。当天上午 10:30，在距离苏蒂科约镇往西 25 公里处的关卡，遭到残酷镇压。这些女农被挡住了去路，在 100 多名警察，还有军人、便衣和警犬的逼迫下，登上了巴士车或者船只，被遣返回恰帕雷”。《见证报》同日报道称：“一群由八十来位古柯女农组成的队伍开始向拉巴斯方向游行，周二下午两点，她们躲过了警察的镇压，继续前行，

最终抵达总统府。”

当我们被告知，她们正沿着铁路线向莫洛查塔山前行的时候，我们非常兴奋。我们从帕罗塔尼出发直奔卡皮诺塔，我们沿路经过了阿尔克，最终到达了卡皮诺塔和塔科帕亚小站，在那里我们受到了热情的招待并在那里过夜。我们沿着铁路继续前行，同时，我还得为女同志背行李。我们先到了阿尔克，然后又到了塔科帕亚，与此同时，那些被捕的女同志则到了奇莫雷。过了一两天，她们被释放，告诉我说："再会，我们游行队伍里见。"这是故意让警察听见。

当我们到达班得拉尼的时候，被捕的女同志也到了，她们是乘火车来的，车厢里全是人，游行队伍壮大了。那天恰逢 12 月 25 日，是圣诞节，女同志们跟我说："埃沃，你离开吧，我们可以自己游行，要不他们会逮捕你的。"

我记得当时下着雨，有人送我一件套头斗篷和一顶帽子。我从班得拉尼出发，到了河边雨还没停，等我们登上山顶时，雨变成雪。我们沿着小路前行，得知我们所在的地方叫作多罗·努尼奥，再往前走就到了哈玻卡萨，是通往奥鲁多省方向的冈费达尔的前一站。这个地方我知道，因为小时候我放羊驼时走过。

到了多罗·努尼奥，陪我走的一些同志离开了，正好是晌午时分。我幸运地等来了一辆巴士，乘车来到科恰班巴。车上，一位乘客认出了我，问道："埃沃，你这是打哪儿来啊？是从游行中来的吗？"我回答说："是的。"到了终点站之后，我乘夜色离开，那天是 12 月 25 日。

为了声援我们的女同志，其他组织也采取了相应措施，例如，玻利维亚农民总工会组织的封路行动，还有来自玻利维亚工人总工会、人权大会和其他组织的支援。当她们抵达拉巴斯时，戈尼的妻子和副总统维克多·乌戈·卡尔德内斯的妻子表示，愿意和来自热带地区的女同志们对话。我记得，我们的女同志们控诉了警察和军队的胡作非为。女人和孩子是恰帕雷地区镇压行动的主要受害者。她们声泪俱下，在议会滥用职权委员会揭露了军警的暴行。但是同样，无人理睬她们。对恰帕雷地区留守农民的镇压仍在继续，强行铲除古柯的行动也在继续。

> 据《真理报》报道，大约有300名混合部队的力量，利用1月6日“三王节”庆的时机，进入伊维卡萨玛地区的伊维萨谷，展开强行铲除古柯的行动。

游行于1月中旬结束，历时一个多月。我们的女同志们从南区、本蒂亚、奥贝胡约、查斯基潘帕、科塔科塔和其他街区进入拉巴斯，一切都很顺利。人们像欢迎英雄那样迎接她们，我们的女同志们得到了拉巴斯人民，尤其是南区人民的热情支持。

> 利奥尼尔达·苏里塔对《真理报》说，“开始的时候，我们的精神有点萎靡，因为我们人数不多，想着游行可能会失败。但是，一想到在恰帕雷，农村巡逻队随时会来骚扰我们，令人寝食难安，我们就有了前行的勇气”。

17. “尊严计划”——投降计划

继桑切斯·德洛萨达之后，乌戈·班塞尔就任共和国总统。他是在左派革命运动、新共和力量党、祖国意识党以及公民团结联盟的支持下当选的，这是在1997年8月，同年我首次当选为众议员。

这届政府推出了“尊严计划”，其实是换汤不换药，宗旨仍是根除古柯、消灭农民和社会运动。跟以往一样，这项计划也是经美国制定、交由班塞尔政府实施的。

而我们，除了做好准备继续抵抗和保卫我们的种植园之外，别无选择。这是一场军事化的铲除运动，不仅扰乱了热带地区，还有整个国家。什么“尊严计划”？实质上不过是一个向美帝国主义屈从、臣服的计划而已，其目的就是根除古柯，以飞机等美国的装备强化美国在奇莫雷的军事基地。

在那期间，他们创建了联合行动力量，这是以前没有的，只有农村巡逻队。他们还成立了远征队，这从桑切斯·德洛萨达政府以来，就已经觉察到其存在，主要由军人、警察和预备役人员组成，他们接受训练，用木棍来对付农民运动，主要是针对古柯农。远征军既不属于武装力量，也不属于警察系统，更不从属于政府，他们直接隶属于美国大使馆。此外，他们早已控制了军队和警察。

恰帕雷再次成为军事化地区，确切地说，那里一直都是，军营和军事基地随处可见。陆、空、海三军种都有，还有警察，皆听命于美国、美国缉毒署和美国缉毒援助办公室。这些机构在奇莫雷军营设有办事处，甚至美国军人就住在那儿的豪宅里。

与前几届政府一样，镇压仍在继续，尤其在基罗加政府期间。为了编造更多胡作非为的理由，他们谎称当地有游击队活动，为此他们还公开了一段录像，其中有恰帕雷解放军的声明，甚至还播出了被指控非法拥有武器的四名人犯。

> 根据 1999 年 10 月 15 日的报道，农村巡逻队司令路易斯·卡瓦耶罗上校对媒体宣称，在热带地区出现了哥伦比亚革命武装力量和图帕克·阿马鲁革命运动的游击队。

根除古柯的行动在各地进行，其中充斥了滥用权力的行为。他们逮捕领导人和普通民众，对他们严刑拷打，推倒民宅，抢劫，对普通民众棍棒相加，不论男女，甚至连从未参加过游行和集会的青年人也难幸免。

铲除行动不断，欺压现象普遍。一次，我和一些同志，其中包括佩德罗·卡尔德隆，他是马莫雷-布洛布洛联盟执行委员，我们考虑如何吓唬那些军人，让他们暂停铲除行动，哪怕只是一段时间也好。想起他们经常说到游击队，我们决定使他们相信在恰帕雷的科洛美地区存在所谓的武装组织。我们这样做不是为了打游击战，而是吓唬那些铲除者，吓唬那个野蛮销毁古柯的政府。那些天这成了新闻，媒体问我我就说，有些年轻人可能绕过我们这么做。也就是一个小团体，只是拍了几张照片，压根没想过组织游击战，主要还是为了吓唬那些铲除古柯的军人。那些天还真管用，军人自己也害怕起来。

> 某些领导人与通讯社的记者取得联系，谈及有关科洛美地区武装团体的所谓第一手消息。记者所拍摄的照片中，有几个年轻人头戴套头帽，身穿迷彩服，身边有几把毛瑟枪，聚在一起，不到十个人。路透社和美国有线电视新闻网播送了这支所谓“民族尊严游击队”的消息，据推测由受过军事训练的年轻人组成。

那段时期，镇压如此之严，以至于学校都停课了。许多校舍变成了军营，扎起了营帐。老师们离开学校长达三个月之久，直到结束铲除古柯运动。这是国家在损害教育。他们杀害公民，打伤百姓，侵犯民众权力，让孩子们生活在恐惧之中。同志们告诉我，连好衣服都不敢穿，甚至连网球服都不行，因为他们会污蔑你是毒贩子，那真像一场战争。

> 2000年，费利西亚诺·马马尼受伤了，他后来成为图纳里镇的镇长。"他们想破坏联盟，我们誓死抵抗，飞来一枪打在我的脚上，一开始，我并没有感到疼痛，但我的腿都要散架了。谢天谢地，我没有被截肢。现居住在埃特拉萨马的埃斯佩兰迪奥神父，那时他住在图纳里镇，救了我。查巴汀医生陪我到圣克鲁斯。那一次，围堵行动持续了整整两个月。我并非唯一受伤的人，我的好多同志都受伤了。"

政府加强了镇压的武装力量，在恰帕雷建立了更多的军营，创建了联合行动队，聚集了各个兵种和警察。同时还加强了远征队的力量，这支军队主要由雇佣军组成，他们直接从美国大使馆支取薪水。这些雇佣军杀害、逮捕并拷打我们的很多同志，对农民棍棒相加，这主要发生在基罗加政府期间，血腥残忍。有记者朋友告诉我，他们在打人的棍棒上刻上"埃沃"的名字。一次，记者随军警人员一起进入种植园为铲除行动拍照，发现军方有一条狗，他们也给它取了我的名字。

有一次，我也挨过棒打，我记不清是在哪个地区了。这些雇佣军所受的训练具有亲帝国主义理念，他们支持美国，打击古柯农。训练时，他们把"埃沃"的名字写在纸板上，贴在靶子上，然后射击。在圣·罗莎的热带行动第二指挥中心的军营，他们是这样受训的。面对一个虚伪的、毫无尊严的计划，一个违背主权、剥夺全体玻利维亚人民尊严的计划，我们是真正捍卫民族尊严的人。

班塞尔死于癌症，其后在豪尔赫·基罗加执政期间，我们经受了最残酷的镇压，数十人死伤，欺压几乎是家常便饭，连孩子们也难以幸免，妇女们的处境更加糟糕，她们当中有很多人遭到强暴，更糟的是她们不知向谁倾诉，司法不过是摆设而已，我们唯一能做的是通过媒体或人权委员会，无论是国内还是国际上，公开揭露他们的暴行。

> 班塞尔死于肺癌和肝癌，治疗了好几个月，甚至前往美国医治。他第一次登上总统宝座是在1971年8月，通过血腥的

军事政变上台的。他做了七年的独裁者，之后通过民主途径，再次问鼎总统府。由于他参与了“山鹰计划”，国际人权组织在国际上要求逮捕他。他于2002年5月5日去世，享年75岁，由副总统豪尔赫·基罗加接任总统。

在豪尔赫·基罗加政府期间，他们杀害了奇莫雷联盟的执行委员卡西米罗·乌安卡。我那天在尼加拉瓜，但是我记得我们曾提前计划把我们的产品运到公路边上，橙子、香蕉、菠萝都卖不掉，我们要求有市场。然而远征队横行霸道，将乌安卡同志枪杀。我们既没有封路，也没有游行，只是在售卖我们的农产品而已。我考虑这是来自美国大使馆的指示，目的无非是用“斩首”手段恐吓保卫古柯运动。不能说他们不认识卡西米罗·乌安卡，他们知道他是谁。卡西米罗不是一个拿自己生命冒险的领导人或基层领导，每当有施压措施的时候，他总是提出温和的建议，十分珍惜大家的生命。他是一位深受爱戴、颇具领导力的同志。

据媒体报道，卡西米罗·乌安卡于2001年12月6日在奇莫雷遭到枪杀。当日上午，农民们把香蕉、菠萝、橙子等送到公路边，这是一场和平的抗议行动，目的是表明替代发展计划完全是一大失败。日近晌午时分，军警人员，所谓的“远征队”赶到现场，用卡车拉走了那些农产品。当农民们试图从驻地后院逃跑的时候，被那些身穿制服人的追赶，这些人杀害了乌安卡，他就是奇莫雷联盟的主要领导人。2001年12月8日《真理报》描述了乌安卡被杀时的惨状：“卡西米罗·乌安卡倒在地上，身下一片血，他呻吟着，哎呀，我中枪了，同志们，救救我，救救我！”《真理报》这样报道，此外还有一系列目击证人的相关报道。

我记得，政府像以往一样，企图推卸责任，指责我应该对同志的死亡负责，但是后来他们自己又声称这是一场意外。军方表态会调查这起事件，最后却对杀人凶手予以保护。有很多目击证人亲眼看到了他们是如何杀害乌安卡的，其中包括奇莫雷的神父。

在军事法庭上，军事法官威尔弗里多·巴尔加斯·瓦尔迪兹宣判，那个杀害乌安卡的士兵艾拉迪欧·保拉“开枪是属于正当防卫”。

拉蒙·佩雷斯·克鲁斯同志也在伊维加萨马的洛马阿尔塔地区遭到枪杀。他是记者的向导，记者在采访我们如何监视军警扎营摧毁古柯种植时遇害。

拉蒙·佩雷斯于2001年9月27日死亡。军警用子弹来迎接那六位记者，其中一颗子弹击中了这个古柯农，子弹打穿了他的手和腹部并从后背飞出。他流血不止，至少持续了二十来分钟，因为那些军人既不想提供救助，也不想听到记者们的惊叫。

我们的同志遇害之后，开启了新一轮对话。当时的内政部长莱奥波尔多·费尔南德斯宣称士兵开枪是出于紧张。谈判过后，我们决定成立工作委员会，但是铲除古柯镇压行动和胡作非为仍在继续。

这起事件被调查是因为事后记者的揭露。调查过后，警察马卡里奥·威尔弗里多承认是他对记者开的枪，杀害了拉蒙·佩雷斯。他被判三年监禁，服刑地就在拉巴斯，不允许消费“酒精饮料”。然而同时也规定，这三年期间可以获得假释。这个破天荒的判决真是对司法的嘲弄。

在同一时期，他们还在森达塞伊斯杀害了三位同志，是从背后开的枪。那时，美国人正在筹划暗杀。多年之后，曾被指派谋杀我的一名警察告诉了我这件事。美国缉毒署是幕后策划者。

那次有三位同志被害，分别是阿贝尔·奥罗斯科、马克莫西·罗哈斯和克劳迪奥·基罗加，他们当时正在封堵公路。据当时的法医报告显示，他们死于背部中弹。

此后又开始了新一轮的谈判，我记得，我们的女同志安娜·玛丽娅·罗梅罗当时作为人民公诉人和人权大会的代表参加了谈判。然而，铲除行动仍在继续，我们的同志继续受到迫害，例如，尼尔达·埃斯科瓦尔·阿吉拉尔被一颗瓦斯弹击中了头，他们还多次占领我们的工会总部。在基罗加政府短暂执政期内，他们滥杀无辜，犯下了严重的罪行。

> 据媒体报道，人民公诉人确认有雇佣军事力量的存在，他们不仅要为镇压平民的行动负责，还发生了抢劫、破坏房屋、酷刑拷打等恶行。《真理报》2001 年 11 月 13 号的报道中附有热带地区公诉人代表的报告，内容显示，远征队由“招募的雇佣兵组成，除食物外，每月领取上千美元薪资。其职责是看守科恰班巴-圣克鲁斯段公路和负责当地的情报工作。这些从属于武装力量的人员近日来对古柯农棍棒相加，基本上是逐个逮捕”。另据 2001 年 11 月 15 日的《时代报》和《媒体报》报道，对于此事，人民公诉人安娜·玛丽娅·罗梅罗声称，“肇事者为雇佣兵和赏金杀手”。仅仅在班塞尔和基罗加政府期间，就发生了 250 多起占领村镇和工会等行动。

如同以往，政府和警方否认一切镇压行动，但是所有的暴行都会有证人，死者和伤者就是最重要的证据。

来自墓地的战斗

无论是豪尔赫·基罗加政府时期，还是之前的历届政府，我们所有的斗争都必须调动我们的一切智慧在热带地区进行抵抗和斗争，因为面对每一次冲突，首先被追踪和逮捕的就是我们这些领导人。他们总是想方设法对古柯农运动实施镇压，但是我们团结一致。这并非一场零星的、可有可无的斗争，而是持久战，冲突每天都有，铲除和镇压行动每天都在发生。

我记得有一次，奇比利利分会的列奥纳多·马尔卡为了躲避追捕，躲藏在墓地里。他们搜捕了一整夜，什么也没找到，他得以逃脱。他的住处已经被警方查封，他告诉我说他提前离开了，只带了一床毯子逃往路边的墓地。他裹在毛毯里，钻进其中的一处墓穴。巡逻队进入墓地四处搜寻，他们心里也害怕，有时离他藏身处只有几米之远，却没能发现他。领导人经常逃往墓地，有时通过手机在那儿指挥抵抗斗争。

为了躲避警察的追捕，有一次路易斯·古蒂帕也去过墓地。警察去过他的住处和联盟驻地，家人、朋友等好多地方都没有找到他。他去了奇比利利的墓地，在那里揭露正在发生的一切。他安稳地坐在墓穴里，向信仰国际通讯社、泛美通讯社以及其他媒体发送电讯，号召举行更大规模的抵抗斗争。警察四处搜寻也找不到他，因为他们有人害怕晚上走进坟地。

主权电台

我们最重要的斗争计划之一就是设立主权电台。我们需要用自己的手段来说明真相，告知在热带地区所发生的一切，以驳斥其他电台的弥天谎言。美国人出资，操控着其他的电台。而我们却不得不使用口令来警示我们的同志警察来了，或领导人被捕了，或铲除行动开始了，等等，甚至通知大家参加集会也用这种方式。我认为有一家我们自己的电台非常重要，因此我向联盟建议，在奇比利利地区建立一家我们自己的电台。所有的同志每人捐出一美元用来购置设备，每月一个玻利瓦尔诺用来支付操作员的工资。电台是我们斗争的十分重要的武器，通过电台我们就可以通知到所有的同志。因此，警察几次突袭，不但抢劫并摧毁我们的设施，还有我们的设备，目的是让我们封口。设备是我们从矿区买来发射信号的，有几位同志为电台工作，我记得其中有安德烈斯·切卡。

我确信通过电台我们强化了农民运动，振奋了玻利维亚人民。我们知道，我们的斗争不仅仅是为了保卫古柯，也是为了维护玻利维亚人民的尊严和主权，为了我们的自然资源，为了土地和领土。

在试图打垮我们的同时，政府也试图关闭古柯交易市场，这又是他们施压的一种方法，大部分市场位于科恰班巴热带地区，一共有 15 处。他们想用这种方法终结古柯的生产和买卖，但是只会更糟。我们动员起来，为避免镇压，我们通过自卫委员会闪电般封路，他们在一处疏通时，我们转移到另外一处。我也是四处奔波，同时还要履行众议员的职责，这给我创造了机会，而不单是保护在恰帕雷的同志们。

我记得，在斗争期间，也就是在基罗加政府时期，尽管我是众议员，他们还是在埃特拉萨马镇将我围困。当时我们在人权办公室，他们不让我去任何地方。既然不让我出去，我就把那儿当作我的参谋部，制定反制和抵抗措施，我就在那儿吃饭、睡觉。

所有的同志和领导人都集中在埃特拉萨马镇，我们在这儿开会，政府则在其他地区铲除古柯种植，也遭到抵抗。警方和军方堵住了进入埃特拉萨马地区的大桥，我无法前往图纳里镇，所有过往的车辆都必须接受检查，没有他们的许可任何人不得出入。

据媒体报道，军方称接到特殊命令，“车辆一律不得通过，如果莫拉莱斯议员想出来，必须弃车而行”。面对这种态度，妇女们在莱昂尼尔达·苏里塔率领下，决定在大桥的另外一头封锁道路。她们一上午都坐在地上，但是遭到军警的镇压，必要时，他们从她们身上跨过去，拳打脚踢，推拉拽扯。这激起了同志们的愤怒，他们带着棍子和石头，想打开大桥通道，但是他们也遭到催泪瓦斯和散弹的驱赶。

我被挡在埃特拉萨马小镇，作为国会议员，却被禁止出行，这令人不解。这就是侵犯一切权力的政府，他们连国会议员都不尊重。封路行动仍在持续，而且愈演愈烈，直至政府考虑我们的要求。在埃特拉萨马镇，他们还企图谋杀我。有一天晚上，我在办公室，来了几个特工朝我们开枪。我们几个正在开会，马上趴到地上，窗户的玻璃碎了，我们静静地呆了好一会儿，以为他们还会再来。第二天，我们发现了嵌在墙体上的子弹。好险我们躲过了一劫，如果我们没趴到地上，可能会有人没命。我记得，我还同莱奥波尔多·费尔南德斯部长联系，告知此事以及我被非法困在埃特拉萨马镇，他答应会给我放行，却没有兑现。为此，我和几位领导人想出了脱身的办法，最终成功离开，从那儿我去了锡纳奥塔。

锡纳奥塔的镇长希默尔·阿格雷达回忆道：在埃特拉萨马镇被围困了近十天之后，开始计划让埃沃脱身，因为他们曾试图两次谋杀埃沃。其中一次发生在下午两点半开始的警察行动，最后整个埃特拉萨马镇都被占领了，简直像一场战争，子弹满天飞，还有催泪瓦斯、散弹，妇女和儿童遭到殴打，几个小时之后，整个小镇被占领。"他们不让我们过桥。我记得当时有莱昂尼尔达·苏里塔、菲利佩·卡塞雷斯、费利西亚诺·马马尼等，都在说该怎么办呢？我们近乎绝望了，在几次尝试之后，我们制定了以下的行动方案：我们弄到了五六辆车子，都是一些最破旧、最不起眼的，没人会想到有人会坐着那样的车子离开。在埃特拉萨马那儿有一辆车，我坐一辆雇来的车，莱昂尼尔达说那样太危险。我们大概是下午五点钟离开的，事先计划好要去哪儿，在锡纳奥塔镇政府我们把其中一间办公室改造成卧室，在那里睡了七天左右。由于都是些老旧的车辆，没人会想到，但有军警在执勤。我们知道他们的戒备什么时候最松懈，我们躲在车里，过了关。那是最令人紧张的一刻。我记得那是在 2001 年，我们甚至躲到山上开会，或者去拉乌卡艾内。

古柯市场的关闭

我们所经历的最严酷的事件之一，也是他们用来把我从议会驱逐出去的借口之一，就是萨卡瓦镇古柯市场的关闭事件，以及后来由此引发的冲突。当时，我在拉巴斯的立法机构，政府的该项决定是不合法的，但还是通过了一项最高法令，旨在禁止恰帕雷地区的古柯贸易。

2002 年 1 月，政府对萨卡瓦古柯市场实行关闭，它是最重要的市场，古柯总局就设在那儿，禁止恰帕雷地区的古柯贸易，引发了一场导致 5 人死亡的冲突。热带地区的农民、经销商和运输人员试图占领市场，他们投掷燃烧瓶炸弹烧毁车辆，但是遭到警察和军人的无情镇压，流弹杀死了福尔图纳托·马可尼和菲德尔·蒙塔尼奥，并且有几人受伤，还有一些人被捕。媒体报道，古柯农携带燃烧瓶炸弹和炸药包，他们要求废除第 26415 号最高法令，它是非法通过的，它禁止古柯叶晾干及其在农贸市场出售，还禁止在允许地以外的地方运输。

面对政府的孤意独行，同志们一直在萨卡瓦地区抵制这项非法的法令，阻止关闭古柯市场，然而，迎接他们的却是子弹，警方先杀害了两名同志，后来更多。他们想恐吓我们，这样就没有诉求了，他们也知道这项法令是违宪的，因为按照法律规定，古柯市场是合法的。因此同志们反应强烈，这又是一个阻碍古柯生产和热带地区数千农民家庭生计的伎俩。我们试图同政府对话，让他们停止镇压行动，避免冲突，但是无论在科恰班巴还是在拉巴斯，国家和地方当局充耳不闻，拒绝对话之外还采取镇压行动。

我记得，包括人民公诉人安娜·玛丽娅·罗梅罗·德坎佩罗、人权大会、玻利维亚工人总工会、玻利维亚农民总工会和其他组织都批评并要求废除这项法令，因为它还规定对古柯的收获、买卖和运输实行惩罚。这也影响到运输人员的利益。

安娜·玛丽娅·罗梅罗·德坎佩罗致信基罗加总统，试图平息萨卡瓦地区的民愤，并附上对2001年12月通过的法令的看法。然而，并没有收到及时的回复，这原本可以避免更多的对抗以及农民和警察的伤亡。她在信中说："一项法令不能凌驾于法律之上。根据第1008号法律，并没有提及古柯买卖与晾晒的违法性。"

对抗持续了好几天，发生了几起伤亡事件，其中包括军人，然而罪魁祸首是基罗加及其通过不合法法令的部长们，我们很早以前就请求对话，但当局盛气凌人，尤其是总统专横的态度，对我们的请求置之不理，反而加紧镇压且通过有损热带地区农民家庭利益的法令。

政府把所有的过错推到我身上，他们又多了一个把我赶出议会的理由，这样就可以对古柯农工会运动进行镇压。他们想把我投进监狱，为此在几家媒体的帮助下，组织了一场新闻采访秀，通过采访死亡军人的家属，把我们塑造成肇事者，但是却没有人为死去的农民兄弟说话，包括在萨卡瓦、恰帕雷地区死去的数十名农民兄弟，以及在强制铲除行动中仍在伤亡、挨打的同志。

就在那些天，警察侵入我们在科恰班巴的总部，殴打我们的同志，不论男女，而她们当中有不少跟年龄尚小的孩子在一起，同志们遭到逮捕，被卡车押送到警局，如同货物一样。莱昂尼尔达·苏里塔和西尔维亚·拉萨特都被抓走了，一边挨打，一边被驱赶到卡车上。

> 关于这起事件，有媒体报道说，当军警与古柯农之间的冲突停止后，周六，政府突袭了位于布斯弛广场的古柯农驻地。无论男女，任意逮捕，其中包括一些主要的领导人，比如，莱昂尼尔达·苏里塔、西尔维亚·拉萨特、费利西亚诺·马马尼、奥斯瓦尔多·多科和德尔芬·奥利维拉。同父母在一起的孩子也遭到逮捕，其他的孩子在街上惊恐逃窜。政府通过副部长奥斯瓦尔多·安德萨那表示，警察的行动是合法的，“因为他们有逮捕令，有 60 多名古柯农因为萨卡瓦地区的暴力活动遭到指控”，这是 2002 年的 1 月 20 日《真理报》报道。这家媒体的通讯员报道称，他们在街上遇到一个迷路的 7 岁小孩，傍晚时分仍在街头流浪。他们问他家住在哪儿，随后将其带回家，发现那个孩子是莱昂尼尔达·苏里塔的儿子，家长因为被捕而失去了与孩子的联系。

后来，他们捏造证据，指责我和其他同伴参与暴乱和谋杀。正如我之前所说的，他们企图通过审判，将我从国会驱逐并投入监狱。然而，人民的眼睛是雪亮的，他们明白这一切都是谎言和欺骗，不但没有相信和支持这些谎言，而是对此予以驳斥。我被移送到伦理委员会，当时众议院的主席左派革命运动党的路易斯·巴斯克斯·维拉莫尔，由此开始了驱逐程序，但最终一切都对我有利。

那段时期，他们策划谋杀我，我们获悉农村巡逻队的队员接到了射杀我的指令，然而，这项指令未遂，因为被捅到了上层。他们还曾接到命令，纵火烧毁接送我开会的车辆。

封路：反抗的工具

在我们的斗争当中，游行是十分重要的，封路也是。我们是迫不得已，是为了避免继续强行铲除古柯对恰帕雷所有家庭的影响。如果没有这些措施，那么在科恰班巴的热带地区，我们可能就没有了古柯，也就没有古柯农和土地了。我们封锁的不仅是主干道，还有辅路和小路，以防止军人和警察进入我们的种植园，摧毁我们的庄稼。为避免镇压，我们还开展了闪电封路行动，取得了良好的效果。

在历届政府执政时期，我们都展开过封路行动，有时长达一个多月，这样我们才能对话、签署协议，尽管从未兑现过，只不过是一纸空文，我们也在考虑采取一些新的斗争手段，尤其是在一些主要的封路行动中，如2000年九十月份的全国封路大行动，就是要求古柯家庭配额，这很重要。2001年，为了抵制关闭古柯市场，那次封路是闪电行动，遍布整个热带地区。2002年我们也有封堵行动，实际上每年都有，而摧毁我们的种植行动从来就没有停止过，也伴随着伤亡和逮捕事件。我们不得不起来保卫我们自己。

我们的协调委员会还采取了对驻扎在各地的军警营地实行监视的措施，他们以占领村镇、逮捕领导人、推倒房屋、根除古柯为目的，在任何地方宿营，在学校、社区、种植园里，宣布实施宵禁，无法无天，随意行动，摧毁一切，置法律于度外。我们借助监视和封路阻止他们得逞。在因为镇压而采取的所有措施中，牺牲了很多同志，数十人受伤，许多人被捕。

在科恰班巴省的热带地区，至少从1982年至2004年，因新自由主义倾向的民主政府实行残酷镇压而导致的死亡人数，没有官方数据。然而，根据非官方统计显示，有超过100多人死亡，2000多人在不同情况下受到军警的折磨，1000多人受伤，包括枪伤或者吸入催泪瓦斯而受伤。百分之九十的人遭到非法逮捕，估计超过5000多人。在所有的军警行动中，无论是铲除古柯还是入侵居民社区，地面或空中发射催泪瓦斯，遭受最大伤害的总是孩子们，有的孩子受伤，有的沦为孤儿，还有极端暴力所造成的心理伤害。

多年的镇压与暴行，不仅发生在新自由主义政府时期，而且在更早以前，从军政府时期开始，譬如在加尔西亚·梅沙统治时期，当他们活生生地将我们一个同志烧死的时候，我们更为团结，被迫组织起来，壮大自己，投入战斗，防止他们继续杀害我们的同志。孩子们所经受的苦难最多，他们亲眼看见了所有的镇压，眼睁睁看着军警如何殴打他们的父母，如何抢走他们的珠宝和家里所有值钱的东西，有时还摧毁房屋，以及花费了农民大量体力和财力的社区工程。

> 根据前领导人和图纳里镇镇长费利西亚诺·玛玛尼所述，遭受暴行伤害人数所占比重为30%～50%。“开会时，我们核对受伤人员的数字，发现会员较少的工会，受害人数达30%～40%，至少有10%的人受了枪伤。工会无一幸免，都有伤员，有的受了枪伤或催泪瓦斯的伤害，有的被打伤。在热带地区，大约有1100家工会，主要集中在总会和六大联盟内，而六大联盟又聚集在协调委员会麾下。

的确也有一些警察和军人死亡，但是他们的死被当作栽赃农民保卫古柯运动的伎俩，尤其是班塞尔和桑切斯·德洛萨达当政时期，每当这两个人要前往美国时，总是举行向死亡士兵招魂的仪式，说是毒贩杀害了他们，以获得更多援助来对付古柯农。这两个人的讲话中总是有这样的内容，确实有士兵死亡，然而杀害他们的并非热带地区的农民，这是诋毁农民的伎俩。

18. 戈尼，零古柯

桑切斯·德洛萨达总统在第二任期内仍然是这样，维持同样的根除古柯政策。政府表态每年至少要铲除八千公顷的古柯园，并始终伴随着镇压措施。我们继续反抗行动，包括游行、封路和集会等。美国大使馆继续施压，强行推行其零古柯计划。

戈尼是靠左派革命运动和新共和力量党的支持上台的。我们通过协商签署了一些减产协议，然而跟从前一样都是一纸空文，从来没有付诸实施，相反，针对整个科恰班巴热带地区的镇压仍在持续。

那时，我们在议会已经有了自己的代表，可以在国会维护我们古柯农的权利。他们试图对古柯农运动展开斩首行动，把我们关进监狱，之后将我驱逐出议会，结果却让我们拥有了更多的众议员和参议员。他们把我驱逐出议会的时候，我曾经告诉过他们，事情一定会这样发展。关于这一问题，我们后面再说。

我记得我曾经请求全国农民联合会召开领导人扩大会议，来评估履行协议的情况。会议在热带地区的埃特拉萨马镇举行，其他各省和地区联盟的代表也参会了。得出的结论是，我们同新自由主义政府签署的协议从来没有得到真正的执行，一切都是骗局、陷阱。

维持不变的是强行铲除古柯，伴随的一直是伤亡、逮捕，不但有领导人，还有普通的农民，无论男女。那时的内政部长是阿尔贝托·盖瑟尔。我们和桑切斯·德洛萨达总统及其几位部长在科恰班巴宾馆举行过会晤。会议认为有必要对玻利维亚的古柯消费进行研究，推动替代发展，但是，他们并不愿意终止铲除行动，因此，施压措施仍旧保持，镇压依然继续，造成我们好几位同志牺牲。

尽管我们反对，国会还是通过了 350 多名美国军人入境，展开更大规模的镇压。所有右派政党沆瀣一气，其中相互间的一些嫌隙已无关紧要，是美国大使馆命令他们通过这一措施的。我记得，2003 年成立了 500 多人的热带行动队，他们在恰帕雷地区实行军事化管理，驻扎了 5000 多名军人。这就是国会批准美军入境的目的，让美军领导和指挥玻利维亚武装力量和警察。在一系列的镇压行动中，有二十多名同志牺牲，数十人受伤。

我们再一次采取了反制措施，尤其是闪电式封路行动，直到他们同意再次签署协议，虽然仍是一纸空文，但至少可以暂缓镇压行动。那时，我们和几个工会组织一起组建了“人民参谋部”，因为镇压不仅局限在恰帕雷地区，其他地区也有，尤其是在拉巴斯省，该地区同时还展开了要求石油国有化的动员，并拒绝向智利出口我们的自然资源。

我们重新回到谈判桌前，并建立了几个委员会，研究石油国有化问题、资本化问题、土地和领土问题、古柯问题、预算问题、劳动力稳定及其他问题。同时决定拿出五万玻利瓦诺，对镇压中牺牲的农民家庭做出赔偿。最后这一切都失败了，因为他们继续强行铲除古柯并实行镇压，而我们只能重启反制措施。2003 年 9 月和 10 月，我们还参加了经过批准的捍卫天然气的抗议活动，这一事件后来导致桑切斯·德洛萨达辞职，他和他的几位部长逃往美国，至今仍受到庇护。

19. 根除之桌

卡洛斯·梅萨政府上台后，延续了桑切斯·德洛萨达和以往政府的政策，即根除古柯。政策是同样的，此外还有美国政府的讹诈：如果不铲除古柯，就得不到美元。卡洛斯·梅萨为了要钱，继续执行铲除计划。

在这届政府，我们重新开启了谈判，不仅是为了停止铲除计划，还有对古柯市场问题的研究。我们要求每户古柯农家庭生产三卡托古柯，约合 4000 平方米土地。与往届政府一样，镇压依然继续，伴随着伤亡和逮捕，一切都是老样子，毫无改变。

我们在第十八届热带地区农民劳动者特别联盟会议上，提议实行公投，以决定古柯种植的合法性，但是被拒绝了。我们渴望通过新的政策，使恰帕雷地区获得和平，但是政府通过军方，主要是警察，仍然施行暴力。在伊西博罗国家公园的依科亚工会和圣·佩德罗工会均发生伤亡和逮捕事件。

> 2004 年 9 月和 10 月的《评论报》报道了这起事件：在伊西博罗国家公园的依科亚工会、圣·佩德罗工会和布斯蒂略工会发生了冲突，一位名叫胡安·乔克·萨米恩托的父亲死亡，数人受伤。大量儿童吸入了从陆地发射到学校的瓦斯毒气，数名古柯农及其领导人被捕。面对这一事件，梅萨政府试图推卸责任，声称军队在剿灭神出鬼没的游击队，其借口是，热带地区驻军行动不受政府控制。

梅萨政府期间，监察部组织了一次行动，以参加恐怖主义组织的罪名逮捕了几位同志，这成为他们实施镇压的口实，其中包括某些与美国大使馆相勾结的检察官，尤其是丹尼尔·乌梅雷斯，他最擅长捏造证据构陷古柯农领导人。在这场行动中，我们在国际上揭露了他们的暴行：毁坏房屋，镇压我们的同志，无论是男人、女人还是孩子。我记得他们逮捕了几位领导人，其中包括玛莎·冈萨雷斯、阿尔比诺·帕尼亚瓜、佩德罗·卡尔德隆、莱昂纳多·马卡和其他同志。给他们罗列的罪名是恐怖主义、武装起义、有组织犯罪，并指控他们同一个叫帕乔·科尔特斯的哥伦比亚人有关联，真是谎话连篇，这只是镇压古柯农的一个借口。我们请了埃克托·阿尔塞、曼努埃尔·莫拉莱斯和其他律师为他们辩护。最后，因为根本没有任何证据，只能将他们无罪释放，但是这些均成为借口被用来打压古柯农家庭。这只是在美国大使馆授意下的逮捕古柯农领导人的一次行动，妄图再次对我们的农民运动实施斩首。这一次他们没有把我列入恐怖分子名单，我觉得因为那时我是议员，而且是全国投票得票数最高的议员。

> 埃克托·阿尔塞、曼努埃尔·莫拉莱斯和其他律师负责为古柯农领导人辩护。记得“一位与美国大使馆颇有渊源的检察官勒内·阿萨韦设立了一个引人注目的打压古柯农领导人的指控案。他身着军装，同女检察官西尔维亚·布拉卡特一起，乘坐‘大力神’飞机，逮捕了一大批我们的人，将他们带到拉巴斯，是我们使得他们获得自由”。的确，2003 年 12 月 12 日，由于缺乏证据，卡洛斯·桑切斯·卡斯特罗法官不得不释放争取社会主义运动党的八位领导人及其党员。然而，也规定了一些保释措施，比如，每个星期一他们必须随担保人向奇莫雷的检察官报到。

卡洛斯·梅萨当政期间，我们牺牲了好几位同志，为此我们开展了几次群众动员，最终和政府达成协议，取得在热带地区种植 3200 公顷古柯的权益。这是自政府强制实行零古柯计划以来，我们首次取得的胜利成果。份额之外的古柯应经协商逐步削减，但条件是必须由古柯消费市场的调查结果来决定。古柯的卡托数量尚未获通过。

与政府签订的协议获得基层同志们的众口称赞，在恰帕雷地区也是一片欢腾。但是每户只有一卡托的决定给我们工会工作带来了一些问题，我们承认一部分古柯流入了非法市场，这在联盟掀起了一场激烈的争论，于是我们跟大家说，我们对古柯农的形象负责，对玻利维亚和世界负责。在多次争论后，有人提议保留一公顷或者半公顷的古柯种植，我们呼吁他们要合理并理性。我们希望人民赞成我们的建议，最后终于产生了古柯份额，显然我们很多人并没有受益，几乎毫无受益。但这是一个理性的建议，每户保留 40×40 平方米的古柯种植，份额之外的则采用和平的方式削减。有些同志说我们背叛了农民运动，争论在于，并非是零古柯，而是每个会员都有份额。一些所谓的激进派，例如托洛茨基派，试图混淆视听，然而人们明白谁才是背叛者，如果任由古柯种植无节制发展，我们最终招来的会是零古柯政策。

经历了同新自由主义政府连续不断的斗争之后，我们最终实现了承认在恰帕雷地区古柯生产合法的目的。在那段时期，我们团结一致，坚持不懈地进行了伟大的斗争，也遭遇过背叛者，例如，菲莱蒙·埃斯科瓦尔，此人同戈尼和梅萨就根除古柯进行了不光彩的交易，正因为如此，才会有零古柯计划的出台。

梅萨辞职之后，爱德华多·罗德里格斯于 2005 年 6 月就任总统。由于其过渡政府的性质（当年 12 月大选），在其任期内，没出现什么大的问题。在我执政期间，我认同了古柯的卡托制度。在与美国大使的礼节性拜访中，我已是总统了，外交官跟我说："如果这是一种平息的方式，我同意，但是我不能对媒体说。"我同欧洲的大使们也谈过，他们也表示同意，但是不能公开承认。

20. 为了工具而战斗

经受了残酷的镇压，一直生活在被追踪与歧视之中，我们开始考虑应该拥有自己的政治工具，我们认为这是捍卫我们的权利、为了更加美好的未来而奋斗的唯一办法，这不仅仅是为了农民兄弟，而是为了全体玻利维亚人民。早在 20 世纪 80 年代，拉巴斯农民劳动者统一联盟即提出了这个想法。

那时我还不明白是怎么回事，一直以来我们农民都被灌输不能从政，我们斗争的武器就是热带种植园的斧子和砍刀，在高原上是尖嘴镐和铁锹。我当时也很茫然，没有能力和权利去从政。我记得在恰帕雷，当有的同志提出了政治权利与结构性问题时，当局告诉我们："您在从政？是在犯罪好吧。"

然而，在玻利维亚农民总工会的大会上，我们开始谈起了自己的工具问题，有的部门甚至已经想创建自己的政党。在我们原来的几大组织总部，大家都在谈论同样的问题，如玻利维亚拓荒者总工会、玻利维亚全国农村妇女联合会、东玻利维亚土著民总工会、玻利维亚工人总工会等。在所有的讨论中，我所听到的都是拥有一种工具的可能性与必要性。

我记得，有一些上述组织的农民领导已经参加了其他的政党，例如，共同轴心（帕查库蒂土著运动党的前身）、基层农民运动、图帕克·卡塔里革命运动、图帕克·卡塔里印第安人运动党等，还有些同志加入了自由玻利维亚运动党、玻利维亚共产党，甚至包括民族主义革命运动党和左派革命运动党。每个省的农民联合会都想拥有自己的工具。在波多西北部有领导人菲利克斯·巴斯克斯，在塔里哈省有基层农民运动党的迭戈·拉米雷斯，在查巴科有维克多·莫拉莱斯，后来他加入了左派革命运动党。我还记得有赫纳罗·卡华纳的卡塔里主义运动，在圣克鲁斯甚至成立了原住民民族团体，在拉巴斯有原住民民族委员会。

这些同志中有很多自相矛盾，基层农民运动提出开展游击战，但是又和左派革命运动搅合在一起，这该怎么理解呢？后来，他们又分别同埃斯登索罗和萨莫拉政府谈判。其他的人则寻求同左派政党，甚至右派政党结盟，其中主要包括民族主义革命运动和左派革命运动等。他们的个人利益在于如何在大选中获得候选人提名，就像与桑切斯·德洛萨达签订协议的维克多·乌戈那样。

背叛：维克多·乌戈等可怜虫

对于所有为了创建自身的工具而奋斗的农民兄弟来说，我们的一大失望就是维克多·乌戈·卡德纳斯。在成为总统候选人这件事上，他获得了所有部门的支持。我们一直想通过以一种高尚的手段来参与政治，在与新自由主义的较量场上，我们坚信可以凭着团结、坚韧、努力与责任来战胜他们。西班牙入侵五百周年的纪念活动非常重要，那是暗无天日的五百年。有些同志后来告诉我，他们去找维克多·乌戈商谈，我们想让他成为我们的总统候选人。他有自己的政党：图帕克·卡塔里解放革命运动党。

不少同志了解这一段历史，包括大卫·乔克乌安卡，还有共同阵线的领导人和党员胡安·德拉克鲁斯·毕尔卡。

> 据毕尔卡回忆，当时他和卡德纳斯进行了面谈，是为了“筑牢在所有这一进程中推动并激励我们的战旗：权利和领土、尊严和主权、自己的政党和原住民人民大会”。

我们和卡德纳斯开过会，当时我在，在场的还有菲利克斯·卡德纳斯、大卫·乔克乌安卡、菲利佩·卡塞雷斯、坎西奥·玛玛尼、菲利克斯·帕特西等。我们达成协议，推选卡德纳斯为总统候选人。几天之后，我们将会在圣·弗兰西斯科广场的大型集会上宣布此事。筹备这次集会的同事告诉我，他们给卡德纳斯打了好多次电话，但始终没有人接，这有点蹊跷。后来倒是接了，却说没有时间。同志们要求他出席一个紧急会议，他也没有出现。

几天过后，他和贡萨洛·桑切斯·德洛萨达一起作为民族主义革命运动的候选人公开亮相。这是一种背叛。我们大家非常失望，感到灰心丧气，最糟糕的是我们陷入了无组织状态：大选日益临近，我们却没有总统候选人，不知如何是好，这怎么可能？一个星期之前我们还商定，他是我们的总统候选人，而现在，卡德纳斯却出现在电视上被宣布为戈尼的副手。我们感到深深的失望，只能临时推选另外一位候选人：来自奥鲁罗省的菲利克斯·卡德纳斯。我们只能仓促应选，在全国范围内分头行事，然而我们的实力被削弱了。那时，我们还和帕查库蒂土著运动党一起，参加了全国范围的选举。1993 年选举中，一些同志打着我的名号行事，想让我成为候选人，我没特别在意，那时的我虽然是热带地区农产品联盟的领导人，但是还太年轻，也没有太多经验。

分化

我记得，当时很多领导人受到其他政党的影响，例如，玻利维亚共产党与帕查库蒂土著运动党相联合，那时他们已经是正当合法的政党了。由于是组合政党，他们所在乎的是如何把我们的同志笼络到他们党内，并没有考虑过创立新的政治工具。而我们，由于没有加入政党，我们则希望大家能够团结起来，加入到新的政党中来。上述政党，无论是玻利维亚共产党还是帕查库蒂土著运动党，都不是农民运动所领导的政党。玻利维亚共产党由马科斯·多米克领导，而帕查库蒂土著运动党的领导人是拉米罗·巴雷内切亚，两个人都不是农民出身。帕查库蒂土著运动党从前是玻利维亚共产党的分支，因此，我们明白了左派政党的分化是怎么样的，他们的分化是为了将农民运动分而化之。我们都想拥有自己的政治工具，但是众口难调，既有来自省联盟的提议，也有来自其他部门的，以及那些想收编我们的左派政党的建议。他们总是想利用我们，从未真诚相待，只是想得到农民的选票。只有在选举的时候，他们才会想到农民，之后就把我们置之脑后。我们总是被边缘化，受人歧视，遭人欺压。我记得在热带地区，这些左派政党提名的候选人并非当地人。他们告诉我，在 1986 年伊维卡萨玛的市政选举中，民族主义革命运动和左派革命运动分居第一、二位，赢得了选举，但是他们都没有候选人。选举法庭准许推选出位居第三位的其他右派政党，这真是不可思议。

1989 年全国大选

我记不太清了，1989 年，我当时是联盟领导人，我们支持安东尼奥·阿拉尼瓦尔。作为热带地区的农民，这是我们第一次支持一位候选人。老一辈领导人，譬如菲莱蒙·埃斯科瓦尔给了我们一些建议，我们是作为左派联盟亮相的。这是由玻利维亚共产党、自由玻利维亚运动和帕查库蒂土著运动党组成的联合政党。我记得参加这次大选的想法是在同年 4 月份的第五届大会上冒出来的，我们没有提出自己的候选人参选。这是一大遗憾，因为几年后，阿拉尼瓦尔与民族主义革命运动结盟，甚至成为贡萨洛·桑切斯·德洛萨达政府的外长。在恰帕雷的宣誓大会上，他表示誓将新自由主义政党铲除干净，结果后来却反过来支持政府铲除古柯的行动。对于我们来说，这种态度和背叛是一大教训。因此，我们这些古柯农决定，以后不支持任何自诩为左派政党的候选人。

> 在那年的选举中，贡萨洛·桑切斯·德洛萨达以 25.64%的选票获胜，紧随其后的是乌戈·班塞尔·苏亚雷斯将军的民族主义民主革命运动党，得票率是 25.23%，帕斯·萨莫拉的左派革命运动党的得票率为 21.82%。阿拉尼瓦尔携其副手沃特·德尔加迪略获得 8.01%的票数，取得了 10 个众议院席位。尽管只是位居第三，帕斯·萨莫拉通过与极右派政党民族主义民主行动党的一系列私下交易，在国会被推举为总统。

我记得在奥里诺卡，大部分都是玻利维亚共产党的党员，其中包括我的堂兄玛尔西亚·莫拉莱斯，他曾经也是一位重要的工会领导人。很小的时候，大概才八岁，他就离开了奥里诺卡，在独立镇那里放羊。等我们再次相见时都已经成年了，他跟我说他也曾经在波科纳呆过，后来去了普塔纳，直到“20 世纪”矿区，在那里他成为了领导人费德里科·埃斯科瓦尔的学生。

然而，除此之外，我们还应该感谢科恰班巴热带地区在 1989 年的投票，左派联盟在科恰班巴大区获得了 3 个众议院席位。如果我没有记错的话，应该是阿方索·费鲁菲诺、雷贝托·门第内哥罗和拉法尔·布恩特·卡尔沃。我们没有获得任何参议院的席位。每次回想往事，越想越失望，因此我再重复一遍，是阿拉尼瓦尔在图纳里镇的誓言。他在讲话中说过，要铲除民族主义革命运动党、左派革命运动党和民族主义民主行动党。当他离开左派联盟，与胡安·德格拉纳达一道加入民族主义革命运动党参选的时候，我们的同志都蒙了，因为一直以来我们在为他做竞选。那时我们才明白这种人一直在利用我们，我们不过是他获益的工具而已。

1989 年市政选举

后来我们参加了 1989 年的市政选举，那是在 12 月份，我们以借用的名称“左派联盟”参选。我们有自己的候选人，这是一次良好的经历。科恰班巴热带地区的选票至关重要，我们获得了位居全国第四的佳绩。我们发现，我们要有自己的候选人，凭着团结和纪律就可能赢得选举，尤其是在热带地区和科恰班巴大区。那时，我们还意识到，我们要为领导市政、市政议会、省区，还有政府做好准备，为什么不说呢。

为此，我们更加坚定，绝不能忽视成立我们的政治工具的可能性。我记不太清了，但是玻利维亚农民总工会在全国范围内展开了一次民意问卷调查，询问基层是否同意建立我们自己的政党，大部分人都表示同意。对于这一点，胡安·德拉克鲁斯了解得很清楚。

> 胡安·德拉克鲁斯说道，问卷调查面向各大区、地区、省、总会、分会、农业工会、原住民领导、领地、拓荒地和庄园的基层农民，不仅仅是询问是否同意建立我们自己的政党，同时还在其他方面征求意见。例如，左派政党、印第安主义政党和卡塔里主义政党是否“能保障解放”，应该由谁领导我们的政党？应该如何把矿工、城市工人、合作社员、生产工人、教师和手工艺人等组织起来吸纳入党？是否有具体提名？是否有其他建议？

1993 年全国大选

凭借已积累的经验，我们决定推出自己的候选人，以“爱国者联合阵线”参加 1993 年大选。我记得，由于维克多·乌戈·卡德纳斯的背叛，在大会上我们迅速做出紧急决定，支持菲利克斯·卡德纳斯·阿圭勒为总统候选人，拉米罗·巴雷内切亚作为副总统候选人。

> 参议员候选人有：路易斯·梅里达·科英布拉和胡安·科罗内尔·基罗加。众议员候选人是埃沃·莫拉莱斯、内斯托·布拉沃、费利佩·卡塞雷斯、阿尔西拉·佩雷斯和胡安·加斯东·索利斯·可卡。这些人皆来自科恰班巴。

由于热带地区的投票，我们赢得了议会大区众议员的选举，但是热带地区无人胜出。那一年，永加斯人赢了我们，获得了一位众议员拉米罗·巴雷内切亚，我们虽然获得了三个席位，但没有一个是古柯农出身。马塞洛·吉萨达那时跟我讲，有传言说，我是1993年大选的总统候选人。当他们到了恰帕雷向我提出这个建议的时候，我有点吃惊，但是后来我想这是一个玩笑话，我怎么可能是总统候选人呢？

只要我们能到的地方都去做竞选活动，乘坐各种交通工具，尤其是公共交通工具，而工会永远都是支持我们的。那个时候，美国大使馆指责我们是毒贩子。我还记得，竞选活动包括长途跋涉，从各个地区汇集，我们的同志从伊格拉走到苏克雷，从加因瓦斯走到加拉科略，从图纳里镇走到科恰班巴，从永加斯走到拉巴斯。

21. 骑着自行车去制造“工具”

就在塔里哈的那次会议上，同志们更加严肃地认识到创建我们自己政治工具的必要性。回顾最近500年来的历史，无论是殖民年代，还是共和制时期，农民总是被压迫的对象，因此我们萌生了创建自己政党的想法。以贡萨洛·桑切斯·德洛萨达为首的民族主义革命运动政府推行“零古柯和零古柯农”计划，令我们的决心更加坚定。他们想像对待矿工那样，给我们一笔钱，把我们从我们的土地上赶走，然后把我们的土地卖给八大企业家。我们的回答是我们应该自我管理，应该结束我们的政治依附。而多次游行换来的不过是一纸协议。在埃特拉萨马召开的扩大会议上，我们决定开始创建我们自己的政党。

那段时期，我们组织了一次直达拉巴斯的最大规模的游行。然而，引起我关注的是，在我身后的莱昂纳多·马尔卡对我说的话:“埃沃同志，如果明天举行大选的话，我们赢定了。”拉巴斯市民热情亲切，对我们夹道欢迎，当时我们许多同志考虑，应该立刻建立自己的政党。

还未开始游行，我就在萨卡瓦被捕。我们是在埃特拉萨马召开的扩大会议上决定游行并建党的。会上我们讨论并评估了与桑切斯·德洛萨达政府多次签署的协议，发现一条也没有履行。我记得巴尔多莉娜联盟的伊莎贝尔·奥尔特加、玻利维亚农民劳动者统一联盟的菲利克斯·桑托斯、玻利维亚拓荒者联盟的杰勒德·加西亚以及波多西、奥鲁罗省、圣克鲁斯、拉巴斯、科恰班巴、塔里哈省各联盟的全国领导人出席了会议。

在那次扩大会议上，我们决定成立领导班子，召开一次政治研讨会，各联盟一起组织一次全国政治大会。我们同时决定，在创建政党的时候，所有的领导人都要公开退出原来的政党，因为其中有些人参加了传统左派政党，例如，玻利维亚共产党、帕查库蒂土著运动党等。我建议确定下第一届“土地和领土政党大会”的时间和地点，这是当时的叫法，会议一致通过 1995 年 3 月底在圣克鲁斯举行。我记得当时科恰班巴统一联盟的阿莱赫·维利斯对我表示支持，罗曼·洛埃扎好像不在。我还说过我们应该考虑拥有我们自己的政治领导人和公职人员，先从地区开始，然后到大区，再到全国，为什么不呢？所有人都支持我。

在那次扩大会议上，我们回顾了与政府签署的所有协议，不光是我们古柯农签的，还有其他组织签的，没有一个得到履行。会上讨论的焦点是，如果我们没有自己的政党，我们的要求和主张无法实现，什么都争取不到，我们会像五百年前那样继续空等。我们应该自己管理自己，为玻利维亚人创建一个新的政党。

光阴流逝，大会在圣克鲁斯开幕的时候，我并不在场，我正在国外，但最后我还是赶回来了。卡拉斯科联盟在这一会议中起了重大作用，为会议增添了活力。他们决定组成自行车队，从布洛布洛骑到圣克鲁斯，总共大概有 1000 多人，作为领导人，吉多·塔尔基和瓦伦丁·古铁雷斯及其大部分成员都参加了，表现活跃。政治工具由此诞生。我记得，当时我们面临的问题是，骑车的同志不得不返回他们的社区，然后没有办法再骑回来，那可是 150 公里的路程。

据德拉克鲁斯维尔卡回忆，“恰帕雷的同志们统一着绿色汗衫，骑车赶来”。

当我从国外返回圣克鲁斯的时候，好几位同志到机场接我。他们告诉我，会议内部有两种观点：一种是成立一个委员会，来评估建党的可行性；另外一种是组成一个任务明确的政治领导班子，实际上就是建党。持第一种观点的主要是玻利维亚共产党员以及一些帕查库蒂土著运动党员和祖国意识党的党员。另外还有一些民族主义革命运动党和左派革命运动党的成员，甚至是某些混进来的全国民主行动党的成员，他们想让委员会处于胡安·德拉克鲁兹·维尔卡的领导之下，他是玻利维亚工人总工会的第二书记。我记得这两种观点之间的交锋异常激烈。当时帕查库蒂土著运动党的党员有伊莎贝尔·奥尔特加、杰勒德·加西亚、胡安·德拉克鲁兹·维尔卡等人。我支持成立一个全国领导班子。看到我们大多数人持第二种观点，一些人离开了大会，其中有波多西联盟的菲利克斯·桑多斯。最后我们占了上风，负责对领导班子宣誓的是胡安·德拉克鲁斯·维尔卡，他当时是玻利维亚工人总工会的总书记。他说他领导的是一个班子，而绝非一个政党，然而领导班子已然是政治工具。他们还建议我加入领导集体，但是我没接受，因为我不想通过选举的方式进行斗争，我更愿意继续领导工会斗争。热带地区的同志们理解我的决定，甚至玻利维亚共产党的一名党员吉多·塔尔基（已故），以联盟的名义加入了领导班子。

> 胡安·德拉克鲁斯说他领导这个班子，记得宣誓时他指出："应基层的请求并出于对工会民主的尊重，他加入这个政治工具的新的领导班子当中，不要再有一个政党，不要再有一个工会，不要再有一个公民委员会，我领导的是原住民族和人民大会。"

我记得在那个领导班子里，有来自各省、区联盟的代表。东玻利维亚土著运动只有塞佩斯参加。后来，他们自己又组成了一个领导班子，任命阿莱霍·维利斯为领导班子主席。他的任命未经过大会，而是在内部会议上，由领导班子成员选出的，他们将其称为"各民族人民主权大会"。

此后，主要是右派和美国大使馆，几次试图使我们强化政治工具的决心失败。比如，他们不想让各民族人民主权大会的同志被选或连选为玻利维亚农民总工会成员，而那些传统政党，如民族主义革命运动党、左派革命运动党和自由玻利维亚党想把他们的党员安插进领导班子，但是我们召开的第七次全国大会选举罗曼·洛埃扎为玻利维亚农民总工会的执行委员，加强了各民族人民主权大会的效力。官方候选人为自由玻利维亚党的保利诺·瓦拉切。

> 阿莱霍·维利斯对媒体宣称，"为了强推其候选人，民族主义革命运动党花了 7 万美金，自由玻利维亚运动党花了 4 万

美金，然而我们的政治工具再一次胜出，把他们都打败了”。1996 年 4 月召开的大会上，全国所有的农民联盟，科恰班巴、恰帕雷的古柯农以及拉巴斯的永加斯，均支持各民族人民主权大会的成立，这意味着重大的政治胜利。

后来，我们成立了一个推动委员会，成员包括：各民族人民主权大会的代表阿莱霍·维利斯、我和乌戈·莫尔迪斯，以及帕查库蒂土著运动党的代表胡安·德拉克鲁兹·维尔卡、乌戈·萨尔瓦德依拉和贡萨洛·穆尼奥斯。我们还起草了一份文件递交给玻利维亚农民总工会大会，但是我不同意那项提议，因而我退出了该委员会。

沆瀣一气，抵制工具

我们要做的重要一步是取得全国选举委员会对各民族人民主权大会的承认，为此我们开始了签名征集活动。在恰帕雷地区，由于我们组织有序且团结一致，有很多人前来咨询我们，我们签满了好几本名册，因为 1995 年我们就该参加市政选举了。其他省份也签满了名册，但未出我们所料。尽管我们符合法律规定的要求，当我们递交签名册的时候却遭到了拒绝。

在我们内部，各民族人民主权大会与帕查库蒂土著运动党之间存在一些分歧，我们想统一起来，但是没有成功。于是，我们和左派联盟一起参加 1995 的市政选举，而帕查库蒂土著运动党另外参选。我们再次借用“左派联盟——各民族人民主权大会”的名称参选。我们在热带地区战胜竞选对手，赢得了三个市的选举：比利亚罗埃尔港、奇莫雷和图纳里镇。

菲利佩·卡塞雷斯回忆道：当时埃沃说，在公共行政管理方面获取经验非常重要，可以培养出工会和政治新干部，因为我们要为在不远的将来，在全国范围夺取政权而准备。

科恰班巴是我们的堡垒，这归功于同志们的纪律严明。我们有 47 席市政议员，丘基萨卡地区有 2 席，拉巴斯地区有 5 席。比利亚罗埃尔港的市长是来自卡拉斯卡联盟的吉多·塔尔基同志，还有奇莫雷的埃皮法尼奥·克鲁斯以及图纳里镇的菲利佩·卡塞雷斯。他们都是热带地区的领导人。

我们从来没有因为政治活动而忽视了我们的工会斗争，相反，我们有了更高的觉悟，因此，在1996年国会第十四届大会上，我第五次全票赢得连任。当时，我们通过了一份政治宣言，向全体玻利维亚人民，包括普通劳动者、知识分子、教会和专业人员宣传我们的政治主张，让他们都加入农民的政治活动中来，以对抗寡头和新自由主义，把国家从毁灭中拯救出来。对于我们来说名字是其次，我们意在团结人民，拯救国家。

在那次大会及其他扩大会议上，我们商定为1997年的大选做准备。为此，我们再次坚持提交签名，我们符合所有要求，以使全国选举法庭承认各民族人民主权大会。但是，由于美国大使馆的授意，我们再次遭到拒绝。我们只得再次借名参选。

> 据埃克托·阿尔塞回忆，为了使各民族人民主权大会被接受，曾尝试了四五次，递交所要求的材料，“甚至即使和阿莱霍关系不错，我们试图取得法人资格，加之有乌戈·莫尔迪斯和曾任驻巴拉圭大使的马塞洛·吉萨达的参与，以及莫拉莱斯·达维达博士，有他们总会胜券在握。然而那时法人资格被政治操纵，显然对于左派政党，这扇大门总是关闭的”。

被拒之后，选举法庭的前成员、委员告诉我们，这是美国大使馆的授意。由于选举委员会接受美国的资助，美方说不能承认争取各民族人民主权大会以及后来的“争取各民族人民主权党”。作为争取各民族人民主权大会我们遭受了失败，我们就更名为“争取各民族人民主权党”。我们这么做是因为大家都想有政治工具，我们之前整合为各民族人民主权大会，现在诞生了“争取各民族人民主权党”，一个挺有意思的名称。我商定的这个名称，他们同意了，但还是遭到法庭的拒绝。我们准备好了一切：组织章程、组织法、内部准则、原则宣言、党员登记，一应俱全，尽管如此，选举法庭还是拒绝了我们。

跳舞中我接受出任

之后，我们在波多西召开了第二届全国政治工具大会，参会代表约1500人。我们更加壮大了，拥有政治工具的想法使我们信心倍增。我们于1997年初召开会议，会上选举了新一届领导班子，阿莱赫·维利斯当选为主席，我当选为副主席，罗曼·洛埃扎为党际关系书记。我没太多的时间。我们决定参加大选，并再次借用“左派联盟”之名，因为法庭再三拒绝承认我们。他们再一次提议我为总统候选人，我曾经几次拒绝。我很害怕。我们承受着来自右派、美国大使馆的恶意攻击，后者指控我是毒贩子、古柯黑社会、恐怖分子，面对这样的公开指控，我怎么能够当总统候选人？那时我说这是兄弟姐妹们在取笑我。

我们想联合左派政党，尤其是玻利维亚共产党和帕查库蒂土著运动党，他们中有原住民、工人、中产阶级和城乡的教师。我们还有一个新的名称，叫作“争取生命阵线”。在拉巴斯，我们的会议一直持续到第二天天亮，我作为特邀嘉宾出席，因为我并非全国领导人。马科斯·多米克和拉米罗·巴雷内切亚也在，会议争论的焦点在于，生命阵线内部的意见是否是一致的，谁将是拉巴斯的第一个联合提名人选。拉米罗建议选我，多米克表示不同意。由于双方争执不下，左派联盟和帕查库蒂土著运动党无法达成一致，因为玻利维亚共产党是左派联盟内部的一个政党。为了让双方达成协议，我们等了很长时间。如果我们早早联合起来参加选举，我们就可以赢得多个议员席位，而不是只有四个。看到这种争执的局面，有些领导人甚至留下了眼泪，为什么两个人就不能团结起来呢？这才真的是总令人伤脑筋的事。

在波多西的扩大会议上，联盟的执行委员是菲利克斯·桑多斯。会议间歇，放起了音乐，我们跳起舞来，因为是过节，多喝了几杯，曲终舞后我到底还是答应出任候选人。回来时，我和我的团队取道苏克雷，抵达科恰班巴，当晚我彻夜难眠。我再三思索，他们还在指控我是毒贩子、恐怖分子，我怎么能当候选人呢？我回到位于科恰班巴的总部，奥斯卡·奥利维拉当时也在，五大联盟的紧急扩大会议就在我们借用的生产工人联盟的大厅召开。我告诉同志们我不当总统候选人，这引起了一场激烈的辩论，其中一些人反对我的决定。最后，一位同志说道：“埃沃同志知道为什么向我们提出不做总统候选人，埃沃从来不会错的。”这样，他们接受了我的决定，多亏了他，我才退出出任候选人。

> 《真理报》《今日报》等多家媒体当年 1 月份报道了这则消息，据信仰国际通讯社报道："各民族人民争取主权大会推举古柯农领导人埃沃·莫拉莱斯为左派联盟总统候选人，第二届争取土地、领土和政党的农民大会之后，各民族人民争取主权大会的领导人推举科恰班巴五大古柯农联盟颇具争议的领导人竞选总统。"

候选人

这次大会之后，我们在热带地区召开了一次扩大会议，选举我们的候选人。我已经宣布不出任总统竞选人了，但是得另选他人。在拉乌卡埃涅的这次扩大会议上，讨论激烈，大家一致提名我为第 27 选区的众议员候选人，我拒绝了提名，说"宁为鸡口，不为牛后"，这是我的原话，我宁愿领导工会运动，也不想去参加竞选斗争。在那场激烈的辩论中，有一位来自奇莫雷的同志，我记不起他的名字，但记得他的脸，他说："埃沃先是拒绝我们出任总统候选人，现在又拒绝众议员候选人的提名，他肯定是和民族主义革命运动、民族主义民主行动党、左派革命运动有秘密协议才这样做的。既然如此，那就请他也辞去六大联盟主席的职位。"这是第一次、也是唯一一次有同志要求我辞职。我当时回答道，我接受请求，辞去所有联盟的主席，一切由副主席路易斯·古蒂帕接替。我便起身离席。

我离开时，时任图纳里镇和奇莫雷镇长的菲利佩·卡塞雷斯和埃皮法尼奥·克鲁斯，上前干预。那个提议我退出的家伙溜出会场，不见了踪影，妇女们哭了足有一个小时。之后，重新召开扩大会议。那个家伙所在的联盟请求原谅，并声称这并非联盟的立场，只是某一个同志的说法。最后，大家一致决定我仍担任联盟主席，并且是唯一的众议员提名，我的候补是卡拉斯科联盟的瓦伦丁·古铁雷斯。由于我拒绝出任总统候选人，他们选举阿莱赫·维利斯为总统候选人，马科斯·多米克为副总统候选人，后者是玻利维亚共产党的领导人和左派联盟成员。

在竞选中，我们全力以赴，不计得失，不少同志动用他们自己的资源来做动员。基层同志的觉悟如何？这让人难以忘怀。我有一辆丰田小吉普，是我用诺贝尔和平奖候选人提名所得的奖金购置的。我记得，为了竞选，我用那辆吉普车走遍了九大选区中主要的六个：拉巴斯、科恰班巴、奥鲁罗、波多西、丘基萨卡、塔里哈，而圣克鲁斯、贝尼和潘多去的少些。我们没有车可用来搞竞选，就用我的，这辆车真起了很大作用，我用它跑遍全国各地。

埃沃曾多次获得诺贝尔和平奖的提名，第一次恰恰是在1995年。当年，桑切斯·德洛萨达政府尽管公开否认，却发起了一场无耻的反对提名的运动，狡称埃沃应首先让恰帕雷地区获得和平。一年之后，埃沃再次获得诺贝尔奖提名，倡议主要来自比利时、德国和西班牙等欧洲国家的组织，褒扬其“面对一场强加的荒唐的反毒战争，他毫不妥协地维护一个民族的主权与尊严，为捍卫古柯对人权进行了毫不退让的斗争”。

22. 1997 年大选

在 1997 年的大选中，我以超过 70%的最高得票率当选众议员，这得益于科恰班巴热带地区的选票。左翼联盟在同省的得票率位列第四。同时当选的还有罗曼·洛阿伊沙同志、内斯托尔·古斯曼同志和菲利克斯·桑切斯同志。

> 1997 年的选举首次采用单一提名和差额选举制度，这是第一次采用混合选举制度。宪法改革不仅规定了 18 岁可以参加投票以及调整了总统任期时限，还将国会议员的总数调整为 157 人（130 名众议员和 27 名参议员）。众议员中一半由单一提名选区选举产生，另外一半由省区或差额选举产生。

选举结束后，我们在奇比利利好好庆祝了一番。那是在 6 月 27 日，因为我们还纪念了图纳里镇大屠杀和奇比利利广播电台周年成立日。没能当选的是阿莱赫·维利斯，他在媒体上诋毁我们，说我们在省区选举中交叉投票，这不是事实。我们同他的矛盾由来已久，因为我不接受出任总统候选人。他甚至通过媒体攻击我们古柯农的施压措施，尤其是我们在游行的时候。

阿莱赫反对我不当总统候选人的决定，我对此作了回应，然而实际上这是竞选的组成部分，即我和阿莱赫之间的争执。有一些媒体借题发挥，试图削弱我们的竞选和候选人。右翼及其媒体总是想刨挖内部冲突以消耗任何政治或社会活动，包括佩雷斯神父、联合电视台和玻利维亚电视网，当我们谈到鸡、羊、大麦等这些日常词语时，他们就把我们当作小孩。1998 年，我和阿莱赫彻底决裂，他继续使用“争取各民族人民主权大会”作为其政党的名称，而我们之后创建了“争取各民族人民主权党”，当时我们在国会做出的这个决定，罗曼·洛阿伊沙也在场。

获赠“争取社会主义运动”这一政党名称

1999年1月我们举行了“争取社会主义运动”的首届成立大会。戴维·阿涅斯·佩德拉萨赠予我们这个党的名称，他是该党主席，我们得同领导们协商。为了正式一些，我们举行了一个小规模的大会，我们当时说大家应该依法加入“争取社会主义运动”，成为正式党员。我们的确也这么做了。费利佩·齐斯贝也参加了那次受赠大会，我们一起成为“争取社会主义运动”的党员。我作为“争取社会主义运动”的领导人，带着我们的认证材料去选举法庭做了登记，之后我们便合理合法地成为了“争取社会主义运动”的党员。我们甚至向阿涅斯同志赠送了一块金牌，任其为“争取社会主义运动”的终身名誉主席。他自己主动将“争取社会主义运动”这一名称赠予我们，中间通过某些同志的安排，最终完成了这件事情。

> 胡安·德拉克鲁斯·比利卡称，戴维·阿涅斯·佩德拉萨同意赠予该政党名称，只要受赠对象是埃沃·莫拉莱斯领导的“争取各族人民主权大会”。他说他去拜访过阿涅斯：我们在他的小屋里聊天，他的妻子也在。我向他提出我们加入“争取社会主义运动”，但条件是要脱离“左翼联盟”。他说他不能接受这个提议，说我们的运气太不好了。我跟他重申了我们想成为“争取社会主义运动”的党员，他答应了，但别脱离“左翼联盟”。给我一点时间，我会考虑的。

如果我没有记错的话，同年3月份我们在奥鲁罗召开了重组“争取社会主义运动”的第二次大会。会上，我们通过了将“争取各族人民主权大会”的名称也并入进来，最终命名为“争取社会主义运动—争取各族人民主权大会”，然而选举法庭不接受这一变更。当时有来自各方的压力要求选举法庭不接受我们的名称，包括来自美国大使馆的压力。我们做了一系列的调整，进行重新登记和党员注册。那年我们已经用“争取社会主义运动”的名称和蓝白的颜色参加了市政选举。

> 埃尔托·阿尔塞律师谈到，“争取社会主义运动”重新进行了党员的普查登记，更新签名并提交了电子版。在“哈马斯”工作组的支持和帮助下，我们在位于伊图拉尔德街上的伊万·依博雷办公室里工作了好几个月，以确保注册登记完全符合规定。“任何党派想要合法注册，都必须重新登记党员信息，‘争取社会主义运动’也重新造册，我们担心会撤销我们的名称，但我们当时已经是一个颇具实力的政党，如果他们那么做就犯了一个错误，他们不得不接受我们”。

一位无法进入国会的众议员

1997 年我初次在选举中当选众议员，赢得总统选举的是乌戈·班塞尔·苏亚雷斯，他于同年 8 月 6 日就任总统。在国会支持他的有“左派革命运动党”“祖国意识党”“公民团结联盟”和“新共和力量党”。他们自称为“超级大联盟”。那时我一直住在潘多宾馆，从宾馆出来，我沿着科迈西奥街步行去议会宣誓就职，但是警察拦住我不让我进入穆里略广场。我同他们交涉了半个小时，最后才让我进去。

在所有的议员宣誓就职后，我们举行了一个联欢会，庆祝我们有四位同志当选众议员。负责组织这个活动的是戴维·乔克万卡同志。我提议我们由科恰班巴省选举出来的三位众议员住在同一套公寓里，但是内斯托尔·古斯曼没有同意。在那套公寓里我们每个人都有自己的卧室，有一个厨房和一间办公室，我们大家相处得很好。在那儿的那段时间里，我们开展了许多工作，就一些规定提出建议，这当然是在咨询我们的组织和基层同志的基础之上提出的。

1999 年市政选举

我们在以前的政治工作中积累了许多经验，以此为基础我们参加了 1999 年的市政选举。我们共有 80 多位同志被选举为市政议员，来自全国各地，其中在科恰班巴省就有 40 多位同志当选。对我们而言，那次参选非常成功。在热带地区我们取得了绝对性的胜利，在图纳里镇菲利佩·卡塞雷斯再次当选市长。西尔维娅·拉萨尔特·弗洛雷斯、弗洛伦西奥·可卡、大卫·埃雷拉、威廉·孔多里和内斯托·里维拉等也被选举为市政议员。我记得还有一些同志在其他地区当选，例如豪尔赫·莱德斯马·科尔内霍在萨卡巴当选，埃德蒙·诺比略任托托拉市市长。

市政选举结束后，2000 年 4 月我们同科恰班巴的同志们一道参加了捍卫水资源的斗争。我们成功地赶走了图纳里水公司，这是一家国内外资本兼有的跨国公司。一开始我们并没有积极参与其中，参加抗议的主要是受水资源私有化影响的城市居民、灌溉者和农民。在拉乌卡艾涅地区召开的一次扩大会上，我向查帕尔的同志们提议，我们不仅要捍卫古柯，也要捍卫水资源，尽管我们在水资源这方面没有问题，在热带地区没有可饮用水，但是我们应该参与到城市的游行抗议活动中。于是我们开始同奥马尔·费尔南德斯和奥斯卡·奥利维拉协调行动，会议经常开到凌晨一点。我们三人商定，每次游行示威活动都应一起仔细考量、分析和评估。我记得有一次奥斯卡要出国，我们就暂停行动直至他回来。我每次都提前跟基层同志商定好的日期，采用这种方式我们组织了好几次活动。但有一次在科恰班巴市人们没有反应，我们已有 800 到 1000 名同志前往恰帕雷，当时一切都停顿了。我们到达省政府大楼时，大约是上午 10 点钟，警察向我们投射催泪弹，于是城里的人们不再安静地观望，开始动员起来，是我们古柯农们掀起了这次行动。我们当时还好，包括女同志们也高兴地说，“只不过是催泪弹而已嘛，在恰帕雷那可是枪林弹雨”。西尔维娅和莱昂尼尔达还拿东西来弄熄那些催泪弹。我们都笑了。

我记得当时班塞尔·苏亚雷斯政府宣布“宵禁”，却没人遵守，有好几位领导同志被捕，但是人们依然为捍卫水资源而动员起来，直到成功地赶走了图纳里水公司。

在每天紧张的斗争中，我记得有一次我们那个街区的年轻人组织起来保护我，当时我并不知情。一天清晨 5 点，有人敲我家门，我出去开门看是谁来了，结果是这些年轻人，他们对我说，“埃沃，我们是来保护你的，我们在这儿看守了一夜，没发生什么事儿。”直到现在我都很惊讶，街区的人们是如何组织起来保护我的，街坊们的团结令我感动，全体人民的团结令我感动。

将埃沃赶出议会是右翼的主要贡献

在当选众议员后，我读了《国家政治宪法》，那是我第一次读宪法，发现其中有很多好东西没有得到实施，仅停留在纸上了。作为众议员要宣誓遵守《国家政治宪法》，所以我必须从头到尾把它读完。

在履行议员职责时，我总是周日晚上或周一一大早赶到拉巴斯众议院，然而议会总是没人。我记得时任社会政策委员会委员维罗尼卡·帕伦克也是这么认为的。内斯托尔·古斯曼同志从一开始就不跟我们为伍，他是玻利维亚共产党成员，但他什么作为都没有，只知道维护自己的利益。在选举委员会秘书长时，他给我们出了难题，我们是第四秘书处，决定推选罗曼或者菲利克斯，但是古斯曼与右派结盟在票数上超过了我们。尽管他的行为的确合法，但对我们而言是一种背叛。我们三人继续留在委员会里工作，从那之后很难与古斯曼协调行动，因为他背着我们的议会党团当上了秘书长。

当我到拉巴斯开始在议会工作时，无论是上午还是下午，委员会根本就没人，只有几个工作人员在。到周二上午还是一个人都没有，有的人时不时露上一面。到了下午，大家来出席本周的第一次全体大会。周三上午开委员会会议，下午还是全体大会。周四上午是委员会会议，而下午议员们则拎着箱子来参加全体会议，点名之后，约下午四五点钟，他们就直奔机场了，尤其是科恰班巴和圣克鲁斯的议员们。而我一直在那儿等到会议结束，很多情况下都没有达到规定的法定人数。到了周五，议会里面又空无一人了。

这算是什么样的议会呢？我不解。就这样我在那儿呆了一个月。我一直在众院里工作，却不知同谁共事，做些什么，到处都是空荡荡的，直到连我也很快学会了这一套。做了些什么呢？因为是领导，六大古柯农联盟的主席，我每周二早上或中午到拉巴斯，参加下午的全体大会，我把车放在科恰班巴的机场。周二、周三和周四的部分时间我在议会。我都是背着肩包去的，不像其他议员们是拎着箱子，讨论一会儿，然后就出发去机场。到达科恰班巴后，我取车直接开往恰帕雷，甚至连家都不回。我一般是在晚上十一二点或者凌晨 1 点到达恰帕雷。周五凌晨我组织召开整个热带地区会议，每天都工作，同基层同志们一起，直到周日、周一，对我来说，我更愿意呆在热带地区。周一晚上或有时周日，我就回到科恰班巴，以便周二赶回拉巴斯。周二至周四在议会，周五至周一与热带地区的基层同志们在一起。有一些同志要我去他们的地区考察，我去过几个省份。我更喜欢这样工作，一直同农民及其领导人在一起，为整个国家而工作。

1997 年 12 月，我们对议员进行了第一次考评，大家齐聚布洛布洛。我向大家做了汇报，讲述了我的经历，其中有一些同志提出我应当将工资的 20%交给工会组织，那时我的工资是两万四千玻利维亚诺，也有人说我应该交 10%，也有人不同意，说我是在为组织、为全国工作。我服从投票决定，要求我降低上交比例的只有 15 人举手，认为我不用交的几乎是全部。在那次扩大会上发生什么了呢？在奇莫雷有人说埃沃现在是众议员了，应该另选他人当领导了。有一个市政议员为此还辞掉了职务，他想取代我当六大联盟的领导人，而在布洛布洛，大家一致同意由我来做领导人，而且还请求我在全玻利维亚开展活动。那位辞了职的同志叫阿尔比诺·帕尼亚瓜。

通过观察，我看出在议会内部，“祖国意识党”和总统班塞尔以及其他右派政党联合在一起，通过的很多法律都是建立在金钱基础上的。有一群在农村通过单一提名选上来的议员已经不理会“祖国意识党”的领导和主旨，另辟蹊径地自行交易。有一次他们中的一个，我不记得是谁，邀请我去找班塞尔直接商谈通过法案赚钱的事情。我断然拒绝了他，从他的态度来看，我的拒绝让他感到惊讶。每当有重要法案商议的时候，他们在做什么呢？他们人在议会，却不凑足法定人数，不进入全体会议会场，在走廊里穿梭，但是一旦有钱的事，他们就会进去，几秒钟的时间就通过一个法案，甚至都不知道通过的是什么法案。因此，我向媒体揭露说我们国家第一大黑帮就是议会。此后，传统政党就死死抓住我的这一言论，试图将我赶出议会。

根据拉巴斯《今日报》的消息，埃沃称“国民议会已经成为伪装成政客的黑帮避风港，在玻利维亚为所欲为。遗憾的是，议会并非是人民的纯粹代表，而是黑帮犯罪并躲避审判的避风港”。

作为众议员，我们还准备对桑切斯·德洛萨达政府的内政部长进行责任审判，即卡洛斯·桑切斯·贝尔萨因，他对热带地区古柯农犯有滥用职权、谋杀、镇压、侵犯人权等罪行。我表示当政者应当学会尊重人的生命，尤其是穷人的生命，可是他们却从未对自己的行为接受过调查和处罚。我提出责任审判后，只有“左翼联盟”一个政党支持我，新自由主义者们联合起来保护桑切斯·贝尔萨因。就在我要提交审判材料的当天，他们竟然令人惊讶地试图将我赶出国会，这是执政党和部分反对党共同筹谋好的。这一伎俩的其中一个主使者为阿曼多·德拉帕拉，令我吃惊的是，参与其中的居然还有科恰班巴省的某些议员。当时情况很蹊跷，其他省份的议员和众议长奥尔曼多·巴卡·迭斯都没有跟我打招呼，他们从一开始就提交了一项驱逐我的决议案。他们篡改了当天的议程，策划并操纵通过投票将我赶走，但是失败了。只有东部的贝尼、潘多和圣克鲁斯省的议员举手赞成，并起身察看西部省议员们的意见，还有波多西、奥鲁罗省和拉巴斯的议员们，他们没有站立也没有投票。他们驱逐我的初次企图失败了。

“民族主义民主行动党”“左派革命运动党”和“祖国意识党”结成了联盟，其中存在暗箱操作。当选举司法当局领导人的时候，议员们根本就不知道投票的理由是什么，选的是什么人。一些来自拉巴斯、塔皮亚、冈萨雷斯、马克内和乌安卡省的土著或农民议员们，他们是“祖国意识党”的成员，对我说:“埃沃你在浪费时间，我们同你一起去跟班塞尔总统谈吧，咱们跳过‘祖国意识党’。”丹尼尔·桑塔亚是独立人士、单独一人，没有参与那些腐败的事情，尽管在总统选举时他也将票投给了乌戈·班塞尔·苏亚雷斯，时任“玻利维亚工人联合会”执委的奥斯卡·萨拉斯也是这么做的。

我对那些部长们进行了好几次质询。有一次他们不加解释、毫无道理地把我移交给伦理委员会，他们就是想吓唬我，那是他们驱逐我的又一次企图。直至 2002 年 1 月，他们最终将我赶走了。我觉得这是右派对我们的政治工具所做的最大贡献了。将我赶出议会，在原住民运动史上，与 20 世纪 40 年代的工人运动情况相似，当时他们就是将代表“矿业议会团”的议员们驱逐，“矿业议会团”诞生于“玻利维亚矿工联合工会”和“工人革命党”的联盟。而我的情况是，他们将一位原住民驱逐出议会，意图是让埃沃无法参加以后的选举，让我去接受审判，但是他们未能如愿。我曾说过，你们可以把我赶走，但是我会带着三四十位众议员再回来的。判决没有启动，我又一次参选众议员并且成功当选，同年，我带着27位众议员重返议会。

> “矿业议会团”的领导人为参议员胡安·莱钦·奥肯多，他们的众议员是吉列尔莫·罗拉。在一次矿工大罢工后，有49人被驱逐出议会。

人民反对他们驱逐我的行径

他们曾多次恶意操纵，以各种不同的虚假缘由试图将我赶出议会。最终，于2002年1月我遭到驱逐。那是执政党和反对党，以及结盟的新自由主义政党的策划，其目的只有一个，就是把我赶出议会。此前，大约是两年前，他们曾经在恰帕雷试图利用一个香蕉商和一个旅馆老板针对我的官司大做文章。最后，他们欺骗性地利用发生在萨卡巴的事件，通过颁布法令，非法关闭了古柯市场。

> 2001年上半年，科恰班巴热带地区的一名叫米格尔·安赫尔·桑布拉纳的香蕉商，向当地高级法院提出起诉，以煽动暴乱的罪名，要求解除时任众议员埃沃的职务。“图坎斯”旅馆的老板莉莲·玛莎·托雷斯·乌尔库略也起诉古柯农领导人，指控因封路导致其蒙受经济损失。

他们真正的企图是不惜一切代价使古柯农运动失去领导者。当时他们说必须要好好惩罚埃沃·莫拉莱斯，因为我控诉议会庇护腐败和与贩毒有染的人，是国家的头号黑帮。卡洛斯·桑切斯·贝尔萨因当时甚至在媒体上声称，他个人要竭力为赶走我而寻求支持。

> 据2001年12月13日《真理报》报道，“卡洛斯·桑切斯·贝尔萨因个人正努力联络聚集各党派的议会代表们共商将莫拉莱斯驱逐出议会之事，其中包括乌戈·卡瓦哈尔、豪尔

赫•卡萨斯、劳尔•阿劳斯、艾巴尔多•布鲁克纳等众议员”。

豪尔赫•基罗加总统为赶走我也在媒体上做足了秀，我记得他去科恰班巴市，参加了为在萨卡巴冲突中的死亡军人举行的弥撒仪式，当时他站在已故军人的家属旁边，面对着媒体伤心欲绝。但是，对在那次冲突中遭到杀害的农民同志们却只字未提。然而，他没有很好地预判到社会反应，因为工会组织，尤其是农民同志们，采取了施压措施，反对将我驱逐出议会。在议会投票决定我的去留之前，他们已经确定要把我赶出议会。根据玻利维亚无线广播电台的报道，时任伦理委员会主席的“民族主义革命运动党”党员曼努埃尔•桑切斯承认，议会那次的行动速度前所未有，因为赶走莫拉莱斯是某些重要党派的政治意愿。

在我被驱逐后，数百名同志赶到科恰班巴进行抗议，对此政府做的第一件事就是镇压，每天都使用催泪弹。作为报复，他们还关闭了我们的“奇比利利主权广播电台”。那时，有几位律师还告知我，要向科恰班巴的旅馆业老板们支付 20 万元美金作为损失赔偿。

当时执政的“民族主义民主行动党”“左派革命运动党”和“新共和力量党”同右翼的反对党联合起来一起将我赶出议会。此外，他们在媒体上什么都说，并就不同问题发生公开争执。

从一开始，我并不害怕议会驱逐我，因为我知道我有所有民众的支持，很多人都对我表示声援。有“玻利维亚农民总工会”“玻利维亚工人联合会”“拓荒者联盟”和“无地运动”的同志们，还有“捍卫水资源协调委员会”的同志们，主要是灌溉者和工人们。我大约记得是 1 月 22 日和 23 日，伦理委员会开始处理我的问题的时候，时任内政部长的莱奥波尔多•费尔南德斯说，是我逼迫我的同志们参加了萨卡巴的“闹事活动”，已故警察的家属们控告了我。他在委员会呆了 4 个多小时。他甚至还说古柯农组织是一个犯罪组织，进行有预谋的行动，而我就是主谋。

埃克托•阿尔塞•萨克内塔律师称，驱逐埃沃，毫无疑问是民主制度下实行专制的最大体现，那些挑战全体民众智慧的人，比如那些独裁政府，必定不会有好结果的。他强调，驱逐埃沃缺乏程序和理由，“因为不能仅仅因为一名众议员，在行使其职责过程中发表了某些意见，或者因为从未有过证据的所谓煽动暴力的行为，而将一位议员逐出议会，剥夺人民赋予他的职权”。豪尔赫·基罗加政府大错特错。很显然，他是想来一场决战，而相互龃龉的反对派力量则联合起来，他们决定这样做是侵犯了其所有的权利和《宪法》保障，以及为此设定的程序法则，由于众议院的安排，首先原本应当持续至少 2 个月的流程被缩短到 48 小时。没有取证期，也没有规定提交书面申辩的过程，完全是毫无章法可谈”。

他们没有给我多少时间，但我记得我指出从未在动员活动中煽动暴力，而且更不会去煽动杀戮，没有任何的证据可以表明他们的指控，而对我的驱逐是受到美国大使馆的指使。

经过 7 个多小时的讨论之后，他们于 2002 年 1 月 24 日 3 点 30 分将我驱逐出议会，应我个人要求，会议全程有录像，并经电视 7 台播出。此后我宣布绝食，跟我在一起的还有菲利克斯·桑切斯、罗曼·洛阿伊沙和丹尼尔·桑塔亚。为了捍卫玻利维亚人民的尊严，我不害怕入狱，也不害怕死亡。我告诉他们，执政当局犯了与 40 年代相同的错误，当时“矿业议会团”遭到驱逐，为 1952 年的革命起到了铺垫作用。

——埃沃所指的是 1949 年针对代表矿区的众议员们的审讯，在恩里克·埃尔佐格执政时期，议员们被开除出议会，他们被指控对同年 9 月 16 日在“二十世纪矿区”发生的人质死亡事件负有责任。三年后，也就是 1952 年 4 月 9 日爆发了革命。

——埃沃被逐出议会，尽管他在竞选中得到广泛支持，以 70.13%的选票当选众议员，其所在的第 27 选区覆盖科恰班巴热带地区的恰帕雷和卡拉斯科省。他被多家新闻媒体分别誉为 1995 年、1996 年、1997 年、2000 年和 2001 年的年度人物。

——埃克托·阿尔塞说，“没有任何材料或者合法理由可以辩解这样不合理的处罚。既没有警告，更不是临时停职，而是令人想不到的彻底停职。我们从可靠渠道获悉，这个问题曾经内阁讨论，只有一位部长维格贝尔托·里韦罗表示反对，认为这样做并不值得，反而会提高埃沃的声誉，而专断妄为的年轻总统坚持己见（我就这么叫他，指的是豪尔赫·基罗加），否定了这一观点，内阁全体赞成开除埃沃。这是右派犯的最大的错误，是专制、集权、缺乏理性、司法滥用的表现，直到今天他们还在为此付出代价”。

因为我被驱逐出议会，除了我的同志们进行抗议外，还有其他各界的人声援我，主要是在科恰班巴。我记得他们的要求是如不取消对我的驱逐，就应该关闭议会。他们还决定闪电式封路。我在议会第四秘书处绝食抗议期间，警察围困我们，当时的最高警官是伊沃·阿里亚斯·布斯托斯，作为报复，他甚至命令关闭议会里所有的卫生间，为此我们被迫将施压措施转移到科恰班巴市。

奥鲁罗、波多西和科恰班巴省的同志们自发地封锁了道路。古柯农们想去科恰班巴加入到抗议队伍中，警察在中途拦住他们，强制他们下车。他们就步行到克洛米，然后从那里到科恰班巴市参加施压活动。费利佩·吉斯贝当时是“玻利维亚农民总工会”的负责人，他不想封锁道路，但是奥鲁罗、波多西、科恰班巴和拉巴斯的同志们没有理会，自发封锁了道路，那时已经快到狂欢节了。

因为我的问题，出现了全国范围的道路封锁。一些奥鲁罗人说我是不受欢迎的人，而我，一个奥鲁罗人，还在进行绝食抗议，他们说是因为埃沃破坏了奥鲁罗的狂欢节。如果不是因为狂欢节的缘故，封路制造的影响会更大，我有可能重回国会，当然这都应归功于我那些农民兄弟们的斗争。我的姐姐埃斯特尔和弟弟乌戈也加入到抗议活动中，他们参与了卡拉科约的封路行动，但是被警察抓了，警察只抓了他们俩。我现在回想那天的事情，就像是昨天刚刚发生一样，警察要我同姐姐通电话，她在奥鲁罗的圣佩德罗，通话的时候我们都哭了。我知道会这样的，我第一次被抓的时候也落泪了，而我已经更加坚强了。我要感谢一些玻利维亚共产党的党员，20 世纪 90 年代时他们跟我说过，“当一个领导人不出卖自己，不屈服于他人，当一个工会或政治领导人不屈从于帝国主义或资本主义，在玻利维亚也就是新自由主义，那么他们就会从他的家人身上打主意”。我原本不相信，但有过那次经历后我相信了，起初是作为古柯农领导人，后来作为众议员，到现在身为总统，我经历过他们对我家人的伤害，这是从情感上攻击我们，利用我的兄弟姐妹及孩子，利用家人，有时还会恐吓我的家庭。

因为无法继续在拉巴斯绝食抗议，我们转移到了科恰班巴，当时埃尔托·阿尔塞同我在一起。我们下飞机后，几名警察走过来递给我一张检察院的传票，我记得当时路易斯·桑切斯神父也在机场等候，他是“人权常设大会”的主席，我们决定去位于中心广场的检察院。

> 埃尔托·阿尔塞回忆道，“那是一个星期五，我们抵达‘9月 14 日广场’后，去找摩西·肯斯特姆拜乌检察官。在机场时，人们一下子涌出来，而到了广场，人们的声浪更是沸腾起来，场面震撼。检察官紧张地接待了我们，我们告诉他埃沃要申诉，他说会把埃沃的话记录下来。他在那儿进进出出打电话，既紧张又担心，后来我们才知道他是跟莱奥波尔多·费尔南德斯部长通话。后来，他跟我们说那天没法处理我们的事情了，改天再传唤埃沃。直到今天我们也不知道流程进展到哪一步了，是来自社会的压力使他们的伎俩未得逞”。

我记得那位姓肯斯特姆拜乌的检察官让我坐在办公桌前的一张椅子上申诉，与此同时，人们自发聚集在“9 月 14 日广场”。得知我在检察院后他们开始抗议，几乎闯进了在同一地点办公的“司法技术警察署”。那位检察官一会儿站起来，一会坐下，一会儿让我说情况，一会儿又站起来，对我说：“莫拉莱斯先生，这次约谈暂停一下，我们会再传唤您。”之后到现在再也没有传唤过我。他们是想通过司法手段制止我再参加选举，但是他们失败了。这是美国大使馆的授意，甚至连莱奥波尔多·费尔南德斯本人都承认了这一点。

我还记得后来的事情，因为律师们告诉我，曼努埃尔·莫拉莱斯·达维拉、尤西比奥·吉隆达和埃尔托·阿尔塞等人提交材料申请对我进行“宪法庇护”，要求众议院的决议无效，因为将我驱逐违背了下议院章程中所规定的程序。

埃尔托·阿尔塞还记得，有几位律师参加了拉巴斯高级法院的讨论，其中包括曼努埃尔·莫拉莱斯·达维拉、尤西比奥·吉隆达、沃尔多·阿尔瓦拉辛、萨沙·尤伦迪、贡萨洛·特里格索和他本人，他们从法律的角度证实了众议院针对埃沃·莫拉莱斯的所作所为不公平，而这件事情的主谋就是路易斯·瓦斯奎兹·比利亚莫尔。然而，由于司法体系受制于政治威权，尽管我们阐述了理由，庇护最后不合法，甚至还强制我们交罚款。我们是 2002 年 2 月底、3 月初时向宪法法庭递交的诉状，直到同年 7 月才公布审议结果。而那年的全国选举结果也已经见分晓了，埃沃在投票中排名第二。议会休会前四天，即 8 月 2 日，法庭宣布恢复埃沃的众议员身份。

又过了一段时间，宪法法庭履行了所有程序，恢复我的众议员身份，但那已经没有任何意义了，因为我在全国选举中再次以最高票当选众议员，尽管有决议，他们还不想付给我没付清的津贴费。又过了一段时间，埃尔托·阿尔塞告诉我，新上任的众议长吉多·切来罗·阿涅斯决定给我解决 30 玻利维亚诺，每份津贴一块钱。

埃尔托·阿尔塞说，当时，根据规定应当按每场会议付一块钱的津贴费，议员们的收入是 2 万玻利维亚诺。我们不得不向宪法法庭告发这一卑鄙行为，法庭要求全额发放津贴费。“他们这种狭隘、不公、武断专横的逻辑一直持续到最后一刻”。

发生那么多事情之后，选举结果也已经公布，我与当时的几位部长交谈，其中一位告诉我将我驱逐出议会是美国大使馆的决定。除了两位部长外，其他人均同意将我赶走，内阁之前已经做出决定。起初我也很惊讶，后来我才明白，这是政府和美国犯下的一个政治错误。

23. 当总统你还太嫩

我认为那年6月份我们竞选时还有一些细节很重要。对于我们而言，那些年日积月累的成长非常重要，我们的进步巨大，为此我们毫不松懈。我们继续在科恰班巴展开斗争，捍卫我们的古柯种植园，因为他们根除古柯种植的念头一直都在，镇压不断。

我记得竞选时我去找了费利佩·齐斯贝同志，他是“玻利维亚农民总工会”的执行秘书。我想跟他谈谈是否可以就共同竞选达成一致意见。

那时，我甚至都忘了在我被逐出议会时，就是费利佩不同意封锁道路的。关于那件事情，我记得有一次在苏克雷召开农民大会，筹划如何就驱逐事件向政府抗议施压，当时发生了媒体报道的“洗澡门”事件。我从报道中看到，费利佩被人撞见从农民事务部长维格贝尔托·里韦罗下榻的饭店房间里走出来。他们可能谈妥了不封锁道路的某种交易，而农民们则认为这是对基层的背叛。

> 齐斯贝和里韦罗试图在媒体上澄清，他们在独立饭店的聚会纯属巧合，只是对“土地和领土”大会的结论进行了交谈。2002年1月29日的报道称，齐斯贝承认他利用与部长“邂逅”的机会，好好地“洗了个澡”。后来，他又试图澄清那次事件，声称“没有人出卖谁，农民大会的决定没人能改变”。但事实是，原定在星期三封锁道路，他把日期往后推迟到周日。

不管怎样，我认为我们可以一起参加全国选举的，齐斯贝的党叫“帕查库蒂印第安运动党”，很快得到了选举法院的承认，我认为这是美国的一个政治企图，意在分散农民选票。我去总工会找费利佩·齐斯贝谈，跟他说，我们应该联合竞选，如此便可获准通过“争取社会主义运动”。我知道齐斯贝已经提名申请“帕查库蒂印第安运动党”这个名称。那是在名称获准或遭拒前的最后一个晚上，我们一起嚼着古柯叶，他一开始不愿意，同几个总工会的兄弟在一起，说“我在等我党的名称出来”。之后他沉默了一会儿说：“那我们就一起干吧。”我跟他说单额提名的议员是由人民、基层选举出来的，可他不想这样，对我说：“基层有时也会出错，提名右派人士，所以我们还谈什么呢。”之后他又退了一步，说了一句我永远都记得的话：“埃沃，你是在全国，而我只是在拉巴斯，你可以随便在全国的哪儿竞选，把拉巴斯留给我吧。”

那时，永加斯的古柯农兄弟们没能选出他们的候选人，当时迪奥尼西奥·努涅斯兄弟领导得很好，显然这是不允许的。之后，我问费利佩由谁来当总统候选人，他说：“这应该由我来，我比你大，你还太嫩了，以后会有你的，总统候选人应该由我来。”我说咱们在九个省里调查一下，他不同意我的这一建议。我们持续争论，零点前选举法院批准了“帕查库蒂印第安运动党”的注册申请。我得知“帕查库蒂印第安运动党”并没有满足选举法院的要求，他是第一次申请，而我们申请了5次都没能获准，就是不承认我们。后来有一些前任委员告诉我，是美国方面要求他们承认“帕查库蒂印第安运动党”的。有的还说，如果他们不予以批准，道路就会被封锁，所以他们就批准了该党的合法性。实际上他们意在分裂我们，那才是真实的计划，也是美国人授意的。“帕查库蒂印第安运动党”获准后，费利佩带领他的党单独竞选。我记得他任命艾丝特·巴尔博亚作为副总统候选人，她是一位土著知识分子。我们没同“爱国社会联盟”的阿莱霍·维利斯谈，后来阿莱霍与曼弗雷德·雷耶斯·比利亚联盟了。

> 据媒体报道，维利斯傲慢异常，在一次活动上称与弗雷德·雷耶斯·比利亚的“新共和力量党”结成联盟，还说“科恰班巴就是‘新共和力量党’和‘爱国社会联盟’的天下，其他的党派滚蛋吧”。

同年3月，距离选举的日期已经很近了，我们召开了第三次大会推举我们的候选人。在科恰班巴，同志们还是选我作为第 27 选区的众议员，路易斯·古提巴作为我的候补。豪尔赫·莱德斯马同志在第 28 选区，埃德蒙·诺维略在第 29 选区，其他同志在另外的选区。我记得差额选举的候选人是达里奥·门多萨同志和埃琳娜·阿尔门德拉斯同志。我还被推举为总统候选人，安东尼奥·佩雷多为副总统候选人。

但是在选举佩雷多之前，我们遇到一些问题，因为在大会上推举的是何塞·安东尼奥·基罗加，也就是马塞洛·基罗加·圣克鲁斯的侄子。大会上他被公推为副总统候选人，还向他献了花环。2002 年选举时有几位同志都在副总统候选人的考虑范围内，其中包括何塞·安东尼奥·基罗加、多米提拉·琼加拉和胡安·安东尼奥·莫拉莱斯，但是安东尼奥想竞选总统。他对我说，“总统候选人由我来，而不是你。”

> 媒体发布了大会的照片。但是几小时后，基罗加表示不参选副总统，称那是一个误会。根据伊万·依博雷所言，那又是费莱蒙·埃斯科瓦尔耍的花招，本来基罗加在下面，同基层在一起，是他哄骗基罗加走上前台。“竞选活动的启动是在堂博斯克学院的体育馆，跟大家一样，何塞·安东尼奥·基罗加坐在台下的人群中，同大家一起呐喊‘埃沃当总统’。我并不在场，但是有人告诉我，当时费莱蒙对基罗加说，上来兄弟，兄弟接受了，我会让埃沃接受的，但那又是一次阴谋，他让基罗加上了台，宣布参选。之后基罗加跟我说他当时没有别的办法，只能跟着费莱蒙上台。于是人们向他献了花环，宣布他为副总统候选人。”

我认为一些专家提名基罗加，主要是因为他是马塞洛·基罗加·圣克鲁斯的侄子，后者于 1980 年 7 月 17 日在路易斯·加西亚·梅萨的政变中遇害。在那次活动中，热带地区的同志们最先从恰帕雷前来支持我们，他们永远都是先锋。此后全国各地的代表们纷纷赶来。我记得费莱蒙走向台下的基罗加同他说了些什么，我不认为他是去说服基罗加，而是强迫他上台。当时，大家一致推选我竞选总统，至于副总统候选人我们还有时间根据政治和党派战略再商讨。但是，费莱蒙的插手问题就来了，基罗加同意了并上台宣布竞选副总统。此事受到了很多批评，有的批评甚至很重，认为这是对“争取社会主义运动”政治进程的背叛。活动结束后，我们所有人走出体育馆，开始在主干道上进行竞选游行，我们高喊着口号，从普拉多一直走到了圣弗朗西斯科广场。我在队伍前头，我觉得那次有人想向我下毒。在游行过程中，有一个家伙拿着一瓶饮料向我走来，我看了一下周围，没有一个自己的同志，他想强迫我喝下那瓶饮料。那是一个密封的瓶子，我抓住瓶子，就在他想让我喝下时，莱昂尼尔达突然出现了，我就把瓶子给了她。过了一段时间后，我得知那人是情报特工。

谋害

关于这个话题，我都不知道他们有多少次计划企图谋杀我。一次是在艾特拉萨玛，我和几位同志在那儿开会并留宿，晚上警察包围了我们并朝办公室开枪。

> 据拉巴斯《变革报》2009 年 8 月 16 日的报道，埃沃·莫拉莱斯担任总统后共经历过 27 次暗杀未遂，实际上远不止这么多次，因为早在 2006 年 1 月之前就有人企图谋害他。阿根廷作家兼记者丝特拉·卡尤尼在《瞄准器中的埃沃》一书中提到了其他的暗杀行动。其中一次刊登在 2008 年 5 月 21 日的《观点报》上，有一个绰号为卡南的警察供认，2001 年他接到指令，说埃沃要在拉乌卡艾涅同古柯农开会，要求其在会后暗杀他。

我记得还有一次散会后，一个警察走到我身边提醒我小心，因为有一个叫卡南的警察在图纳里镇等着我。于是我停下来，因为我们有两辆车，我们决定结伴而行。后来经调查了解到，那个卡南是当时的警长，因为专门追踪社会运动，很有名气。他主要是跟踪我，我们停下车来，他们就开过去了，在前面等着，那明显就是猫和老鼠的游戏，幕后黑手是美国缉毒署、美国大使馆。还有人告诉我他们曾打算在第六号通道杀害我，在封锁主干道期间，有三位同志遭到士兵杀害，我去参加他们的葬礼，他们计划在葬礼前后暗杀我。那三位同志明显是被处决的，因为法医鉴定显示，子弹是从他们的背部穿进身体的。我们逃脱了多少次暗杀已无法计算，总是有人跟踪我，我留意到后面总是有车跟着，鬼鬼祟祟，没有牌照，车窗也是深色，是帕查玛玛女神救了我们。他们还想伏击我们，试图让我卷入贩毒。他们跟踪我，知道我在哪儿，几点到，在哪吃午饭等，对这些情况了如指掌。

> 《观点报》登出了那个警察的口供，“当时的指令是伏击现任总统埃沃，命令我也要中两枪，一枪在肩膀，一枪在腿上，以便他们分辨不出子弹是从哪儿射出的。要让人们相信是古柯农们在狙击我们时，打中了他们自己的领袖”。我们接到指示，要求在公路上放满地钉，迫使埃沃的车停下来。同时放烟雾弹，利用浓烟掩护一位特工负责朝众议员和古柯农领导人开枪。口供中，那个警察甚至描述了枪支细节，使用的是 22 口径的德式枪支。“那天埃沃去了第六通道参加葬礼，那里是一座小山，地势很高。在距离公路 50 多米开外，我们已经布满了地钉。有人突然在后面喊，314，314，使馆说行动取消，撤吧。当时警察内部有些混乱，因为有命令继续行动，有一队人要去放烟雾弹，另一队人负责开枪。我们所做的是到公路上清理地钉，用脚把钉子踢到路边。埃沃察觉到了那里有很多我们的人，他没有下车，但是他旁边的人开了侧窗，里面有相机。莫拉莱斯本人开始录像。这是自我保护方式，如果真的发生了什么，可以通过录像查出我们”。
>
> 丝特拉·卡尤尼的书中也记载了一名刺杀埃沃的军官的供词。那名军官说，他们身上所有证明身份的东西都被取走，全都穿上迷彩服，并化装后去参加刺杀埃沃的行动。

没有副总统候选人

何塞·安东尼奥·基罗加请辞后，我们来不及决定由谁来当副总统候选人。我是当天晚上才得知他宣布不参加竞选副总统的。那天活动结束后，我回家跟几位同志一起评估和规划我们的政治竞选，还没开始商议，他们就告诉我基罗加请辞了。我试着联系他，但他没有接手机，他的态度令我很失望，当时在场的所有人对那件事情的反应都是反对和谴责的，尤其是对费莱蒙，因为他实际上是即兴近乎迫使基罗加上台。当时整个竞选都很成功，每场活动人们都高声呼喊，每个人都很兴奋。我可以想象他可能会说："我怎么能位居一个印第安人身后？"他们的想法不一样。有一些团体，无论自称如何左派，却不相信社会运动，更糟的是面对一个有多项指控加身的农民领袖。说实在的，本质就是这样，所以有人说，中产阶级就是墙头草，通俗一点说就是哪有利益他们就去哪儿。

> 基罗加在宣布竞选副总统后很快就宣布退出，媒体用各种不同方式解读了那次事件。例如，《新闻报》报道称，"在东博斯克学院的体育馆里在一万人的见证下，埃沃·莫拉莱斯·艾玛和何塞·安东尼奥·基罗加·特里格分别宣布竞选总统和副总统。但是后者很快就宣布退出竞选，尽管他们的党员已经大声欢呼接受了他。埃沃·莫拉莱斯·艾玛和何塞·安东尼奥·基罗加·特里格甚至在他们党的竞选游行中肩并走肩在队伍的最前面，从普拉多街一直走到英雄广场。这是史上维持时间最短的竞选团队"。

那是一种殖民时期的左派思维，他们多次向我证实了这一点。在2002年大选前，有一次我同一些专家交谈，有几位左派的领导在场，其中有六七位是拉巴斯的专家。他们提出候选人应由人民推举，就好像我们之前不是那么打算的一样，单额选举的议员本来就是由基层直接投票选出的。我向他们全面介绍了我们的结构，而他们的建议却很少。在我看来，我们的计划更好一些，尤其是人民的参与，将不同的社会阶层融合起来，就像阿尔瓦罗·加西亚·利内拉所说的，这是埃沃·莫拉莱斯的网络，是将各个阶层整合并组织起来，一起推举候选人。专家们对于是否接受我的方案不作表态，我感觉他们是想让我接受他们的立场。反资本主义倾向的专家们组织规划，他们的目的历来就是为了事后寻求利益并加以利用，的确是那样，这就是玻利维亚传统左派的殖民时期思维。

如果我的提议比他们的好，那他们就应该说："好的埃沃，就这么干吧。"但是他们没有。他们有宗派思想，认为唯有他们才能给出反殖民主义的务实提议和逻辑。而由社会运动产生的提议，尤其是来自原住农民，他们不会接受。

好的，那是一次好的经历，在我的政治生涯中有过多次那样的经历。最终，几位同志一起商讨由谁来竞选副总统，经过了反复的讨论后，他们告诉我，是安东尼奥·佩雷多。对于这个结果，我很高兴，因为他在意识形态上保证没有问题。也有人说选择他之后，我们就更像是打游击的了。当时我就决定，选一个意识形态坚定的人要好过选一个摇摆不定、只知道讨好中产阶级而政治立场不鲜明的人。

安东尼奥·佩雷多，记者，大学教授，左翼人士，是英迪·佩雷多和阔克·佩雷多的兄弟，他的这两位兄弟曾于1967年同切格瓦拉一起在南卡乌阿苏打游击战。他的弟弟奥斯瓦尔多·查托也参加了在特欧邦特的游击战，曾任"争取社会主义运动"的众议员和参议员。

选定安东尼奥作为副总统候选人后，我们开始在全国深入开展竞选活动。我们已经有经验了，尽管也会遇到一些歧视问题。我记得有一次，一个叫路易斯·戈麦斯的墨西哥人陪同安东尼奥，他也是一个左派，我们要参加候选人竞选辩论，他问道："谁代表我们阵营去辩论？"当然，应该是候选人去，还能是谁呢。他间接地暗指埃沃不能完成好这件事情。这真的需要耐心，当时我完全可以责骂并将其赶出竞选团队，但是我忍住了。随后有人说应该是埃沃去，应当由他去参加总统竞选辩论。那次辩论在圣克鲁斯举行，是由东部农业商会组织的。

根据《责任报》和《新闻报》5月23日的报道，"参加东部农业商会举办的总统竞选辩论的，是去看贡萨洛·桑切斯·德洛萨达与曼弗雷德·雷耶斯·比利亚之间的第一场争锋，但是他们都失望了，因为辩论双方的提案缺乏说服力。埃沃谈得很直接，用百姓的语言说话，赢得了掌声。"

我总是开着我的小吉普从一个地方到另一个地方，在全国各地开展竞选活动。有一次，我同安东尼奥·佩雷多一起参加完一个集会后，我得赶去亚帕卡尼，因为次日有多场集会。当时是在圣胡安，我不知道怎么办，佩雷多说把他的票给我，让我从苏克雷去圣克鲁斯，但是那要11点或12点才能到，而我第二天早上8点要到亚帕卡尼。我对他说算了，他有点失落。我同威廉·贡多里一起开车出发，他开一段后休息，我又开一段，我们就这样轮换着开，早上6点到了图纳里。我们接着往前开，早上8点半赶到亚帕卡尼的时候，人们已经聚集好了，场面很壮观。晚上我们又赶到了圣克鲁斯。没有时间休息，我们只能在车上睡一会儿，就这样我参加了所有的竞选集会，不管是在哪儿。有一次在拉巴斯的永加斯，我们大约凌晨1点钟结束了活动，5点钟我们就又出发赶往下一场集会，那次他们送了我们装着古柯的花环。我说我们应该把古柯装满袋子，然后带上袋子去高原地区做竞选活动。甚至我们在晚上9点赶到了因基西维和基梅，第二天我们又回到了科恰班巴。我记得当时特别疲劳，希望佩雷多和莫拉莱斯·达维拉能够在演讲时多说一些，但他们说的并不多。

我和威廉一起开车到孔纳尼，之后去了奥鲁罗和科恰班巴，我们赶赴了所有的竞选集会，晚上全是在路上，整个竞选期间我们都是这样度过的。竞选期间，我们没有多少资金，全靠着居民、农村同志们的声援。我记得有一次，我从比亚松回图皮萨参加竞选集会，我不记得是我的车还是另外两位先生的车子出了问题，他们是帮曼弗雷德做竞选宣传的，我不记得是我帮了他们修车还是他们帮了我，当时他们问我，“你给同你一起做竞选的人多少报酬”“没钱”，我说，“相反他们管我饭吃”，我问那你们的报酬是多少，他们说一天200美元。他们是旅居在波多西的科恰班巴人，搞竞选对于他们而言就是赚钱，就是生意，是工作来源，而对我们“争取社会主义运动”则完全不同，是政治觉悟。这让我感到惊奇与自豪。

我还记得那几个月记者马里奥·埃斯皮诺萨跟我说，科恰班巴的选举，曼弗雷德·雷耶斯·比利亚会得胜，但我告诉他不会的，获胜的将是“争取社会主义运动”。我们赌了500美元。选举结果出来后，他给了我赌注，因为我们赢了。他跟我说：“埃沃，你有理。”评估是一回事，只是看看，而一站一站地为竞选而奔波，亲身经历却是另一回事。那次选举前，民意测验说我们只能获得3%到4%的选票，一家叫作莫利的民调公司宣称我们会获得 4%的选票。选举开始前一个月，一些媒体的调查报告称胜选的将会是“新共和力量党”的曼弗雷德，将我们“争取社会主义运动”排在第四位。我记得他们说“新共和力量党”会得23%的选票，其后是“全国革命运动”，排在第三的是“公民团结联盟”，然后是我们，排在最后的是“民族主义民主行动党”。那几天我对媒体说，我们将获得超过20%的选票，因为民调从来不能反映真实情况。我觉得有一些媒体是想通过那些预测数据来使某些候选人受益，而同时损害另一些人，好些媒体就是这么干的。

我们投身于竞选活动，赶赴了所有的地区，甚至包括非常偏远的地方。我们都动员起来，包括参议员和众议员候选人，无论是等额还是差额竞选的议员，他们去了城市、乡村甚至街道，能够去的地方都去了。我参加了所有的集会，有时安东尼奥·佩雷多同志也陪我一起。有一些竞选活动，候选人并非是我，我也会去参加。市政选举中，我去支持参选市长和市政议员的候选人，人们会把花环献给我。同志们告诉我说，“埃沃做的竞选活动更多，比市长和市政议员候选人还要好”，好像我就是候选人一样。

我记得那次竞选时，我们做了尼龙小袋子，里面装着古柯叶，在全国分发，争取选票。这个做法对我们帮助很大。我们带着成磅的古柯，同候选人一起出现在媒体上。在乌尤尼，当我赶去参选集会时，看到有一些女同志坐在那儿用针线缝“争取社会主义运动”的旗帜，我差点落泪了。她们手上还拿着竞选标语，那是三联的复写纸。我们的竞选就是这样，是一种承诺，一种觉悟。在贝尼，我们也遇到了一些问题。其中组织该省竞选的一位领导人耍了我们，导致我们在这一地区没有候选人，因为候选人虽然注册了，但没有合法化。

伊万·依博雷回忆说，埃沃的牺牲很大，他一贯那样，肩负很大责任。“一会儿这儿，一会儿那儿，每个地方都能看到埃沃的身影，每个小镇他都去。这一点我记得很清楚，因为我和他一起负责为竞选支票签字。竞选期间，每当有账单要支付时，我就得去农村找他签字。他还经常跟我开玩笑说，你就只为这才找我”。

是基层选出了我们的候选人

在选举候选人的过程中，我们充分听取基层的意见，是基层通过扩大会议讨论选定我们的候选人。我们抛弃了传统政党的那套逻辑，他们的候选人是由党魁指定，并根据各人的经济贡献来决定。“争取社会主义运动”是民主的，富有革命精神的，一直以来都与他们不同。尤其是总统候选人和等额众议员候选人，他们是在选区通过讨论推举出来的，从那时起，人们就已经知道他们的候选人是谁，最后只需做一些宣传册就可以了。基层是候选人的根本，如果人们选择了，那他们就知道自己的候选人是谁。这就是我们与众不同之处，是人民自己在做竞选，而不是他们的候选人在做，所有人都参与制作宣传手册和海报，我们开创了历史的先河。

许多同志告诉我，他们日复一日地走遍一个又一个社区，宣传捍卫水资源和古柯的计划，告诉居民们谁是候选人，他们应该把选票投给谁。基层的同志们牺牲最大，他们知道自己永远不会成为市长、市政议员或参众议员，因为他们坚信，我们的政治纲领将会惠及全国，惠及我们的子孙后代，这就是人民的觉悟。

24. 老百姓自掏腰包

2002 年 6 月选举时，我们同其他政党一样，从全国选举法院得到了一笔竞选经费。我记得大约给了我们 1 千万玻利维亚诺，都是一些单据，需要到银行去兑现，不是现金。伊万·依博雷当时负责管钱，他精通于财务。那笔经费用于电视和报纸宣传、人员培训、印刷资料等方面，他负责所有这些事务。

> 依博雷说，当时我们得求媒体，要把选举法院向“争取社会主义运动”拨付经费的批复函给媒体看，上面写明了兑款日期。所有的合同都是后付款，有时候还要提供某种担保。另一个问题是准备材料，基本上都是拥护我们事业的年轻人和专业人员免费制作材料。而其他党派都是以高价雇用生产制作公司，专门在各类媒体上做宣传，但他们的负责人从来不会提及这些内幕。

我们的资金没有全花完，因为我们注意节俭。同志们是靠觉悟在工作，有的参与竞选活动，有的贡献视频录像，制作海报，复印材料，还有的制作电台广告歌曲，我们没有雇佣公司为我们做宣传，而是我们自己承担了一切工作，因为觉悟，我们的同志们倾其所有。

> 根据媒体公布的资料，仅在拉巴斯、科恰班巴和圣克鲁斯的电视宣传，“民族主义革命运动党”就花费了 650 万玻利维亚诺，“新共和力量党”500 万玻利维亚诺，而“左派革命运动党”330 万玻利维亚诺。“争取社会主义运动”在整个竞选中总

共花费了400万玻利维亚诺，是史上唯一一个向选举法院退还经费结余的党派，而这笔经费，是法律规定分拨给各个政党用于竞选活动的。

退还竞选经费

2002年选举中最重要的事情之一就是退还结余经费，我们只花了不到拨付经费总额的一半，尽管党内某些领导人，比如费莱蒙提出找一些发票做账，不把结余经费退还给选举法院。他对我们说，“大家都是这么做的，‘争取社会主义运动’还会需要资金的”。我个人决定退还这笔钱。上述建议令我恼火。我们退还了100多万美元，费莱蒙当时不想还，说不该退回去，买点发票就得了，最后我们还是退还了那笔钱。我记得贡萨洛·勒马时任选举法院院长，当我们去找他退钱时，他说先别退，这件事情非同小可，明天召集媒体一起来。于是我们只得先离开了，第二天我们召集了媒体一起去选举法院。那是史上第一次有政党向人民、向国家退还资金，所有人都知道了那件事。

伊万·依博雷记得，是埃沃做的决定退还经费，不仅仅是因为俩人一起负责签支票，而且从一开始埃沃就决定要尽量透明地管理经费。“有些人，比如费莱蒙说，如果我们退还经费，那我们就是傻瓜。他想买发票做账，那时候买些发票也很普遍，大家都是那么做的。埃沃很生气，什么都没说，全退还了”。

右派就知道蛊惑人心

值得一提的是，我们在竞选中主要提出，要回收由于私有化和资本化所导致的经济资源外流，要发展生产、捍卫文化、保护古柯叶。我们还谴责贪污腐败、种族主义、美国的无耻干涉、主权缺失和反对新自由主义。相反，其他政党还是一如既往地继续兜售工程，创造就业，捍卫资本化，欺骗民众。“民族主义革命运动党”“新共和力量党”和“左派革命运动党”动用了所有宣传手段，全国各地，在大街上、市场里，到处都布满了他们的宣传标语。某些党还试图叫嚣支持制宪大会，反思资本化，但同样不能赢得人心，雷耶斯·比利亚就是这样。又如“左派革命运动党”批评资本化，而他们自己就参与了对我们企业的私有化。

我想同美国大使辩论

这些政党还有一个共同点，他们在美国大使馆的支持下，在所有的竞选中试图诋毁我们。他们指控我各种罪名，有“毒贩”“恐怖分子”，说我的同志们是“塔利班”，还有其他罪名，就连美国大使馆也公然这么说。他们试图在人民面前诋毁我们，说我在热带地区煽动暴力，是一切问题的祸根。在美国大使出面诋毁我们之前，大使馆的一位官员甚至说，我违背玻利维亚的利益，如果选民把票投给我，美国将重新考虑对玻利维亚的支持。这真是无耻的干预。

根据媒体报道，美国驻玻利维亚使馆禁毒处负责人，一位基层官员斯坦利·施拉格声称，“‘争取社会主义运动’的总统候选人违背玻利维亚人民的利益，因此民众在6月选举中的抉择至关重要”。

美国大使曼努埃尔·罗查甚至警告说，如果选举我当总统，美国将终止对玻利维亚的支持。他还说我像本·拉登一样，带着一帮塔利班古柯农。他是帮了我一个忙，因为所有人都对他的干涉表示抗议，包括社会组织和社会运动人士，乃至原本不打算投我票的人也说，“现在应该把票投给埃沃了”。还有人说，美国侵犯了玻利维亚主权，损害了玻利维亚人民的尊严，甚至连传统党派及其候选人，比如桑切斯·德洛萨达、雷耶斯·比利亚和帕斯·萨莫拉都在媒体上声称美国大使多管闲事，所有人都批评他，他反到帮了我的忙。他的做法恰好验证了我们的观点，因为我们一直以来都在谴责美国的干涉，我们必须捍卫国家主权和尊严。

在选举的前三天，时任美国大使的曼努埃尔·罗查警告玻利维亚民众，如果大选结果对埃沃有利，那么美国方面将重新考量与玻利维亚多年以来的经济合作协定。据《真理报》报道，曼努埃尔·罗查还巧妙地将埃沃同本·拉登联系起来。在奇莫雷机场航站楼揭幕仪式上，曼努埃尔·罗查读了他的演讲稿，

> “我想提醒玻利维亚选民们，如果选择了那些想再次让玻利维亚沦为可卡因出口国的人，将会危及美国对玻利维亚的援助前景。如果玻利维亚由一个靠贩毒牟利的人领导，那么也别再指望美国市场能向其传统的纺织品出口开放”。说完这些还没够，他还警告说，“其他许多反毒品的国家也会做出跟美国同样的反应。为了玻利维亚的未来，必须要考虑好选择一个以各种方式与贩毒和恐怖主义有染的领导人的后果。大家睁大眼睛吧”。他还补充说道，恰帕雷的古柯农是为毒品服务的。
>
> 根据2002年6月27日《真理报》报道，埃沃宣布，将以干涉玻利维亚内政的罪名，向联合国和美洲国家组织指控美国大使曼努埃尔·罗查。

我想同美国大使辩论，因为最终是他在统治玻利维亚。我想跟他谈谈有关国家层面的一些话题，比如宏观经济政策、禁毒斗争、国家主权和人民尊严等。但是他没有接受那次公开挑战，他跑掉了。我还说：但愿能有媒体促成这样一场辩论，但是没有。如果我没记错的话，我说过我很高兴大使再次记起了我，还变成了我竞选班子的领导。

美国的情报部门并不聪明，他们的政治操纵者会犯一些严重的错误。我为什么这么说呢？因为就在选举的前几天，身为美国大使的曼努埃尔·罗查，让大家不要投埃沃的票，说埃沃是安第斯的本·拉登，古柯农是塔利班。更糟糕的是，他为了恐吓民众，还警告说如果埃沃当上了总统，那么就不会有投资，也不会有合作。一些原先不支持我的政党和左派领导，听了他的话后，都说把票投给我。那是一场公开干预，人们为团结和主权而斗争，而那就是一场公开干预。这是一个大错误，帮了很大的忙，我不知道有百分之多少的选票是他帮我赢来的，但是他帮了我，正如把我赶出议会时那样。

他们窃取了我们的胜利果实

2002年的大选，他们窃取了我们的胜利果实，但是自那时起，也开启了传统党派的溃败，我们履行了我们所说的，而新自由主义党派却一再食言，他们卖掉了我们的自然资源和国有企业，实行私有化和资本化，导致更多的贫困、腐败和暴力，最糟糕的是他们完全屈从于美国的利益。

据官方统计的数据，那次选举中获得票数最高的是“民族主义革命运动党”，22.5%的选票，共计 624126 票；位列第二的是“争取社会主义运动”，获得了 20.9%的选票，共计 581884 票；第三名是“新共和力量党”，获得了 20.9%的选票，共计 581163 票；之后是“左派革命运动党”和“帕查库蒂印第安运动党”，分别是 16.3%和 6.1%的选票。如果像之前埃沃提议的那样，“争取社会主义运动”和“帕查库蒂印第安运动党”联合参选，就能够在那次大选中获胜。

他们当初把我逐出议会时，我说过我会带领更多的众议员和参议员回去，我做到了。我们有 35 位议员，其中众议员 27 位，参议员 8 位。我在我的选区又破了一个纪录，我以 80%多的高票当选，我们在许多省份的选举中获胜，很多土著兄弟也进了国会，那都是前所未有的。我们在各个省份都壮大起来，尤其是在拉巴斯、科恰班巴、奥鲁罗、波多西和丘基萨卡省，在塔里哈、圣克鲁斯、贝尼和潘多省稍弱一些。一些声称曼弗雷德会获胜的媒体和民意调查公司也错了。他们把我们排在第四位，而我们获得了第二，不过我要重申的是，我认为他们窃取了我们的选举成果。

正如选举结果显示的那样，我们只落后桑切斯·德洛萨达一个百分点，可以当选国会主席。但我们知道，美国大使馆、某些企业家、银行家和东部的农牧业主不乐意，他们做了很多动员。如今，这么多年过去了，回想起来我认为那也是恰如其时，当时我的经验还不足，也没有做好当总统的足够准备。但是我相信，如果竞选时间延长两到三周，我们一定会获胜。结果出来时，表明我们赢得了 20%多的选票。“民族主义革命运动党”“自由玻利维亚运动”、勒内·加尔丁的“社会党”、奥鲁罗省的某个党，还有其他一些我不记得的党派组成的联盟只赢了我们不到一个百分点。如果我们同“帕查库蒂印第安运动党”一起参选同样会获取胜利。他们获得了 6 个众议院席位，而我们有 27 个众议员和 8 个参议员的席位。如果我们联合参选，就会获得更多的席位。那次竞选我告诉自己，我也跟一些同志说过，我觉得我随时都可能成为总统。我当时是那么想的，而且如果不是他们窃取了我们的胜利果实，情况会不一样。我们得知在圣佩德罗、拉巴斯，我们“争取社会主义运动”的代表遭到恐吓，被传统党派的代表赶出投票点，因为我们中的很多同志缺乏经验，不会监督计票，让新自由主义党派瓜分了我们的选票。

投票当天，恰好在投我们的票数上升时，拉巴斯停电了，此后情况骤变，我们的票数似乎停滞不动了。后来就连选举法庭的人也告诉我，本来我们的票数在上升，但停了一会儿电后，投“争取社会主义运动”的选票就戛然而止了。一名当时在总统官邸帮忙的海军军官也告诉我说，当我们的票数不断上升时，豪尔赫·基罗加近乎绝望，说我们得走了，也开始准备要走。然后他召集了外交部长、总统府事务部长和选举法庭主席开会，不知这是否发生在停电之前，会议开了一个多小时，会后他们都平静下来，都很高兴，也不打算走了。

选举

从官方渠道得知选举结果后，我们决定不再同任何政党谈判，我们的选票会投给我们的人，如果其他人想把票投给我就投，而没有任何的协议或交易。我们也知道离当选很近，但实际上我们并没有准备好肩负如此重大的责任。任何的失误都可能意味着重新进行 24 年的斗争，就像后来“人民民主联盟”的埃尔南·西莱斯·苏亚索那种情况。

尽管如此，我们做好打算承担历史性的责任。有一些人跟我说，我们应该在国会争取更多的选票，理由是不会再有那样的机会了，但是我们决定不同任何人达成任何协议。有人试图让我接受那些提议，但是我的立场坚定，也有人向我施压，要求“争取社会主义运动”党团将票都投给曼弗雷德·雷耶斯·比利亚，总统选举中他得票第三。我记得当时玛利亚内拉·蒙特内格罗到科恰班巴布什小广场的热带联盟找我，她跟我说她丈夫还有另外两个人陪她去。她一开口就说我应该把票投给曼弗雷德。我当然没有同意，她竟大胆且傲慢地坐在我面前对我施压说，如果我不把票投给曼弗雷德，那就是叛徒，就是贡萨洛派分子。她想迫使我投票给曼弗雷德。当时，连统计选票都还没有结束。我起身离开，把他们甩在了办公室，那次她来向我施压，甚至还给了我一些暗示，我不知道是不是跟钱有关。

> 玛利亚内拉·蒙特内格罗起初是社会运动人士，后来支持胡安·卡洛斯·杜兰，反对贡萨洛，之后又改为支持曼弗雷德。她之前还拥有一家电视台，后来被宣布非法。

曼弗雷德四处活动，就好像他已经是总统了。我背着包去机场取登机牌，而他带着他的整个团队抵达，曾任科恰班巴人权委员会主任的维克托·古铁雷斯组织了其他成员迎接他，安保森严。他以为自己就是总统了。后来我们得知古铁雷斯应该是政府部长。有一次我们去圣克鲁斯参加辩论会，我在飞机上，身边坐的全是曼弗雷德党派的人，是去为他助威的。

美国大使馆召开了多次秘密会议，把所有的传统党派召集到一起，给他们下指示，就选票问题达成了协议，因为他们担心我会当选。后来，原先对立的贡萨洛和帕斯·萨莫拉也为了各自利益联合起来。有人告诉我，曼努埃尔·罗查大使召集了奥斯卡·艾依德·佛朗哥和卡洛斯·桑切斯·贝尔萨因，共同商讨结盟，推举贡萨洛·桑切斯·德洛萨达当总统，而他找的这两个人都参与了贩毒。

> 7月10日的《责任报》报道称，“美国政府重申其对玻利维亚选举的好恶立场。日前，‘新共和力量党’的官方发言人维克托·古铁雷斯表示，可能会在国会把票投给古柯农领导人埃沃·莫拉莱斯，选举他接任豪尔赫·基罗加的总统职务。就在维克托·古铁雷斯发表上述言论的两天之后，美国大使曼努埃尔·罗查于上周一致信前总统候选人、‘新共和力量党’的领导人曼弗雷德·雷耶斯·比利亚，信中警告，如果玻利维亚毒品问题卷土重来，华盛顿将终止对玻的经济援助。这是在不到两周时间内美国大使第二次发声反对莫拉莱斯”。

“民族主义革命运动党”和“左派革命运动党”达成了协议，对我而言是一种解脱，是件高兴的事情，因为我当时并没有做好当总统的准备。如果我是美国大使，我一定会施加影响，促使埃沃带着27个众议员和8个参议员去当总统，因为那样的总统当不长，坚持不到半届，甚至连一年都干不完。那样的话，他们就可以轻松地解决掉我们，而我们又得再等20年。我认为美国方面缺乏智慧、政治谋划和决断力。当“民族主义革命运动党”和“左派革命运动党”“总算”达成协议时，我在内部说了这个观点。但是我也说了我们现在必须开始做好准备，因为我随时可能会当总统。国会投票当天，有一些土著同志一直祭拜大地母亲帕查玛玛女神，仍然幻想我能够当选总统。议员们都很紧张，等待结果时有一些女同志甚至流泪了。

其他党派的一些议员自发走到我身边，跟我说他们会把票投给我，但是后来却食言了。其中有一个叫卡洛斯·博尔哈，他是玻利瓦尔足球队的，是“左派革命运动党”的众议员。我们给他打电话时，他把手机关机了。海梅·帕斯·萨莫拉的孩子们原先反对贡萨洛，最终却把票投给了他。一旦有了政治和经济利益，那么意识形态原则和价值观就不复存在了。说实话，那次我内心真的不想当选总统，我不知道是不是口头上说说，但我当时的确没有做好当总统的准备。选举结果令我吃惊，就像是一桶凉水浇在身上，既给了我们力量，也让我们有些惧怕。

贡萨洛·桑切斯·德洛萨达当选总统，他不仅获得了自己的“民族主义革命运动党”的选票，还获得了“自由玻利维亚运动党”“左派革命运动党”“民族主义民主行动党”和“公民团结联盟”的选票。随后，“新共和力量党”的曼弗雷德·雷耶斯·比利亚也在政府担任了闲职。同年7月26日的《新闻报》以及其他媒体刊登了以下内容，“随着‘左派革命运动党’接受了‘民族主义革命运动党’的竞选纲领并参政，该党也就葬送了其立法提案，即通过秘鲁港口运送天然气。‘左派革命运动党’甚至要重启资本化模式的‘非缴费型养老金计划’，在他们与前任总统乌戈·班塞尔·苏亚雷斯的‘民族主义民主行动党’联合执政时期，曾经取缔并以‘玻利维亚生活计划’取代了上述养老金计划。昨晚，‘民族主义革命运动党’领导人贡萨洛·桑切斯·德洛萨达和‘左派革命运动党’领导人海梅·帕斯·萨莫拉宣布将联合执政，联盟名称‘玻利维亚计划’，据称这一计划涵盖了两个政党竞选时向选民提出的执政纲领”。

我们告诉媒体，“左派革命运动党”和“民族主义革命运动党”的政治联盟是受到美国大使馆的指使，这证实了美国大使罗查长期干涉玻利维亚内政。还有其他阶层的一些人也不希望我做总统，其中包括圣克鲁斯的企业家们。

据2002年7月11日圣克鲁斯《责任报》的报道，圣克鲁斯“工商联合会”不希望埃沃当上总统。报道称，“圣克鲁斯的企业家们决定干政。圣克鲁斯工商会昨天要求“新共和力量党”的前总统候选人曼弗雷德·雷耶斯·比利亚和“左派革命运动党”的前总统候选人海梅·帕斯·萨莫拉同“民族主义革命运动党”的贡萨洛·桑切斯·德洛萨达“进入协商”并组成全国团结政府，以防止玻利维亚走向破产。圣克鲁斯工商联合会的这一声明是通过其主席斯沃克·马特克维克发表的，他表达了企业家们对于埃沃·莫拉莱斯可能登上总统宝座的担忧。

准备

桑切斯·德洛萨达在国会当选总统后，我们便决定开始做更充分的准备。我们组织开设了讲习堂和委员会，目的是通过研究国情来制定执政政策。我们在科迪勒拉大学召开了前几期研讨会。组成了工作和研究团队，众议员、参议员以及参加或支持“争取社会主义运动”的专家们也参加了研讨会。我们用知识武装自己，为建设我们的政治工具而努力，以便更好地吸纳城市各界的同志们，包括行业协会的人、制造业从业者、矿工和烘焙师等。经济、卫生、教育、环境、石油等领域的一些专家同志也加入了我们，我记得有卡洛斯·维勒加斯、曼努埃尔·莫拉莱斯·达维拉、埃克托·阿尔塞、马塞洛·克萨达、奥斯卡·可卡等同志。

伊万·依博雷称，许多专业人士都会聚在一起同埃沃交

> 谈，就像是一个内阁一样，他们一起讨论国家的主要问题，制定提案递交国会。除各个委员会外，还有其他的辅助团队，探讨更为专业和特别的问题，需要专家们的参与，例如土地和领土、石油天然气问题、矿产问题等。“埃沃在一天天塑造其领导地位。需要工作时他很严肃，而当必须严肃的时候他会很严厉。人们总是想寻找他无所事事的休闲时刻，可是埃沃从来不停歇。在埃沃的言语里不存在无所事事、闲暇这个词，他掌控的是其他标准。有一天他问我是不是觉得他很严厉、生硬，我跟他说：兄弟，你如果不生硬、不严厉就做不好政治工具和议会的工作。”

同志们准备好总结性材料，提交给“争取社会主义运动”党团的参、众议员，我们也下到社会组织介绍那些重要和特别的问题，以便所有人都能够支持我们的提案。我们做了大量工作，准备极其认真充分。当我钻研一件事情，就会深入到底，我们就是这样做的，不光我们，还有所有的同志都是这样。六大古柯农联合会了解所有情况，他们也讨论研究我们的提案。我们就这样工作了一年又一年，从 2002 年到 2003 年，又到 2004 年，我们夜以继日地工作，没有假日，一切都是为了国家，为了玻利维亚人民。

在同社会运动组织的讨论中，我们又想到了许多新的提案，例如收复石油天然气。我记得在 2002 年 6 月的大选后，我们在艾特拉萨玛开扩大会议，主要讨论了两项内容，一项是评估选举结果，另一项是我们决定将捍卫古柯扩展到石油领域。我们既要捍卫古柯，也应当要收复石油。之后我们召开专门的讨论会，提出了将油气国有化，当时我们说的还是石油，没有提出油气的说法。我们还在平托开了另一次会议，受邀的有拉尔·布恩特、安德烈斯·索利兹·拉达和阿尔瓦罗·加西亚·利内拉。我记得阿尔瓦罗当时还一直称呼我们为“您们”。一年后，我们又请他去奇莫雷参会，那次也邀请了拉斐尔·布恩特，请他们帮助我们对提案进行评估。那时，阿尔瓦罗已经不再称我们为“您们”，而是“咱们”。也就是说一年后他便已经认同自己是我们中的一员，当时他还没有决定是否做副总统候选人。参加那次平托大会的还有参、众议员和候补众议员以及社会组织的代表，共计约 200 人。通过那次机会，我认识了所有的议员，尤其是候补议员，他们是由基层推选出来的，之前我并不都认识。我记得会上还讨论了我们应有的战略和方针，应议员们提议，我们决定举办更多的会议，尤其是要同基层以及社会运动组织一起讨论。

为收复油气资源而斗争

在会上通过了将油气资源收归国有的方案后，我们便积极准备书面提案，要求修订现行法案，并将书面提案递交国会研讨并通过。然而执政党团还是继续他们的一贯做法，将我们的提案束之高阁。这是国家最重要的法案之一，但他们从来没有研究过。2004 年，我们不得不通过群众的力量来推动法案的修订。我们提出，如果对我们的提案不予讨论，包括终结铲除古柯种植、对油气实行国有化以及召开制宪大会，那么我们的出路只能是跟人民一起上街游行。我们同社会力量一起讨论了油气方面的计划，主要是跟农民运动组织商讨。我们还向其他一些组织介绍了我们的提案，包括退休人士，请他们把关，所有人都同意我们的计划。由于得不到议会的重视，我们就和人民一起捍卫我们的法律，通过不断向人民通报来推动法案的修订和资源的国有化。我们在科恰班巴乌拉主大街尽头的斯克丁召开了一次会议，研究了当前的情况以及政府和国会针对通过我们提案的反对态度，决心开始封锁道路，主要是在热带地区。

25. 2003年2月的对抗

为收复自然资源国有化的斗争一直持续，然而政府对于我们的要求视而不见，相反，继续执行强制铲除恰帕雷地区古柯种植的政策。因此，面对他们对热带地区同志们的不断镇压，我们组织起来捍卫自己的种植。与此同时，我们也在议会继续斗争，尽管我们提交了诸多提案和计划草案，执政党团从来不予重视，更别说是来自“争取社会主义运动”的提案。

2003年2月，在世界银行和国际货币基金组织的建议下，贡萨洛·桑切斯·德洛萨达试图向劳动者强行增加税种。政府希望通过征税政策来降低财政赤字，对象是劳动者，目的是获得国际货币基金组织的贷款，媒体披露贷款金额超过30亿美元。当然，我们大家都反对那项政策，同年2月12日军警同民众之间发生了一系列对抗，造成33人死亡，数百人受伤，其根源就是民众抗议、游行反对贡萨洛的政策。

贡萨洛·桑切斯·德洛萨达无计可施，不得不取消了征税政策。他想让劳动者和穷苦家庭为新自由主义危机买单，这是他的一贯做法。

作为农民运动组织，我们没有积极参与游行，冲上大街的是城里人，因为他们不愿接受工资所得税。“争取社会主义运动”自然声援城市居民们，我们的众多议员们积极地参加了抗议活动，其中有“争取社会主义运动”的众议员古斯塔沃·托里科同志、“埃尔阿托区”的“居民委员会联合会”的领导人毛里西奥·柯里同志以及地区工人同盟的梅伦德斯同志等。

我记得那段时间的一个周末，数千名科恰班巴的同志们遭到了无情的镇压，为此我们建立了“人民参谋部”，那是一个由农民和工人组成的阵线，包括热带地区六大古柯农联合会、“玻利维亚农民总工会”“玻利维亚拓荒工会联盟”、制造业联合会、矿业及其他社会和工会组织。

那段时间很艰难，我谴责贡萨洛·桑切斯·德洛萨达的镇压，而政府一如既往地致力指控我们农民和“争取社会主义运动”策划了街头抗议，动摇了民主进程。但实际上是增税激起了民众的反抗，这是一场全国各界的自发运动。居民们对增税的愤怒通过主要城市里的街头抗议而表达出来。

我们承担起反对党派的角色，因为我们向国会提交的任何法案从来不被执政党团重视，他们一意孤行，实施强行根除古柯种植、将为数不多的国有企业私有化和资本化政策，并采取直接冲击普通百姓的增税经济措施。面对这种情况我们别无选择，只能走上街头讨论国家问题。“争取社会主义运动”党团由具有群众基础的领导人组成，包括我自己，为捍卫国家利益，我们可以发起行动。

> 人民群众已经意识到是时候推翻新自由主义的政策了，贡萨洛·桑切斯·德洛萨达为了安抚民众情绪，对内阁进行重组，重审针对古柯的政策等。但是，工会、社会组织和人民群众已经不再相信政府的许诺了。

在取缔古柯种植方面，所有的新自由主义政策背后总有美国的干涉。当我们迫使政府重审针对古柯的政策、强行铲除和镇压时，时任美国大使的戴维·格林利却出面警告贡萨洛·桑切斯·德洛萨达政府，任何涉及古柯种植的决定，都有悖玻利维亚的国际承诺，必将危及国家的经济合作。美国总是那样恬不知耻地施压，为此，某些阶层称美国大使为总督。

十月，人民即民主

尽管我们向国会提交了推动油气资源国有化的一项法律草案，政府宣布由国际集团太平洋液化天然气公司负责开发塔里哈省的天然气资源，我记得雷普索尔—YPF 公司、英国天然气公司和泛美能源公司也参与其中。贡萨洛·桑切斯·德洛萨达还有一项卖国的计划，即试图通过智利的港口出口能源。该计划卑劣至极，他们想出卖国家，以极其低廉的价格出卖我们的自然资源，只为跨国公司谋利。因此，人民群众再次抗议。

桑切斯·德洛萨达想通过智利出口天然气，让跨国公司和美国获利，而智利在一个多世纪前霸占了我们的出海口，拒不承认我们通向太平洋出海口的主权。尽管人民抗议这一政策，桑切斯·德洛萨达仍然坚持将天然气卖给美国，并且投资了数百万美元。

那时，左翼政治组织、社会运动组织、工会和专业人士联合起来，只有一个目的，就是要求桑切斯·德洛萨达辞职。

那时，我参加了一些会议和会谈，当时的情况很复杂，游行示威和镇压每天都在上演。有一次我要去科恰班巴参加会议，伊万·依博雷应该也有印象，因为我甚至都误机了，当我们到达“埃尔阿托”机场时，飞机已经飞走了。

伊万·依博雷说，他们当时不得不租一架小飞机。“当时我们还有些钱，我们俩人就去了。我们准点到达会场，场面很壮观，埃沃讲了话，我们还被喷射了催泪弹。会后我们立即返回拉巴斯，从吉普车上下来时，高速公路已经被封了，于是我们从土路回到了埃沃的家”。

当时为了缓解局势，天主教会起草了一份文件，其中包含某些协议，其目的是要帮助桑切斯·德洛萨达。他们想让我们所有人签字，尽管当时教会的势力很大，我们仍然决定不签字。

根据 2003 年 9 月 1 日媒体的报道，埃沃解释说，如果在教会的文件上签字，意味着桑切斯·德洛萨达制定的通过智利出口天然气的政策就会合法化。他说，“争取社会主义运动”愿意对话，但前提是必须彻底修订油气资源政策，尤其是要调整石油公司的征税额度，从 18%提高至 50%，而且不得通过智利将天然气出口到美国。贡萨洛·桑切斯·德洛萨达、海梅·帕斯·萨莫拉、曼弗雷德·雷耶斯·比利亚以及乔尼·费尔南德斯均在那份文件上签了字。

就像我们每次的提案那样，这次的提案仍然也没有被采纳。我们坚持自己的原则，完全站在玻利维亚人民这一边，同人民一起斗争。我认为对于社会组织而言，我们的这种态度很重要。与此同时，游行示威还在持续，镇压愈加残酷，恰如军事独裁时期。那些天，桑切斯·贝尔萨因亲自参与了镇压行动，军队在索拉塔附近杀害了几名同志。

9 月 20 日，在瓦利斯萨塔有 6 人遇难，其中有一位刚 9 岁的小女孩，名叫马琳内·弗洛雷斯。桑切斯·贝尔萨因乘直升飞机来到事发地点，亲自指挥了那次行动。他们的借口是营救游客，而实际目的是恐吓阿伊马拉土著运动。

的的喀喀湖地区的农民也封锁了通往拉巴斯的公路，他们不仅反对政府的油气资源政策，而且要求实施农业发展计划。政府对此的回应仍然是镇压，导致瓦利斯萨塔地区的冲突死亡事件。此外，政府还想提高罐装天然气的价格，因为没钱了。当时我们还商定在奥鲁罗市成立“收复和捍卫天然气全国协调委员会”,成立这一机构对于协调好各组织的斗争行动至关重要。协调委员会成立后的首要行动之一就是组织 9 月 19 日的大游行。我在多个地区动员，同基层同志和各组织讨论。我记得去了科恰班巴、波多西、奥鲁罗和丘基萨卡等省，为大游行做准备。

古柯农、制造业从业者、居民委员会、行会、灌溉者组织、“争取社会主义运动”等多个社会和政治组织加入了这个新成立的组织。

桑切斯·德洛萨达和海梅·帕斯·萨莫拉、曼弗雷德·雷耶斯·比利亚和乔尼·费尔南德斯等，继续实行其出卖自然资源的政策。我们重申不得通过智利出口天然气，我甚至提醒他，如果一意孤行那就是自掘坟墓，我的确没有说错。9 月 19 日的大游行取得了很大成功。

我当时去了一个又一个地方，在不记得多少人家里过夜，不仅是为了参加会议，还有自身安全问题，他们到处搜寻跟踪我。我们获悉他们有一个暗杀我们领导人的名单，名单上第一个就是埃沃·莫拉莱斯，还有鲁尔福·卡耶、费利佩·齐斯贝和罗伯托·德拉克鲁斯等。情报部门总是追踪我，有一次我到拉巴斯时，整条高速公路都封了，但我还是回到家，请伊万·依博雷召集了一次紧急会议，研究国家的政治形势。

关于那次经历，伊万·依博雷回忆说，我们讨论了一下午，没有人确切知道将会发生什么，我们讨论了“争取社会主义运动”应当怎么做。我记得埃沃家里有一台电视机，看不见图像，只能听声音。大约晚上 7 点，我们同安东尼奥商量，决定由我把埃沃带回位于卡拉科托的我家。我们在那儿度过了平静的一夜，我们的参议员里卡多·迪亚兹也跟我们在一起。第二天早餐时，我弟弟端来了奶油小面包，埃沃开玩笑说：“你们吃这种奶油小面包呵，怎么没有长面包片呢。”后来我们又回到了城里。

那时，政府的计划激怒了民众，社会自发组织起来。从 2 月份开始，甚至更早些，很多问题都没有解决。民众们知道一切照旧，什么都不会改变，自然资源在跨国公司手中，对人民没有任何好处。当时，“玻利维亚工人联合会”宣布无限期罢工，加入到要求贡萨洛·桑切斯·德洛萨达下台的抗议中。

根据 10 月 5 日的媒体报道，桑切斯·德洛萨达声明，“我不会辞职，因为我的妻子不让，因为她要当第一夫人，所以你们是在浪费时间。”他的这番说辞激怒了民众。

我记不太清了，当时有一些社会活动，应当是左派政党的活动，他们通过各种渠道告诉我，那是夺取政权的最佳时机。当时有各种意见、建议、电话，甚至还有直接交谈和短信。但是，我记得菲德尔·卡斯特罗的一句话，我一直铭记不忘，“在当总统之前，不要用我曾经的方式，要用乌戈·查韦斯的方式，同人民一起进行革命，在民主的框架内进行。我们的时代不同了”。我们历经了先辈们多少次的运动，甚至就在不久之前我们还参与了反对军事独裁的斗争，我们曾经质疑独裁，质疑政变，那么我们怎么能通过政变来夺取政权呢。而且我还清楚地记得一位企业家跟我说过的话，“比起子弹，我宁愿在家门口有石头”。我明白他的意思，他是指游击战，在哥伦比亚和秘鲁的武装起义。人民是追求民主的，我的抉择是在民主的框架内实行深刻变革。因此我决意不采纳那些建议。当然，我一直明白倾听别人的意见很重要，我也是那么做的。

伊万·依博雷说，“有一些极端人士想把埃沃推到前头，将抗议变成革命，通过武力夺取政权。这是赌博，但是埃沃崇尚民主。当时决定，让埃沃去恰帕雷，因为当时风险很大，甚至会有生命危险”。

一些同志劝我去恰帕雷，因为我有生命危险。而我继续参加会议，一直关注着热带地区和永加斯情况的进展，主要是拉巴斯的形势。我通过手机同所有城市的同志们通话，了解发生的情况。当然，我们支持全体人民的斗争，而当时主要是埃尔阿托人民的斗争。那些天，政府通过暴力手段镇压抗议活动，伤亡人数达到几十人。军人向群众开枪，这让我们很气愤，事实上全体玻利维亚人民都很气愤。电视上播放了这样的画面，士兵们举起武器朝女人、男人和孩子开枪。

人权机构的代表、非政府组织包括天主教会都在媒体上声称，那次事件是一场“真正的屠杀”。据官方数据称，那几天共有63名遇难者，其中仅10月12日一天，在埃尔阿托市就有28人死亡。

桑切斯·德洛萨达政府指责我们“争取社会主义运动”策划了示威游行，因此我在媒体上阐明，我们支持民主，通过和平的革命，推动代议制民主向参与式民主过渡。

费德斯通讯社发布了关于埃沃的声明，称“我坚信我们可以通过和平途径改变我们的国家，这也是人民运动的思想，我们会在和平框架内英勇斗争”。埃沃还指出，“政府展开了一场国际运动，试图让‘争取社会主义运动’以政变者的身份出现，而不是一个解放各族人民的政党”。的确，一些国际通讯社，例如西班牙的埃菲社和法国的法新社报道称，“玻利维亚政府昨晚谴责了反对党领导人埃沃·莫拉莱斯发动政变，与此同时军队控制了抗议活动的中心埃尔阿托市，上周六在这个地方至少有两人死亡。埃尔阿托市历经了冲突不断的一天，示威人士和武装力量持续发生冲突。当晚在卫生部召开了新闻发布会，发布会上总统府发言人毛里西奥·安特萨纳谴责了发动政变者，称“‘争取社会主义运动’领导人埃沃·莫拉莱斯和其他领导人通过政治煽动，在玻利维亚发动了一场分裂国家的政变”。

那天的情况并非一时的冲突，而是多年积蓄已久的问题，从 1995 年他们推行“零古柯”政策起，我们就说过反对古柯的人早晚会得到报应，因为古柯的敌人就是农民运动的敌人，就是玻利维亚人民的敌人，就是我们民族的敌人，因为古柯是我们民族特性的一部分，他们想让我们失去自己的文化，而一个没有民族认同的民族是很容易任人摆布的。因此我们要捍卫我们的民族特性。当时我尤为感受到，面对“零古柯”的政策，我们的回答是“零新自由主义党派”“零追随帝国主义的党派”。现在，如果我们做一个评估，将当时所有的政党都罗列出来，看看有哪些政党现在仍旧还存在，我们会发现他们都换了名称，每次选举他们都换一个新名称。现在看来，当时的那些政党都消失了，他们又躲在了新的名称下，比如“玻利维亚进步计划——国家团结党”“国家统一党”“绿党”和“无畏党”。而我们，早在 2003 年 1 月以前就已经有了明确的理念，就是所有允许我们的自然资源遭到掠夺的、只是为上层社会和寡头集团服务的政党都应当离开。因此，从那时起我就说，我们的世界应当摆脱君主制、等级制和寡头政治，此类政府无法代表国家和人民。我们非常清楚他们的所作所为，就是将基础服务部门私有化并出售给跨国公司，主要涉及水资源和自然资源。人民群众清醒了，居民、工人、农民，甚至包括企业家都清醒了。在科恰班巴捍卫水资源的斗争中，我们就已经有了明确的思想。

新自由主义实施的所有政策，都在帮助玻利维亚人民进一步提升认识。政府在科恰班巴和永加斯推出的“零古柯”政策，关闭矿山，对居民用水私有化，甚至要把天然气卖给智利，这已经涉及主权和尊严问题。所有这些都让我们对政府的社会和经济政策有了更深刻的认识。我一直坚信我们在恰帕雷的斗争，包括封锁道路，都是为了国家的政治和经济主权。当时我们国家的政府屈从于美国使馆的摆布，经济上听命于国际货币基金组织和世界银行。而现在我们已经从这些控制中摆脱出来，情况比当时好多了。

桑切斯·德洛萨达同桑切斯·贝尔萨因以及其他几位部长对民众实施了不加区别的残暴镇压，试图用武力平息抗议。我当时在多少个家里过过夜？可能加内特·拉米雷斯会记得当时的许多情况，她是我们的秘书。当时许多道路封锁，阻断了燃料运输，不让森卡塔的卡车通过。到处都发生着冲突，尤其是在埃尔阿托、宗戈和比阿查地区，在阿德拉、本迪亚镇通往奥鲁罗的路上，以及在森卡塔发生的冲突应该也很严重。当时我参加了许多讨论国家政治局势的会议，所有人都希望贡萨洛离开。

根据当天《新闻报》的报道，“从周六上午起，5000 多名民众聚集在森卡塔的油厂周围，阻止 11 个油罐车上路，每个油罐大约装有 5 千至 2 万升柴油和汽油。埃尔阿托的男男女女和孩子们高喊着‘停下来’，一起用石头、铁丝网和双面混凝土墙封锁了‘3 月 6 日大道’”。《观点报》也详细地报道了那几天发生的事件，“士兵使用武器不加区分地攻击平民，医疗中心出现一幕幕悲惨的场景，整个国家都在哀悼。许多媒体指出，周日贡萨洛·桑切斯·德洛萨达政府在埃尔阿托强行镇压民众，共有 26 人遇难，另有 90 多人受伤。过去 48 小时中在埃尔阿托跟踪报道的记者和知情人士都称那是可怕的一天。部队使用重型武器和三脚架机枪不加区别地攻击手无寸铁的民众，民众只能无助地喊叫，用石头表示抗议”。

我记得那几天，桑切斯·德洛萨达还就天然气出口和制宪大会两个问题组织了一次不具约束力的公投，但是已经没人理睬他，所有人都希望他离开。没有人能接受通过智利出口天然气。贡萨洛·桑切斯·德洛萨达逃走的那天，我在科恰班巴市。我们每天都进行游行和集会，要求贡萨洛下台。我们去了南部地区，去了主广场，进行了一系列活动和游行示威，直到贡萨洛于 10 月 17 日离开。

面对当时的情况，桑切斯·德洛萨达辞去了总统一职，于 10 月 17 日逃离玻利维亚，同他手下的 3 名部长一起从圣克鲁斯前往美国，其中包括卡洛斯·桑切斯·贝尔萨因。从那时起，他便在美国受到了保护，尽管他被指控犯有屠杀罪。

对我而言，那个十月不是黑色的，而是意味着光明和希望的十月。因此，我向国会和多民族立法大会申请，将 10 月 17 日定为“国家尊严日”。

26. 卡洛斯·梅萨一点都没变

贡萨洛·桑切斯·德洛萨达逃走后，国会召开紧急会议，推选卡洛斯·梅萨为共和国总统。我记得首先是宣读了贡萨洛·桑切斯·德洛萨达的辞呈，商定由副总统接任总统之职，以走出那场政治危机。我和热带地区的同志们不期待什么，就像我们过去一贯那样，要求停止强行铲除古柯种植，通过一个新的油气法，设立制宪大会，以此方式使国家结束对抗，恢复平静。然而，新政府什么都没有做，依然在各方面保持新自由主义政策，不仅是在政治经济上，在古柯问题上也是如此。例如，我们要求停止强行铲除古柯，政府没有接受，卡洛斯·梅萨执政期间继续在整个恰帕雷地区清除古柯。

我记得有一次，在阿罗玛地区的帕蒂尼奥港，偏远地区的新居民点，有两三人遇难，这使同志们非常愤怒，在抗议和采取措施后，我们又开始与政府对话。2004 年 10 月 3 日，我们达成了协议，在热带地区可以种植 3200 公顷古柯。如何平均分割就成了难题，因为一块地太小，只有 16×16 米，不像一卡托的古柯园，每块是 40×40 米，也就是 1600 平方米。这个数量根本不够。那个协议被理解为我们似乎接受与梅萨政府停战，然而事实上对恰帕雷的镇压造成多人死亡，为了平息并避免古柯园遭到摧毁，我们签署了协议。

伊比利亚美洲首脑会议

我记得卡洛斯·梅萨上任不久，在圣克鲁斯召开了第十三届伊比利亚美洲首脑会议（2003 年 11 月 14 日至 15 日）。我们希望借助那次峰会的契机，推动制宪大会的成立，实现我们作为政党和社会运动组织的愿望。我同乌戈·查韦斯有一些联系，我们通过委内瑞拉大使馆邀请他来参加我们的集会，请他详细向我们介绍制宪大会的情况，以及如何操作。为此，我们在圣克鲁斯的塔务伊弛体育馆组织了一次会议，叫“社会替代会议”或“各族人民峰会”。我们很高兴能够借用体育馆，那是一次历史性的会议。参加会议的大多数同志来自科恰班巴热带地区的六大古柯农联合会，也有一些圣克鲁斯的同志，他们是先锋，不仅参加演讲，而且给了我们很多陪伴，积极参加各种群众集会。

费德斯通讯社报道称，“在大会闭幕式上，‘争取社会主义运动’的领导人埃沃·莫拉莱斯指出，土著居民、农民以及其他社会阶层希望通过和平民主的方式参与国家事务并改变国家。他谴责某些潜藏的利益集团想要终结玻利维亚的民主”。《时代报》也总结了那次大会，“与第十三届伊美首脑会议同时举行的‘社会替代会议’于昨日闭幕，与会者强烈要求尽早成立制宪大会。经过两天的热烈讨论，与会者要求政府正视社会民众的诉求，尽快采取行动，同时政府还应该充分了解多民族多部落的全国制宪大会”。

除了组织召开那次历史性大会外，我还同一些重要人物见了面，比如，美洲开发银行的路易斯·阿尔韦托·莫雷诺以及联合国秘书长科菲·安南，他们都在我的预料之外，因为我最想见的是查韦斯。我与莫雷诺见面时没有媒体在场，我们谈了很多，他对我说会支持效果显著的微型贷款，并就那些话题谈了很多看法。与科菲·安南的会见更具外交性，比较简短。

圣克鲁斯的《责任报》报道了埃沃同联合国秘书长的会谈，“‘争取社会主义运动’众议员、古柯农领导人埃沃·莫拉莱斯昨日会见了联合国秘书长科菲·安南，他预估将来可能会建立土著人政权，请求得到国际社会的支持”。会后，莫拉莱斯说：“‘我们谈了土著居民问题，还有一些国内和国际问题。我们提出了建议，即如何在社会民主框架内深化国家体制’。这引发了联合国驻玻官员的关注”。

我记得乌戈·查韦斯在宾馆约见了我，那次会面方式体现出他的智慧。我以为是单独会见他（查韦斯），但卢拉和基什内尔也参加了。我先到了会见的小房间，坐在椅子上，乌戈随后就到了。过了一会儿，卢拉走进来，又过了一会儿，基什内尔也进来了。我当时想，这是什么情况？我有些紧张，不知所措。令人吃惊的是随后进来了众多媒体，当然，他们都是总统，而且都有鲜明的政治立场，符合拉美和南美人民的利益。过了一会儿我才反应过来，我想一切都是准备好的，而我什么都没有准备，原只打算与查韦斯会面的，而那里坐着三位总统，还有一大堆媒体。那三位总统都是反帝国主义的。令人惊奇的是，我们的会面还抢了伊比利亚美洲首脑会的风头。那次之后又举行了一次聚会，古巴副主席也参加了，但主角还是查韦斯、卢拉和基什内尔三位总统。

我记得那次卢拉对我说，“埃沃，你要沉着，要有耐心，要会容忍”。卢拉同志总是给我这样的建议。我现在觉得他们当时就认为我之后会当选总统，要不然三位在拉美和南美如此有代表性的重量级总统，我指的是巴西、阿根廷和委内瑞拉，他们为什么找到我，并在公共场合与我会面？他们通过外交方式间接地为埃沃做宣传。事实上，我可以总结说，我们的会面抢了伊比利亚美洲首脑会议的风头，对此我确信无疑。

关于埃沃同阿根廷总统内斯托尔·基什内尔以及乌戈·查韦斯的会面，德新社做了以下报道，“在同阿根廷总统内斯托尔·基什内尔和委内瑞拉总统乌戈·查韦斯的会谈上，领导人埃沃·莫拉莱斯当面谴责了美国驻玻利维亚大使馆在这个安第斯国家推行‘专制出路’。在同几位南美国家总统的会面后，莫拉莱斯称，‘我很遗憾美国大使馆挑起社会运动，在玻利维亚寻求专制出路’。会谈在圣克鲁斯举行，时间上恰好与第十三届伊比利亚美洲首脑会议同步。参加会谈的还有阿根廷政治活动家路易斯·德埃利亚斯。”

西班牙埃菲社报道了埃沃同巴西总统路易斯·伊纳西奥·卢拉·达席尔瓦的会谈，内容如下：巴西总统卢拉希望玻利维亚反对党“争取社会主义运动”领导人埃沃·莫拉莱斯在上台前要有耐心，并同卡洛斯·梅萨的新政府对话……。在同巴西领导人会面后，莫拉莱斯告诉记者："卢拉总统跟我说，要想成为总统，耐心很重要。"恰帕雷地区的古柯运动领导人莫拉莱斯称，在他看来，感觉自己就像是卢拉的"弟弟"，因为他们有很多相似之处，比如都有工会经历，父母都是文盲，都有着"为建立政党的谦恭"。

我记得当时我对媒体称，玻利维亚和其他国家的主要问题就是新自由主义，是时候让世界银行和国际货币基金组织从社会斗争中吸取教训了，他们应该停止导致饥饿和财富集中在少数人手中的政策。情况就是这样，因为拉丁美洲没有财富的问题，而是财富分配不公，经济发展不平衡，生产乏力。

梅萨政府存在很多问题，他从不采纳革命的立场，仍然延续新自由主义政策，反对在玻利维亚进行变革，如同我们直接并公开向他建议的那样。同埃尔托·阿尔塞和埃德蒙·诺比略一道，我们拟定了两条最高法令提案，第一条是召开制宪大会，另一条是对油气资源国有化。我们去政府办公大楼拜见了总统，并亲自将两条法令提案递交给他，他收下了，却没有付诸实施其中的任何一条，他肯定是把它们束之高阁了。

说到这里，我想起有一次我们去拜会总统时碰到了何塞·安东尼奥·基罗加。我无法理解为什么有些人那么虚伪。那时每当我们讨论和评估一些计划时，何塞·安东尼奥·基罗加都会参加。有一次，我去总统府恰好碰见他在那儿参加协调会议，我很惊讶。一个人不知道他身边都是些什么人。从那次以后，我便没有叫他参加我们的讨论了。怎么会有人如此呢？他经常参加我们的会议，有一次我也察觉到了一些异样，因为他从不发言，只是在那儿听，其实他就是想了解我们要做什么，当时他已经在为梅萨工作了。他在总统府看到我时有些害怕，真不知道他的脸往哪儿放。

天主教会也召集了一次政党峰会，为了讨论工作安排。我们派了安东尼奥·佩雷多去参加。在会上要通过一项提议，安东尼奥差一点就签字了，那份文件根本不是起草什么计划，而是要挽救梅萨。我和安东尼奥通电话时，我告诉他不要签，快回来，但是安东尼奥说："如果我们不签，我们就会被孤立"。我告诉他被孤立更好。我安排古斯塔沃·托里科去把安东尼奥叫回来。我们怎么能签那样的文件呢？古斯塔沃到了会场，何塞·安东尼奥·基罗加又从会场给我打电话，用威胁的语气说我们必须签字，“否则你们就会被孤立。”我告诉他我们宁愿被孤立。最终除了我们，所有的政党都签了字，第二天，“玻利维亚工人联合会”大肆驳斥了他们，而我们把自己从中救了出来。我不明白为什么要签一份既不能保证制宪大会的成立，又不能保证资源国有化的文件。如果我们当时签了，那么我们就与传统政党成了一丘之貉。我顶住压力不签字，那几乎是我个人的决定。我们从一个又一个陷阱中跳出来，都是试图毁灭我们的政治陷阱。

梅萨之后又颁布了一条法令，宣布举行省级领导选举，他的这一举措是为了讨好圣克鲁斯的民众，因为圣克鲁斯非法成立了省级自治大会，要求进行选举。我们同农民同志、原住民同志、工会以及社会组织的领导协商后，决定参加那次选举。如果我没记错，选举应该是在 8 月份举行的。我们还在圣克鲁斯召开了一次大会，确定竞选策略并推举候选人。必须要说明的是，我们很清楚选举什么都改变不了，不管是在政治上还是在经济上。但那是一场民主活动，而“争取社会主义运动”作为民主运动组织，我们要去参加。我们当然知道，梅萨完成不了 10 月份的工作计划，他的内阁响应的是传统政党同东部极端保守寡头的改良主义联盟，他们都不支持成立制宪大会。梅萨还提议，就天然气问题、油气资源法修订以及制宪大会等问题进行全民公投，尽管我们觉得这是一个小小的进步，但我们并不认为梅萨会按照民意实施改革。

当我们在玻利维亚国内进行斗争时，贡萨洛、桑切斯·贝尔萨因以及几名同他一起逃走的部长一直从国外攻击我们并诋毁我。例如，他们指控“争取社会主义运动”接受海外资金，从国际上获取经济支持，还说我们试图通过暴力夺取政权。但是他们失败了，因为我们一直有着明确的信念，我们决定通过民主的方式获得政权，而我们的确也是这么做的，并且完成了我们的目标。

因此，也就是在 2002 年的大选结果出来之后，我们便知道我们很快就会获得政权，我们为此做好了准备，例如讨论培养干部，不仅仅是在政治方面，在经济、法律、社会等各个方面我们也都有所涉及。我们召开了几次会议，请专业人员为我们出谋划策，因为我们确信随时都可能肩负起政府的责任。经过了多次讨论，我们最终拟定了一份民主的施政纲领，覆盖全国的各个阶层。

埃沃所指的方针就是“争取社会主义运动”的十大纲领，内容如下：

一、土地和领土：各族原住人民有权拥有并耕作其所居住的土地。

二、收复我们的资源：国家应当废除与跨国公司签订的有损国家主权的自然资源开发合同，无论是石化燃料还是森林或水资源。

三、推动国家生产力的发展：玻利维亚应当充分利用可再生自然资源，譬如古柯，保护古柯种植即捍卫我们的历史和文化。

四、建立由社会掌控的国家：必须尽快终结为跨国公司利益服务的行政权力，使国家机构成为服务于人民的工具。

五、武器装备属于人民：必须对深陷腐败的武装力量和国民警察实行深入改革。

六、教育为自由而服务：教育改革及其改善，应当保障真正的义务基础教育，让各族原住人民开展民族语言教学。

七、实现全面综合的医疗卫生服务：建立不带有歧视性的、应当使全民平等受惠的公共医疗卫生服务。

八、每一个人都不可或缺。

九、玻利维亚的国际行为应当致力于拉美一体化，并抵制全球化趋势。

十、人民制宪大会：由社会组织代表而非专业政治家组成，任期明确，制定属于人民且为了人民的《宪法》。

当然，我们所做的远不止这些。我们还在大会上通过了许多其他文件，比如在奥鲁罗举行的大会（2003 年 12 月 13 日至 15 日），那是我们召开的第五届全国大会。我们提交了许多提案，涉及面很广，包括社会公正、没有剥削和被剥削、社群社会主义、经济主权、参与式民主、多民族国家、建设拉美大家庭。

12月16日的《真理报》报道了那次大会:“根据安东尼奥·佩雷多提供的消息,埃沃·莫拉莱斯继续担任‘争取社会主义运动’主席,还有其他17位新推选出的领导人。在‘争取社会主义运动’的领导层中出现了来自圣克鲁斯的同志以及女性代表。紧随埃沃·莫拉莱斯其后的有:来自圣克鲁斯省圣胡利安市的撒迦利亚·弗洛雷斯,来自恰帕雷的女性代表莱昂尼尔达·苏丽塔。弗洛雷斯是‘争取社会主义运动’的二号人物,苏丽塔是国际关系部长。‘争取社会主义运动’新的领导集体的工作章程也有所调整。例如,在各层次和候选团队中女性比例要达到50%。此外,从昨天开始,埃沃·莫拉莱斯的党派名称变更为‘争取社会主义运动和争取各族人民主权党,另一个变化是一些社会群体,如乡村教师和圣克鲁斯个体劳动者也加入了‘争取社会主义运动’。”

费莱蒙·埃斯科瓦尔的花招

有一些同志背弃了我们的原则,我们和这些同志之间也存在一些问题,其中一个案例是,费莱蒙·埃斯科瓦尔耍了花招,赋予美国人享有豁免权,这就等同于给了美国官员全权自由处理权,让他们杀害我们,主要是在恰帕雷地区。实际上就相当于授权他们杀害我们,我们怎么可能允许这样呢。我们的原则是不允许也不接受美国人和美国大使馆官员享有豁免权。那是一场艰苦的斗争,不是因为党团的意见不一,而是有人耍了花招,那就是费莱蒙。很多人都跟我说过费莱蒙是美国中央情报局的特工,我不太相信。但是在那一刻,我真的相信人们说的没错,费莱蒙可能真的就是所说的特工,不然我完全无法理解他为什么要耍花招,在参议院通过美国人享有豁免权呢?这是一个花招、一个诡计。他通过欺骗,在关键时刻把“争取社会主义运动”党团的参议员们都支出会场,右派利用这个空隙通过了豁免权法案。那件事情很严重,对此我决定将他驱逐,没有同任何人商量。尽管有些同志对此很不高兴。之后在一次扩大会议上,我让他们去说明情况,但是他们没有去,所以我仔细地讲述了所发生的事情,大家通过了驱逐决定。

有一次,胡安·德拉克鲁兹·比尔嘉跟我说我“做得对”,我记得他当时是众议员。还有一次,我在苏克雷机场偶遇了现任乌尤尼市市长弗罗依兰·贡多里,当时他很生气,差点动手打我,质问我为什么要赶走费莱蒙。我忍住了，告诉他去参加大会，参议员们会跟他解释为什么美国使馆官员享有豁免权的法案能够通过，要解释清楚，必须一起去看一看。后来不久就开了大会，他们都说我做得对，并且祝贺我。有的时候人们会因为信息不畅而犯错。或许我的过错在于没有及时通报大家，我是在一次会议上决定驱逐费莱蒙的，没有征询他人的意见，之后大家都同意了。

非常遗憾的是，让美国士兵享有豁免权是不可原谅的错误，就像军人把导弹交给美国一样，都等同于给他们开绿灯，让他们来杀害我们，那是一次彻底的背叛，同时也是对祖国的背叛。

那件事情发生在 2004 年 5 月 12 日，媒体报道说，“参议院通过了一项备受争议的关于豁免权的法案，即在玻利维亚犯有战争罪和侵害人类罪的美国公民与士兵不接受国际刑事法院的审判，而是接受美国本国司法机构的审判，此次事件在‘争取社会主义运动’党内引起了一片哗然。”

我们当时有 8 名参议员中了费莱蒙的圈套。费莱蒙当时把他们叫出去，借口是要讨论一件事情，原话是“各位过来，我们讨论一下”。我们的参议员们都离开了会场，在我们党团缺席的情况下他们通过了那项法案。离开即缺席会议，但是他们知道即使我们的参议员们出去了也能达到法定人数，所以费莱蒙非常狡猾地把参议员们叫了出去，那是一种背叛。

埃德蒙·诺比略回忆了当天的情况，“我当时在众议院开例行会议，突然有一个记者过来告诉我说参议院正在通过关于美国公民豁免权的法案。我立即同古斯塔沃·托里科和里卡多·迪亚兹上去阻止他们，我们想干预会议，但是当我们到场时，他们已经通过了那条法案，开始讨论别的问题了。我们在场的只有一位波多西的议员，也是刚刚到。我问他：我们党团的人在哪里，他说：都被费莱蒙叫去开会了，是去讨论派谁去中国访问的事情。后来费莱蒙出来了，问怎么回事，但法案已经通过了。第二天我们问参议员善迪，他解释说当时费莱蒙强行叫他出去讨论出差的事情，尽管他不想出去，但费莱蒙要求他必须出去讨论”。

后来我们查明是时任参议院议长的奥尔曼多·巴卡·迭斯安排了整个事情，是政府让他们那么做的。他们知道关于豁免权的提案会有很多争论，因此他们利用“争取社会主义运动”党团不在场的机会快速通过了那条法案，给全体玻利维亚人民的主权和尊严造成了严重的危害。我们之后要求见卡洛斯·梅萨，因为我们想知道他为什么要让参议院通过豁免协议。

我记得卡洛斯·梅萨告诉我们政府账户上没有资金了，他上台时前任没有留下钱。10 月份勉强支付了人员工资，已经没有钱支付 11 月和 12 月的工资与奖金。他解释说他向欧盟请求贷款，但是被拒绝了。他也向美国大使馆提出了贷款申请，美国使馆答应了，但条件是必须通过豁免协议。

埃德蒙·诺比略回忆起那次拜会卡洛斯·梅萨的情景，“当时他同总统府事务部长何塞·加林多一起接待了我们。我们问他为何明知后果严重还要求通过那条豁免法案。我记得豪尔赫·阿尔瓦拉多、安东尼奥·佩雷多、里卡多·迪亚兹和古斯塔沃·托里科也都在场。梅萨说自己上台时，政府已经没有资金了，连工资都发不了，向欧盟申请了贷款，但是遭到拒绝。美国使馆答应了贷款申请，但是条件是必须通过豁免协议。他说前任政府离开时把所有的钱都带走了。他还说费莱蒙·埃斯科瓦尔对这些事情全都知晓”。

从那次起，我们就再也不信任费莱蒙了，他的所作所为与背叛亲人无异。我感觉很难受。我们同费莱蒙一直有矛盾，在讲习堂、会议、研讨会和扩大会议上都有过矛盾。他是一位老领导人，也是一个老谋算家，最善于搞阴谋。我对此不太习惯，我想我是从家庭继承的价值观帮助我应对他。例如，他很多次都说要辞掉参议院的工作，但从都没辞过。他只是想吓唬我让我求他，而我从没那么做。

他撒过好几次谎，有一次比较严重的是在恰帕雷的讲习堂上，他说我们掌握政权后，就建一条从图纳里到圣伊格纳西奥·德莫索斯的公路，当时对路线还一无所知。他在会上提出了这个想法，后来又否认了，明明就是他自己之前提出的。他有两个提案，一个是上面那个路线，另一个是修建从托托拉到班迪奥拉再到卡拉斯科的公路。那条道路意味着改变路线格局，因为人们会去卡拉斯科公园。他提了那两个方案，后来自己又否认。他总是这样，我们之间有很多问题与矛盾。

见过了梅萨，也赶走了费莱蒙后，我找到了何塞·巴依拉巴，他当时是国际政策委员会主席。我让他拿到豁免协议时，就在议会大楼门口烧毁了协议。他本来的职责是把协议送到众议院，巴依拉巴遵循我的指示，拿到协议后就在议会门口烧毁了。我是以党团领导和“争取社会主义运动”主席的身份指派他做这件事情的，他也照做了。

全民公投

那些事情并没有影响到我们的团结和组织结构，此后我们就开始为7 月份关于能源政策和天然气出口的全民公投做工作，希望结果对我们的建议有利。我们一直致力于推动国家自然资源国有化，希望废止油气法，推动地下资源国有化，强化玻利维亚石油储备，我们所有的提案都得到了人民的支持。但是对我而言，天然气战役的战场是在议会，因为不仅要尊重公投的结果，还要争取通过一条新的油气法，这条法律必须能够惠及全体玻利维亚人民，而不是跨国公司和新自由主义者。我们也很清楚，梅萨不想对油气法做大的改动，他还是想同跨国公司保持良好关系。我们的想法没错，他不想收复国家的资源，更不想将油气资源国有化。

媒体报道称，“卡洛斯·梅萨总统决定竭尽所能地维护其油气法法案。如果由参、众议员和政府官员共同组成的混合委员会在立法机构强推新法，他就威胁辞职”。

2004 年的选举

我们也做好了准备参加 2004 年 12 月举行的市政选举，那次选举中我们已经真正成为了主要的政治力量。在某些地区我们遇到了一些问题，主要是东部地区，在西部地区很顺利，尤其是在科恰班巴。那次选举和以前不同的是，不仅只有政党参选，市民团体也参与其中。

我不记得我们胜选了多少个市长席位，应该是 60 个。如果加上和我们站在同一战线的市民团体可能超过有 100 个，但“争取社会主义运动”实际胜选了 60 个。2002 年我在心里对自己说我随时可能会当总统，应该做好准备，制定执政纲领，我没有把这个想法告诉很多人。为当选总统我做好了准备，2004 年我们又前进了一步，因为之前，如果我没记错的话，我们只赢得了 15 个市长职位，不到 20 个，主要集中在科恰班巴。我们在圣克鲁斯省和塔里哈省只有 1 个市政议员。我记得在贝尼也只有 1 个市议员，在潘多什么都没有，或者最多也就是 1 个市政议员。在拉巴斯省有一到两位市长。在圣克鲁斯我们有市政议员，但没有市长。

官方数据显示，在 1999 年的市政选举中，“争取社会主义运动”获得了大约 3%的选票，2004 年增至 20%。“争取社会主义运动”没有在任何一个省会城市胜选，但在全国拿下了 112 个市长职位和 455 个市政议员职位，紧随其后的“民族主义革命运动党”成绩不足“争取社会主义运动”的一半。2004 年市政选举的最终结果是，“争取社会主义运动”获得了 455 个市政议员职位，占 25%；“民族主义革命运动党”获得了 197 个市政议员职位，占 10%；“左派革命运动党——新多数派”获得了 155 个市政议员职位，占 8%；“国家统一党”获得了 116 个市政议员职位，占 6%；“民族主义民主行动党”获得了 110 个市政议员职位，占 6%；“无畏党”获得了 70 个市政议员职位，占 4%；“帕查库蒂印第安运动党”获得了 68 个市政议员职位，占 3%；“新共和力量党”获得了 52 个市政议员职位，占 3%。

我继续自己一贯的做法，和同志们一起参加竞选活动，就好像是我竞选市长一样，有时我去参加市政议员宣讲活动，人们就只向我献花篮。我跑遍了全国，去了圣克鲁斯省、贝尼省和潘多省，最后我们战胜了“左派革命运动党”“新共和力量党”和“民族主义民主行动党”，这些党已经开始逐渐消失了。

“白手帕”

我们遇到的另一个问题是“白手帕”事件，因为梅萨不想在 10 月份完成制定的工作计划，也就是实施民众要求的改革，比如收复自然资源等。他不想进行任何深入的改革，因为他想继续走新自由主义路线。我们当时已经深入讨论了油气法修订的事宜，提交了油气法修订草案，目的是国有化。

我记得我们是在 2003 年 2 月、3 月或 4 月提交的修订草案。我们曾向贡萨洛提交过，但被他束之高阁。在贡萨洛离开后，我们不得不借助人民的力量来讨论。当时是在议会经济委员会，桑托斯·拉米雷斯也在场，讨论中右派不希望法案通过。而公民委员会的人呢，比如时任圣克鲁公民委员会主席的斯鲁文·科斯塔斯也不希望修改法案，更不希望油气资源国有化。

我到了科恰班巴，我们在乌拉圭大街最尽头的斯肯丁有一个大会。会上我们做出决定，如果梅萨政府不通过新的油气法案，我们就封锁道路，我也参与其中。巧合的是埃尔阿托的“居民联合会”也决定就油气法案事组织游行。我记得大约是周五、周六还是周日的晚上，梅萨通过电视发表讲话，讲话持续了大约 30 分钟，30 多次提到了我的名字，整个发言都是针对埃沃的，还威胁称要辞职。卡洛斯·梅萨提出过多少次辞职了？我都已经不记得了。当天晚上，人们开始在穆里略广场游行，在科恰班巴省政府前也有。我还记得当时的标语有“埃沃滚出去”“肢解埃沃”。所有的人都反对埃沃，我无法理解。那个白天我在科恰班巴，晚上离开的，当我到达埃尔阿托机场时，有几位女士指责我，我差点出不了机场，她们其实也是穷人，应当是我们的同志，我们的姐妹。有时候，某些人就是会用演讲来混淆视听。我们整个党团在拉巴斯的大街上真的是寸步难行。有些同志说有人向他们吐痰，有人想打他们，还有些同志被打。第二天我们党团召开了会议，我告诉同志们我们必须向群众解释为什么要修订油气法，修改后经济肯定会好转，修订法案就意味着玻利维亚人民手中的钱会变多。

我和豪尔赫·阿尔瓦拉多、里卡多·迪亚兹、桑托斯·拉米雷斯、迪奥尼西奥·努涅斯等同志一起分工，从凌晨开始去各个广播电台发言解释。当时恰帕雷的道路仍被封锁，我打电话问阿斯特里奥·罗梅洛道路封锁的情况如何，当时他是六大古柯农联合会的副主席，他跟说我："情况还可以，虽然在梅萨的讲话后有些士气不振，但我们能忍住，我们一定要实现油气法改革。"我记得大概过了三四天，卡洛斯·梅萨就他之前的讲话和对我的攻击公开向我道歉。我又问了阿斯特里奥，他告诉我："我们现在很高兴，道理站在我们这边，我们会坚持下去。"事情就是这样，可当我看到那些标语时我真的很心痛，写着"埃沃滚出去""肢解埃沃""把他赶出玻利维亚"。那是"白手帕"传递的信息，那次事件持续了大约一周。

2005 年 3 月 19 日拉巴斯的《真理报》称，梅萨在电视演讲中严厉控诉了埃沃·莫拉莱斯、阿贝尔·马玛尼和非政府组织，在很大一部分群众中引起强烈反响。"总统在发言中毫无保留，公开表示他认为埃沃·莫拉莱斯与不负责任的工会组织的态度是反民主的、独裁的，甚至是具有"欺骗性"的。关于"白手帕"游行事件，《真理报》称，"有个穿着裙子的女人背着不到 1 岁大的孩子绝望地大哭，因为有一群游行的年轻人对她进行了人身攻击，把她当成是古柯农了。他们冲她喊道，'你们这些古柯农来城里就知道搞破坏，你们这些农民什么都不懂，就像是嘴里嚼着古柯的羊和羊驼'"。

27. 我们救了自己的命

所有那些问题和冲突过后，卡洛斯·梅萨于 2005 年 6 月终于辞去了总统职务，但是在那之前，我们又救了自己一次。当时奥尔曼多·巴卡·迭斯已经觉得自己将接任总统了，那也是他们所有人的想法，但是他们不知道怎么把他推成总统。很遗憾的是梅萨任内没有做出任何决定。他没有在油气法修订提案上签字就跑到国外，把颁布油气法的事情留给了巴卡·迭斯。我觉得许多事情都很奇怪，或许是因为钱吧，他们同美国有某种约定，他没签字就出国了，由巴卡·迭斯来颁布。

我们当时得到的消息是，武装部队占领了国会，不是要政变，而是要封锁国会，直到议员们推选巴卡·迭斯为总统，现在我们已经可以确认那个消息属实。那次行动中应该有人要牺牲。他们有一个名单，名单上列举了要除掉的人，其中第一个就是埃沃·莫拉莱斯。古斯塔沃·托里科对此很清楚，他非常紧张地对我说："埃沃，我们现在怎么救你，你快去科恰班巴吧，随便去哪儿都行。"我跟他说：好，我走，但是从哪儿离开呢，机场肯定不行，风险太大，他们知道我会在那儿，实际上我就在他们手心。我们计划走陆路，但是路上也有关卡，同样会受他们控制。我们还考虑从比阿查走，但是那也很难。我甚至还提出可以从丘卢马尼到因基西维再到因德彭登西亚，但是那也有危险，因为也有关卡。古斯塔沃说他还知道另一条路，不走"下游河流"，而是走"花园墓地"，我们当即决定就走这条路，因为他说这条路上没有关卡。我当时同埃尔南·索利斯一起从那条路出发，哈内斯·拉米雷斯走在后面，我们到达"花园墓地"时把车停下来等他们。我们看到了深色玻璃、没有牌照的车从我们身边开过，又开回来，非常可疑。我们被包围了，幸好哈内斯在后面，她当时是我们的秘书。如果我们继续从那儿走就会被抓住。古斯塔沃非常有智慧，他很担心地对我说："得把你送走，他们要杀了你。"我们当时都很紧张，就像是被控制住了，都说现在该怎么办呢。那是晚上，有四五辆车跟在我们后面。我跟他们说不如我们去古巴使馆，随即我们赶往使馆，这时我收到了一条手机短信，上面写道："混蛋，你救了自己一命。"

到达古巴使馆后，我们一直聊到了深夜 12 点，但我不能在那儿过夜。虽然很晚，古巴大使还是亲自送我到布什大街上的公寓，我就待在办公室里。后来我得知古巴使馆的人整晚都布设了监视哨和安全人员。我真的是又救了自己一命。当时他们有一个要除掉的领导人名单。

在那件事情之前，大约是在 2005 年 5 月份，我做了一个手术。1 月份在市政选举获胜后，我同几名市长在巴耶阿托庆祝。我踩空了一下伤了膝盖，导致半月板损伤，走路有点瘸。他们建议我去古巴治疗，我就在古巴使馆同志的帮助下去了，并在那里做了手术。我在哈瓦那呆了 2 周，乌戈·查韦斯当时也去了古巴，他们邀请我一起参加活动，我是拄着拐杖去的。在菲德尔和查韦斯参加的一次活动上，我坐在下面听，他们让我也上到前台。菲德尔说："埃沃你过来，我们拍一张'邪恶轴心'的合影。"我记得我当时没有拄拐杖就上去了。我完全忘记了拐杖，直接上台站到菲德尔和查韦斯旁边拍了"邪恶轴心"的合影。我记得当时的医生，好像姓吉尔，吓得出了一身汗，把拐杖递给了我。那是在我回玻利维亚之前发生的事。我记得我回来时刚好赶上了"争取社会主义运动"在圣克鲁斯举行的第一次大会和社会运动。我还是有些害怕，都是拄着拐杖上台的，尽管当时我已经可以自己走了。我坐在那里指挥，会上我们决定组织一次从卡拉科约到拉巴斯的游行，要求成立制宪大会和油气国有化。一个月后，我们便开始向拉巴斯游行，但是当我从科恰班巴出发后不久，卡米矿业合作社的人在帕罗塔尼封锁了我们前进的道路。电视台的人当时在场，他们说封锁道路的人被人封了。我当时对他们说，"同志们，我是去游行的，咱们一起去吧。"他们根本不知道为什么要封路，他们就是不让我走。稍早一些赶往卡拉科约的同志没有遇上路障，而同我一起去参加游行的很多同志们都滞留在那里。我现在跟那些同志聊天，他们告诉我当时是"卡洛斯·梅萨让他们那么做的"。

卡拉科约的一些同志想要延迟游行，但是我让他们继续出发，不能再等了。之后，我陪着他们继续前进，但是我的膝盖受不了了。就这样足足走了一个星期，我们才到达拉巴斯，参加为制宪会议组织的大集会。大概花了一到两个月的时间，我们在苏克雷把梅萨换了下去。但是最重要的是，当我们到苏克雷准备开会时，梅萨至少给我打了三四次电话，他跟我说："埃沃议员，我们现在可以颁布一条最高法令。"我回答他说：总统，我认为现在说这些已经太晚了。他说可以修订法案，我说当然了，那只是草案，只是个提案。他口中的法案指的就是制宪大会和油气国有化的法案，一个是政治问题，一个是经济问题。我跟梅萨说，如果他愿意可以修订法案，那就是个提案。最终，那天晚上召开了国会会议，提名爱德华多•罗德里格斯•贝尔塞为总统。

那天发生了很多冲突，甚至有一名矿工丧生，因为传统党派不希望由罗德里格斯出任总统，他们希望让巴卡•迭斯当总统。那个故事很长，当他们无力耍花招并且最终失败后，他们泄气了。我们当时有 27 名众议员和 8 名参议员，当然费莱蒙参议员是梅萨的人，梅萨还有另外一到两个参议员。我们考虑如果巴卡•迭斯当总统就会再次出现超级联盟，我们应当避免这样的事情发生，避免重现 10 月份之前的局面。

> 2005 年 6 月 8 日的《日报》报道，"试图让奥尔曼多•巴卡•迭斯当共和国总统的战略，是由多个党派于一个月前在拉巴斯市共同制定的，其中包括'民族主义革命运动党''左派革命运动党'和'新共和力量党'。"《真理报》也报道了当天的冲突，"国会主席奥尔曼多•巴卡•迭斯在试图接任卡洛斯•梅萨的总统位置，计划失败后，于昨日搬离了丘基萨卡省办公大楼……与此同时，在全国有 96 批先锋民众已经开始绝食抗议，要求巴卡•迭斯辞职。同时有上千名群众在拉巴斯、科恰班巴、埃尔阿托和波多西的城市里游行。大约下午 3 点 45 分传来消息，在约塔拉，也就是距离立法委员们仅仅 18 公里的地方，有一位名叫卡洛斯•科罗的矿工被警察杀害，这名矿工当时是 2000 多名合作社成员之一，他们从波多西去约塔拉游行示威，不同意让巴卡•迭斯当总统。随着消息如火焰般快速传播开来，形势也彻底改变了"。

罗德里格斯·贝尔塞

发生了那些事情后，大约在晚上 11 点召开了国会会议，经过讨论，国会接受了梅萨的辞呈。此前，奥尔曼多·巴卡·迭斯和马里奥·科西奥也迫于社会压力，公开宣布不会就任总统。最终指派了爱德华多·罗德里格斯·贝尔塞为共和国新总统。我记得当时还在报纸上看到，贡萨洛·桑切斯·德洛萨达还在美国操纵国会那次接班人事件。

> 报纸报道称，"'民族主义革命运动党'第 37 选区的等额众议员贡萨洛·巴里恩托斯昨日揭发了前总统德洛萨达，称前总统从美国致电该党议员，要求他们支持奥尔曼多·巴卡·迭斯接任共和国新总统"。

就这样，国家在经历了几天严重的政治事件后走了出来。当然，我们提出的所有要求都没有实现，包括举行全国大选、成立制宪大会以及收复私人手中的自然资源，主要是油气资源。

我还记得奥尔曼多·巴卡·迭斯上台伊始，我们就同他见了面，当时我们请他多关注不同阶层的诉求，不仅仅是古柯农的要求。最重要的是要设立一个委员会，并由此成立制宪大会，应当有社会各阶层、公民组织、地方组织、企业家和土著人民的参与。我们的第二项提案是有必要通过玻利维亚石油储备，一次性地行使好国家对于油气资源的主权。此外，还应当保障全国大选，移交政府权力。

F-10

值得一提的是，在罗德里格斯·贝尔塞接任总统前，大约是在 3 月至 5 月时，我收到了武装力量和警察中一些军官的电话，他们提醒我"要小心，要小心"。他们告诉我，考虑到一些省份的席位问题，一些右派人士希望推迟选举，他们还说美国使馆有计划要除掉某些领导人，当然名单上第一个就是我。他们出动了 F-10，那是他们的精英部队，这支队伍听从美国使馆指挥，驻扎在科恰班巴的科塔帕其地区。

把导弹交给美国

他们的目的是要杀害我，因为他们知道我们会赢得选举。罗德里格斯·贝尔塞当总统后，还发生了导弹事件，那时他们四处追踪我。有几名武装部队的军官告诉我，他们正在将导弹交给美国。经调查研究后，我第一个揭发了他们的行径，那简直是骇人听闻，怎么能把我们的导弹交给美国人呢，这样会削弱我们的武装力量。部队一些人员也支持我的做法，并庆贺我揭发此事。

> 埃沃在 2005 年 10 月 19 日揭发了那次导弹事件。他说，我们部队的战略性军事物资已经被交给驻扎在玻利维亚的美军手中。

我揭发了导弹事件使阴谋破灭后，他们开始试图借助 F-10 精英部队杀害我。那次揭发改变了历史。我认为那次事件保障了 12 月份的选举，因为在美国使馆的带领下，右派组织、新自由主义者和企业家都不愿意举行选举。

> 罗德里格斯·贝尔塞政府战略性事务副部长奥斯卡·席尔瓦称，2005 年 10 月他在圣克鲁斯市的科尔特斯酒店参加过一次会议，与会的主要是圣克鲁斯各个机构的领导，领头的是圣克鲁斯促进委员会主席赫尔曼·安特罗。“那次会上大家提出罗德里格斯·贝尔塞的总统任期应当延续到 2007 年，圣克鲁斯的议员团鼎力支持这一想法。他们的目的是要避免大选，因为他们很清楚埃沃·莫拉莱斯会胜选。”

此后在 1 月份，媒体报道了美国使馆知道我会在选举中获胜。所有的民意调查结果都显示我排在第一位。他们说怎么能让一个社会主义政府拥有导弹呢。于是他们解除我们的武装，因为他们知道我们会胜选。尽管我们是一个和平的国家，但我们的武装力量有责任来保卫国家领土。将作战物资交给美国完全是军方和政府的合谋，他们担心武器会落入一个社会主义政府手中。美国使馆也向他们施压，他们还是像以往一样可耻地听从摆布。军方一些人背叛了祖国，削弱了我们的武装力量，我不知道是为了钱还是别的什么。

> 2006年1月，在接受玻利维亚电视网的采访时，陆军总司令马塞洛·安特萨纳声称，美国使馆和玻政府知道埃沃·莫拉莱斯在民意调查中领先，将会获得胜选并当选总统，这是一个全球安全的问题，一个反恐斗争的问题，他们说不能让社会主义政府手中拥有导弹。

他们只考虑会损失多少钱

后来还出现了一些问题，有碍2005年12月的全国大选顺利进行。例如有一些议员，主要是右派和传统政党的议员不愿意缩短任期，他们只想进行总统和副总统选举，他们集体请辞，目的是想继续留任至2007年。还有一些人要求得到赔偿，称他们的任期应该在两年后才结束。

> 当时的媒体报道称，“6月9日刚刚上台的总统不可能立即终止其任期，他要求议员们本着慷慨和奉献的精神，促使全国大选顺利举行，因为大选意味着缩短其在《宪法》规定框架内的议员任期”。我们当中也有一些议员更多地考虑如果任期缩短，会造成他们的经济损失，当然不是所有的议员，只是其中几个。当我们做了政治决断，他们都会严格服从。但是反对派们却什么都不想，只要求赔偿，然而最终人民群众反对了他们的做法。右派不想要选举，只想要钱。

在圣克鲁斯，他们有自己的计划，不想进行大选，他们知道我们最有可能赢得选举。圣克鲁斯的寡头们还想着实施他们的计划，想要违背法律宣布独立。

他们制定了关于自治公投的问卷，清晰地表明了圣克鲁斯的寡头们想要将圣克鲁斯从国家中分离出去的真实意图。

> 2005年6月14日《日报》报道称，所谓的“临时自治大

> 会”再次证实了他们计划于 8 月 12 日组织关于区域自治的省内自行公投。公投的问卷题目是：“您是否同意在新版《国家政治宪法》中包含省级自治的内容，有效地转让权利和义务，允许我们拥有地域管辖权，自由支配自己的资源，选举我们的政府并实现自我管理？”

在国会进行了几周的讨论和争论后，我们最终于 2005 年 7 月说服各方同意于 2005 年 12 月 4 日举行大选，为国家行政机关、立法机关、省级政府和制宪机构选出新的领导，并且于 2006 年 7 月举行自治公投。

28. 向胜利进军

在确定举行大选之后，我们便开始了竞选活动，首先我们不仅要推选出副总统候选人，还有我们的参、众议员候选人。科恰班巴热带地区的同志们比我们还先行一步，在拉乌卡艾涅召开的一次大会上，他们宣布推举我为总统候选人。

大选之前，我们讨论过多次，尤其是在基层。于我而言，政党仍然是一个形式问题，我们的联系一直是同社会运动在一起，我们之间结成了联盟。例如，在 2005 年的大选中，矿工同志以及靠租赁金为生的退休人士等也加入了我们的阵营。

基于上述原因，我们坚信一定能赢得 2005 年的大选，尽管我们不确定是否得到半数以上的选票。我记得就在大选当天晚上 7 点到 9 点之间，我在位于阿拉拉伊湖的小家里看电视，乌戈・查韦斯给我打电话。我当时坐着看电视，院子里有一些同志在准备烧烤。查韦斯问我："你们会赢得多少选票？"我告诉他我们要获胜了，当时大概是 47%，就在那时玻利维亚电视台宣布埃沃・莫拉莱斯获得了 51%的选票，于是我告诉查韦斯，媒体刚刚说，我们获得了 51%的选票。"祝贺你！"他对我说。

所有的电视台都开始报道我们赢得了 50%多的选票，我们和一些同志一起到了科恰班巴布什小广场的总部，那时里里外外已经聚集了上千名同志。我们在那里演讲之后又庆祝了一番，午夜时分我回到家里。

去古巴同菲德尔一起工作

从获胜到 1 月 22 日就任总统这段时间，我们成立了几个委员会，任务是收集从各个方面接手执政的信息。

我记得 2005 年 12 月 30 日我和几个同志一起去古巴，同菲德尔・卡斯特罗呆了一整天。我们是清晨到的，同菲德尔就一系列合作事项分析和讨论了24小时。第二天清晨我们回玻利维亚。我记得菲德尔让我坐他的车。我在座位上总是习惯张开胳膊，把胳膊放到同伴的后面。在去机场的途中，菲德尔倚在我的胳膊上睡着了。那真是一次难忘的经历。

那天之后，我又对欧洲、亚洲、非洲的一些国家以及巴西进行了访问。那时我和菲德尔有点分歧，他说我应该乘坐古巴的飞机正式出行，而我说我会乘坐商业航班。

他说："你应该乘坐这架飞机，不能坐商业飞机。"我婉拒了。他又告诉其他同志说："你们应该说服埃沃。"那是一架委内瑞拉的鹞式飞机。1月1日，我回老家奥利诺卡，乌戈·查韦斯给我打电话但没找到我，快到奥鲁罗的时候我们通上话了，他对我说："你应该坐我们的飞机去欧洲、亚洲、非洲和巴西。"我也婉拒了他，我说坐商业航班就好。之后他又给我打了几次电话，有一次他对我说："您不能乘坐商业航班，而应坐私人飞机。"最后他说："我有菲德尔的指示，让你坐两架飞机。"我不知道该怎么办，我打电话给阿尔瓦罗，他跟我说："如果他们说应该这样做，你就听他们的，因为他们知道。"我什么都不知道，最终他们说服了我，那次访问中我们用了两架飞机，但是鹞式飞机在中国出了点问题返航了。我们去了好几个国家会见领导人，包括西班牙、中国、南非，从南非又去了巴西。

出了名的毛衣

那次巡回访问中我的小毛衣出名了，我记不清是在什么场合穿的，好像是在同西班牙国王以及罗德里格斯·萨帕特罗的会晤中。我不记得是谁送给我的，当时我在阿拉拉伊湖的家里，出门时我想1月份欧洲很冷，正值冬天，我就回到房间拿了那件毛衣。我很喜欢那件毛衣，所以就穿着它出发了，那件毛衣变得很有名。

巡访后，我回到玻利维亚，了解了权力交接前各委员会的工作情况。我当时有些担心，因为我不知道如何组建内阁。当时只剩大概两天时间，我跟戴维·乔克万卡说让他当外交部长，他说他不懂。我开始思考如何任命下属，为各个职位寻找合适的人选。这项工作有点难度，因为我认识的人不多，必须保证要任命同时具备社会觉悟、专业能力、管理经验和政治忠诚的人，这是我们任命部长的原则，但这样的人并不容易找到。此外，我还考虑应该保留一些原住民代表留在内阁，包括前家政劳动者协会的领导人卡斯米拉·罗德里格斯、阿依马拉人戴维·乔克万卡和菲利克斯·帕特兹。

尽管还没有最后确定，但在就任前两三天，我已经大概知道哪些人可以出任部长。我决定在国会宣誓就职后第二天任命他们，也就是1月23日。此后我还要分别任命最高军事指挥官和警察当局领导人。

我梦见了美丽的日出

我也开始着手准备演讲稿。我逐字推敲，还要讲几句阿伊马拉语和克丘亚语。我独自完成了演讲稿，没有找人帮忙。我决定在演讲开始前先为切格瓦拉司令和图帕克·卡塔里默哀一分钟。那天我有些紧张，凌晨一两点才睡着。我梦见一轮美丽的太阳升起来了，还有一抹云彩，太阳穿透云层又往上升。梦到那里时我醒了，那个梦让我感到很高兴快乐，我觉得那是个好兆头。

就职前几天我还要考虑穿什么服装。我的想法是要穿有一些象征着安第斯、亚马逊地区的带有原住民元素的服装，他们就按照这个想法进行了设计。后来，我又改成了一个水平图案。关于衬衫，是我设计的，那是在就职之后了。

2006年1月22日凌晨，在梦见了太阳后，我起床、冲澡，走了一会儿，当时是清晨。大约早晨6点，我打开电视，看见穆里略广场上聚集着许多土著原住民群众，有的甚至是从奥利诺卡等地区赶来的。那是一个美丽的大聚会，看到那一幕，我毫无困意。我又看了一遍演讲稿，又再三考虑了组阁的事情。第二天我便要任命部长，而大约一周后还要任命副部长，这对我还真不容易，但在期限内顺利完成。

当时我在布什大街的家里，总统府礼宾处的人知道我的住址。他们说下午会来接我。他们到达后，我从家里出来，路上已经聚集了很多人，包括邻居们。“闪电”车队（总统府的摩托车手们）到了，那是我第一次见到摩托车队。总统府专车也来我的公寓接我，他们之前就告诉我有车队会来，于是我第一次坐着总统专车前往国会大厦。我进去后便开始了就职仪式和就职演说。

之后我们去了总统府，军事长官们在里面等着我，他们第一次向我介绍了各自的身份。按照礼仪规定，军事力量总司令维尔弗雷多·巴尔加斯·瓦尔迪兹将军也在场。

几天后我得知，他们还准备在一个特别仪式上授予我“安第斯神鹰”勋章。后来他们在办公室里把勋章授予我，说“你值得拥有”，并将勋章交给了我。我没太在意那个勋章，把勋章连同盒子一起交由侍卫保存了。

大约过了两年，我检查盒子发现勋章不见了，盒子是空的。因为我没有家人陪伴，也没有妻子，我就会把东西交给侍卫们保管。我以为这样就存好了，但还是会被拿走。乌戈·查韦斯总统送我的礼物也是如此，那是一把“解放者西蒙·玻利瓦尔”的佩剑复制品。那把剑很漂亮，我放在房间里，三年后我再想看，盒子里已经空了，也被偷了。后来乌戈又送了我一把，有了那次经历后，我便把它收好了。我得出的结论是：有一些身边的合作伙伴和团队会利用我没有家人陪伴这一点来窃取我的东西。我不伤心，无怨无恨，人生就是这样，对我而言最重要的是为国家效力。我的结论就是，玻利维亚就是我的生命，玻利维亚人民就是我的家人。然而我做总统的体会，那又是另外的经历了。

译后记

玻利维亚是拉丁美洲具有特色的国家。她拥有丰富的自然资源，是世界著名的矿产品国家，其中尤以锂、锡、锑、金、银、铜、铁、锰、钨、锌等矿藏丰富，也是多民族国家，主要以拥有多族群的印第安人而著称，包括克丘亚人、阿依玛拉人和瓜拉尼人等。2005 年，玻利维亚争取社会主义运动领导人埃沃·莫拉莱斯·艾玛赢得了总统大选胜利，成为玻利维亚和整个南美大陆首位印第安裔总统，开始以“社群社会主义”为理念，在政治、经济社会等领域大力推进各项变革措施。

2015 年，开始有幸接触到《我的人生——从奥利诺卡到克马多宫》，这本类似于口述史的总统传记，我被莫拉莱斯总统跌宕起伏的人生和为玻利维亚人民能够过上美好生活而努力拼搏的精神所感动，同时也深感这样一本著作若能译为中文不仅于我国拉美学界具有重要的学术价值，而且对发展中玻友谊，深化发展中玻两国关系具有重要意义。

从开始组织翻译到迄今为止中译本即将付梓出版，历经两年多，凝聚了来自不少单位领导和同仁的帮助。中国外交部拉美司、玻利维亚驻华使馆和南开大学对本书给予了高度重视，对于各位领导及有关部门同仁的关心与支持表示衷心感谢！外交部拉美司司长赵本堂、副司长张润、崔为磊参赞、周仪、魏琳、李霖、张音、朱晓晖、陈昭国、万贝、秦腾飞、史宇龙，以及邢文聚参赞、李超、温文尔雅、王洁、王梦春、贺伟、张瑞博、陈竹秋、马振、宋栩韬、包昀浩、李斌、潘超、刘佳璐、佟亚维等为本书做了大量翻译、协助和指导工作。玻利维亚驻华大使埃里韦托·基斯佩·查尔卡（Heriberto Quispe Charca）、公使衔参赞毛里西奥·贝尔蒙特·皮胡安（Mauricio Belmonte Pijuán）、一等秘书豪尔赫·路易斯·卡约哈·阿基诺（Jorge Luis Cayoja Aquino）、国防武官米格尔·罗梅罗·佩雷斯（Miguel Romero Pérez）、空军武官丹尼斯·法伊·佩尼亚洛萨·贝拉斯克斯（Danis Fay Peňaloza Velasquez）、海军武官里卡多·菲利克斯·莫拉莱斯·科罗内尔（Ricardo Felix Morales Coronel）、国防随员罗伯托·埃德加·孔德·卡皮奥（Roberto Edgar Conde Carpio）为本书的出版做了大量的沟通、协调和指导工作。南开大学朱光磊副校长和国际学术交流处相关领导为本书提供了大力支持。南开大学出版社的王冰编辑为中译本的出版付出了一年的辛苦。另外，我的博士生李昊旻也为本书做了不少细致工作。对于大家的帮助与支持，在此一并深表感谢！

由于时间仓促和水平有限，中译本难免会有翻译不当之处，敬请各位同行和专家批评匡正。

王　萍
南开大学
2018 年 5 月